AF325514

RECUEIL ALPHABÉTIQUE

DES

DROITS DE TRAITES.

Q — Z

RECUEIL
ALPHABÉTIQUE
DES DROITS
DE TRAITES UNIFORMES,

DE CEUX

D'ENTRÉE ET DE SORTIE

DES CINQ GROSSES FERMES,

DE DOUANE DE LYON ET DE VALENCE, &c.

PRÉCÉDÉ

D'OBSERVATIONS sur ces Droits & les cas où ils sont exigibles; sur le Commerce des Isles Françoises, de Guinée & de la Compagnie des Indes, les Privileges des Villes & Foires, &c. Suivi du Réglement général du dernier mai 1607, du Titre commun & de l'Ordonnance de 1687, avec leur Commentaire.

TOME TROISIEME.

A III. N°. 320

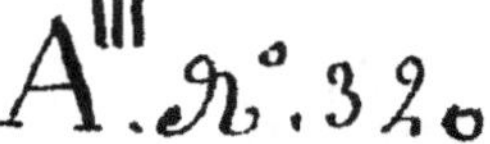

BIBLIOTHÈQUE DU TRIBUNAT

1786.

Magnien

BIBLIOTHÈQUE NATIONALE R.F. IMPRIMÉS

RECUEIL
ALPHABÉTIQUE
DES DROITS
DE TRAITES UNIFORMES,
DE CEUX
D'ENTRÉE ET DE SORTIE
DES CINQ GROSSES FERMES,
DE DOUANE DE LYON ET DE VALENCE, &c.

Q

QUEUCHES ; pierres à aiguiser à l'usage des tanneurs.

Suivant le tarif de 1664, elles doivent par quintal ; savoir,

A l'entrée des cinq grosses fermes. . . . 3 s.
A la sortie. . . . . 12 s.
Pour la douane de Lyon & celle de Valence, comme pierre à aiguiser.

QUEUES de cheval. *Voyez* Crin.

QUEUES non-ouvertes, doivent être considérées comme pelleterie non-apprêtée : décision du conseil, du 30 janvier 1766.

QUEUES de fouines, doivent être traitées comme pelleterie apprêtée, d'après une autre décision du conseil, du 17 juillet 1762.

QUEUES de martres, étant comprises au tarif de 1664, cumulativement avec les cordons de martres, *voyez* ce mot.

QUEUES de renard, sont traitées comme pelleterie apprêtée.

QUINCAILLERIE. On en distingue de deux sortes, celle de cuivre, & celle de fer & acier.

Toutes venant d'Angleterre, sont nommément prohibées par l'arrêt du 6 septembre 1701, dont les dispositions ont été confirmées par l'article II de l'arrêt du 17 juillet 1785, qui désigne spécialement la quincaillerie : cet article prononce en cas de contravention, la confiscation & une amende de 10000 liv.

Celle qui se trouve mêlée avec de la mercerie sans être dans des paquets séparés, en doit les droits : décision du conseil du 13 avril 1759, il en est autrement, lorsque les paquets quoique dans la même balle, sont tellement distincts que le départ peut en être fait. Alors, chaque espece acquitte les droits qui lui sont propres.

QUINCAILLERIE de cuivre, consistant en chauderons, chandeliers, landiers, platines & autres batteries de cuisine.

Pour l'entrée & la circulation, *voyez* Cuivre en batterie.

Expédiée pour l'étranger de tel endroit du royaume que ce soit, elle acquitte, suivant l'article VIII de l'arrêt du 15 mai 1760, le droit unique d'un pour cent de la valeur ; mais lorsqu'il y a plusieurs provinces à parcourir pour parvenir à la frontiere, on l'expédie par un acquit, qui est en même temps de payement & à caution.

A la douane de Lyon, elle doit au tarif de 1632, par quintal, y compris 2 s. 9 d. d'augmentation. . . . . 1 l. 13 s. 9 d.

Pour celle de Valence, par assimilation au cuivre. . . . . 15 s. 8 d.

QUINCAILLERIE de fer & acier, grosse & menue : on comprend sous ce nom, suivant le tarif de 1664, les agrafes, les anneaux pour rideaux, les bandages, les broches à rôtir, les gros ciseaux, chaînes, chevilles moyennes & petites, clous moyens & petits, couvercles, écumoires, aiguilles à tricoter, épines à cordonnier, fers à cheval, fers à fermer sacs, fers à piquets, fers à friser, fers à repasser le linge, fers de robinets, fers de villebrequins, fiches de fer, faulx, faucilles, chandeliers, chaufferettes, étrilles, compas & autres semblables marchandises sur lesquelles la lime n'a point encore passé ; & il ne faut pas la confondre avec le fer en batterie.

Venant de l'étranger, celle d'acier poli est prohibée par l'article III de l'arrêt du 17 juillet 1785 ; & celle de fer poli, par la décision du conseil, du 18 octobre de la même année.

L'autre doit à toutes les entrées du royaume, par arrêt du 18 août 1764, du quintal . 6 l.

Celle tirée de Lorraine est regardée comme si elle venoit de l'étranger effectif : c'est ce qui a été décidé au conseil, le 15 mars 1765.

Venant des provinces réputées étrangeres dans les cinq grosses fermes, & réversiblement, elle doit 10 s. par quintal ; savoir, dans le premier cas, suivant l'article VI de l'arrêt du 2 avril 1701 ; dans l'autre, d'après l'article XIII.

A la sortie du royaume, elle est traitée comme celle de cuivre, l'arrêt du 15 mai 1760, article VIII, comprenant les quincailleries de toute espece.

A la douane de Lyon, elle paye, au tarif de 1632, par quintal, avec l'augmentation de 9 d. . . . . 10 s. 9 d.

A celle de Valence, où elle est comprise au 7e. article du tarif. . . . . . 15 s. 8 d.

QUINCAILLERIE de la manufacture de Saint-Etienne & Saint-Chaumont.

La quincaillerie de ces fabriques est exempte de droits à la premiere destination, suivant les arrêts des 25 juillet & 25 novembre 1685 : il suffit qu'elle soit accompagnée d'un certificat signé du receveur des traites du lieu de l'enlevement.

QUINCAILLERIE de la manufacture de la Charité sur Loire.

La quincaillerie de cette fabrique est exempte de droits à la premiere destination, en vertu de l'arrêt du 13 février 1766, à condition de remplir les formalités indiquées sous le mot *bijouterie*, & qui concernent les bijouteries qui ont la même origine.

QUINCAILLERIE de la manufacture d'Amboise.

La quincaillerie de cette fabrique est absolument dans le même cas que celle de la manufacture de la Charité sur Loire, en conséquence de l'arrêt du 11 août 1772.

Marque des fers.

Indépendamment des droits de traites exigibles à l'entrée du royaume sur la quincaillerie de fer & acier, elle doit pour le droit particulier de marque des fers 18 f. par quintal, conformément à l'article premier du titre de ce droit, qui n'est pas perceptible sur la quincaillerie venant des provinces réputées étrangeres : l'article XIII l'en dispense.

Quinquina ; écorce extrêmement seche, de l'épaisseur de deux ou trois lignes, extérieurement rude & brune, d'une amertume très-grande, & d'une odeur aromatique qui n'est pas désagréable.

N'étant pas apporté de l'Inde, il ne doit être assujetti en venant de l'étranger, ni au payement de l'indult, ni à la formalité du certificat pour justifier qu'il est d'une autre origine que celle de l'Inde : c'est le résultat d'une décision du conseil du 3 août 1785.

Ainsi, à l'entrée & à la sortie des cinq grosses fermes, il doit seulement cinq pour cent de la valeur, comme omis au tarif de 1664.

A la douane de Lyon, suivant l'ajouté au tarif, par quintal net. . . . . 15 l.

Le quinquina est véritablement une droguerie ; cependant il n'est pas compris dans cette classe au tarif de 1664, ni dans celui de 1632, dont l'ajouté comprend indistinctement les marchandises & les drogueries : on ne peut en conséquence lui faire supporter la totalité des droits d'entrée du tarif de 1664, indépendamment de la douane de Lyon, ainsi qu'il en est usé pour les drogueries comprises dans l'un & l'autre tarif ; il ne doit que le quart des droits d'entrée & la douane de Lyon.

A la douane de Valence, il acquitte du quintal net, comme droguerie. . . . . 3 l. 11 s.

QUINQUINA faux ou quina femelle, est prohibé à toutes les entrées du royaume, d'après l'arrêt du 22 mars 1735, qui défend à tous marchands, épiciers, droguistes & apothicaires d'en avoir dans leurs domiciles, & d'en vendre & débiter.

R

RABETTE. *Voyez* Graine grasse.

RACINE. Il en est de plusieurs especes, qui sont désignées à leur nom propre, telle que celle de réglisse au mot *réglisse*, celle de garence au mot *garence*. Observez seulement pour la douane de Valence, que les racines d'asperges étant nommément comprises au 6e. article du tarif, doivent ainsi que toutes celles de pays, par quintal. . . . . 1 l. 9 d.

RACINE de dictame, tarifée sous le nom de *radix dictami*; (*Droguerie*) plus menue que le petit doigt, blanche, d'un goût amer & d'une odeur forte : elle se tire de la Provence & du Languedoc..

A l'entrée des cinq grosses fermes, elle doit, au tarif de 1664, par quintal net. . . 3 l.

A la ſortie des cinq groſſes fermes, cinq pour cent de la valeur, s'il n'eſt juſtifié de l'acquittement du droit d'entrée.

A la douane de Lyon, de tel endroit qu'elle vienne, ſuivant le tarif de 1632, où elle ſe trouve ſous le nom de *dictemus*, du quintal net, ci. . . . . 1 l. 2 ſ.

A la douane de Valence, comme droguerie, ci. . . . . 3 l. 11 ſ.

RADIX SCHINA. Voyez *Bois d'eſquine*.

RAIS de charrue.

Au tarif de 1664, ils doivent par millier en nombre; ſavoir,

A l'entrée des cinq groſſes fermes. . 1 l. 5 ſ.

A la ſortie des cinq groſſes fermes. . 10 ſ.

A la douane de Lyon & à celle de Valence, ils acquittent comme futaillerie.

RAISINS ſecs; on en diſtingue de différentes qualités: ceux de Damas ſont de la longueur & groſſeur du bout du pouce, plats & égrainés. Ceux de Corinthe ſont petits, de différentes couleurs, rouges, noirs ou blancs, de la groſſeur des groſeilles communes. Chacun connoît la forme des autres.

Au tarif de 1664, ils doivent par quintal, à l'entrée des cinq groſſes fermes; ſavoir, ceux de Damas & de Corinthe. . . . . . 2 l.

Ceux ordinaires. . . . . . . 10 ſ.

Tous ſortant des cinq groſſes fermes. 12 ſ.

Ces raisins & ceux de Smyrne, venant indirectement du Levant, acquittent, indépendamment du droit du tarif de la province par laquelle ils entrent, vingt pour cent de la valeur, sur l'estimation de 25 liv. le quintal, fixée par l'arrêt du 22 décembre 1750.

A la douane de Lyon, les raisins secs acquittent du quintal net, suivant le tarif de 1632, où ils sont compris dans la classe des drogueries; savoir, ceux de Damas venant de l'étranger. 12 s. 6 d.

Ceux de Corinthe & autres lieux étrangers, excepté de Savoie. . . . . 10 s.

Ceux venant de Savoie. . . . . . 8 s.

Tous, venant de l'intérieur du royaume, avec l'augmentation de 6 den. . . . . 5 s. 6 d.

Spécialement dénommés au 6e. article du tarif de douane de Valence, tous payent également, aussi du quintal net. . . . . . 1 l. 3 s. 8 d.

Raisins à faire vin, acquittent comme *vendange*.

Ramonettes; comprises dans la classe de la mercerie au tarif de 1664, elles en doivent les droits.

Rapatelle; espece de toile claire faite de crins de cheval, servant à faire des tamis, & qui n'étant pas dénommée dans les arrêts & lettres-patentes de 1743, ne peut jouir de l'exemption des droits à la destination de l'étranger.

Au tarif de 1664, elle doit par quintal; savoir, à l'entrée des cinq grosses fermes. . . . . 1. l. 5 s.

A la sortie des cinq grosses fermes. . . 12 s.

A la douane de Lyon, en venant de l'étranger, cinq pour cent de la valeur, comme omise au tarif.

Venant de l'intérieur, suivant une lettre de la ferme-générale du 9 août 1731, comme mercerie de Paris, du quintal. . . . . 2 l. 3 s. 4 d.

Pour la douane de Valence, par assimilation au treillis, du cent pesant. . . . 2 l. 1 s. 6 d.

RAPÉ ou marc de vin, *voyez* Marc de vin.

RAPURE de corne de cerf.

Elle doit cinq pour cent de la valeur à l'entrée & à la sortie des cinq grosses fermes, comme omise au tarif de 1664.

A la douane de Lyon, cinq pour cent venant de l'étranger & deux & demi venant de l'intérieur.

A la douane de Valence, par assimilation aux cornes dont elle est composée, du quintal. 15 s. 8 d.

RAPURE d'yvoire, (*Droguerie.*)

A l'entrée des cinq grosses fermes, elle doit, au tarif de 1664, par quintal net. . . . 1 l.

A la sortie des cinq grosses fermes, cinq pour cent de la valeur, si elle ne justifie de l'acquittement du droit d'entrée.

A la douane de Lyon, elle acquitte, au tarif de 1632, par quintal net; savoir, venant de l'étranger. . . . . 10 s.

Venant de l'intérieur, avec l'augmentation, ci. . . . . 10 s. 9 d.

Pour la douane de Valence, comme drogerie. . . . . 3 l. 11 ſ.

RAQUETTES ; compriſes dans la claſſe de la mercerie, au tarif de 1664, elles en doivent les droits.

RASSADE ; eſpece de verroterie, ou petits grains de verre de diverſes couleurs & groſſeurs, percés par le milieu, qui s'emploient à la traite des noirs.

Elle paye les droits comme mercerie, d'après une déciſion du conſeil du 27 février 1709, rappelée par lettres des 29 mai & 15 juin 1750.

RATAFIA eſt traité comme liqueur.

RATINE, étoffe de laine croiſée, qui, venant de l'étranger, ne peut entrer dans le royaume que par Calais ou Saint-Valery, conformément à l'arrêt du 23 décembre 1687.

Celle de Florence, tariſée avec les ſerges drapées, doit, en venant de l'étranger, d'après l'arrêt du 20 décembre 1687, par piece de 13 à 15 aunes. . . . . 30 l.

Venant des provinces réputées étrangeres dans les cinq groſſes fermes, au tarif de 1664, par piece de même aunage. . . . . 10 l.

Les autres ratines venant de l'étranger ou des provinces réputées étrangeres dans les cinq groſſes fermes, doivent les droits comme drap de Hollande & façon d'Angleterre : ainſi, les ratines de Hollande venant de l'étranger, acquittent, ſuivant la déciſion du conſeil du 22 août 1753, le droit de trente pour cent, ſur l'eſtimation de 80 liv. pour 25 aunes.

Paſſant des cinq groſſes fermes aux provinces réputées étrangeres, toutes acquittent comme draps.

A la douane de Lyon, la ratine paye par quintal; ſavoir, celle façon d'Hollande, par uſage, comme drap. . . . . 4 l. 17 ſ. 6 d.

Celle commune des fabriques au-deſſus de Lyon & de Breſſe. . . . . . 2 l. 8 ſ. 9 d.

Celle auſſi commune des fabriques au-deſſous de Lyon. . . . . 1 l. 12 ſ. 6 d.

Celles de l'hôpital de Clermont, en vertu d'une déciſion du conſeil du premier juillet 1735, ci. . . . . 3 l. 19 ſ. 2 d.

Celles de la manufacture de Neuville en Lyonnois, ſont exemptes de droits, en conſéquence d'un arrêt du 5 février 1726.

A la douane de Valence, la ratine étrangere compriſe au premier article ſous le nom de *ratine de Milan*, paye, par quintal. . . 6 l. 4 ſ. 3 d.

Les autres, comme draps. . . 2 l. 6 ſ. 8 d.

RAS d'Agen doit être traité comme drap de Carcaſſonne & payer, à l'entrée des cinq groſſes fermes, par quintal. . , ... 8 l.

RAS de Châlons & d'ailleurs.

Venant des provinces réputées étrangeres dans les cinq groſſes fermes, il acquitte cinq pour cent de la valeur, comme omis au tarif de 1664.

Paſſant des cinq groſſes fermes dans une province réputée étrangere, au même tarif où il eſt compris avec les étamines, & ſuivant l'arrêt du 5 juin 1745, du quintal. . . . . . . 6 l.

A la douane de Lyon, il doit, par quintal; ſavoir, le ras de Châlons & ceux de Maroc qui ſe fabriquent à Rheims. . . . 5 l. 19 ſ. 3 d.

Ceux de Saint-Lo. . . . . . 2 l. 8 ſ. 9 d.

Le ras de Saint-Cir, ſoie & poil, comme étoffe moitié-ſoie.

A la douane de Valence, les ras de Châlons & de Chartres, nommément compris au 3e. article du tarif, payent, par quintal. . . . 2 l. 6 ſ. 8 d.

Les autres qui ſont en laine doivent leur être aſſimilés; mais s'ils ſont mêlés d'autres matieres, ils ſont dans le cas d'acquitter les droits ſuivant ces matieres.

RÉALGAL (*Droguerie*), pierre rouge ou jaune, ſemblable à l'arſenic blanc, à l'exception de la couleur.

A l'entrée des cinq groſſes fermes, il doit, au tarif de 1664, du quintal net. . . 1 l. 10 ſ.

A la ſortie des cinq groſſes fermes, cinq pour cent de la valeur.

A la douane de Lyon, ſuivant le tarif de 1632, de tel endroit qu'il vienne, par quintal net, ci. . . . . 13 ſ. 4 d.

A celle de Valence, comme droguerie. 3 l. 11 ſ.

RÉCHAUDS de fer ſont traités comme quincaillerie de fer.

RÉGLISSE (*Droguerie*) ; bois jaune en dedans.

Une décision du conseil, du 9 août 1785, a ordonné d'exempter le bois de réglisse venant de l'étranger, du droit d'indult ; & la dispense de ce droit entraîne celle du certificat d'origine prescrit par les décisions du 4 décembre 1784.

Ainsi la réglisse venant de l'étranger comme des provinces réputées étrangeres dans les cinq grosses fermes, doit seulement, suivant le tarif de 1664, par quintal net. . . . . . . 16 f.

A la sortie des cinq grosses fermes, cinq pour cent de la valeur, à moins qu'il ne soit justifié de l'acquittement des droits d'entrée.

Pour la douane de Lyon, elle doit, au tarif de 1632, par quintal net ; savoir, venant de l'étranger. . . . . 6 f.

Venant de l'intérieur avec un sou d'augmentation. . . . . 7 f.

A la douane de Valence, où elle est comprise au 2e. article du tarif, aussi du quintal net, ci. . . . . 3 l. 11 f.

Ce droit exorbitant pour une marchandise de si modique valeur, est cause que les épiciers de Lyon préferent de tirer la réglisse de l'étranger par Rouen, à la faire venir du Languedoc ou de la Provence.

RÉGULE d'antimoine ; il acquitte les droits comme antimoine préparé : observez cependant, pour la douane de Valence, que le régule n'est autre chose qu'une substance demi-métallique, tirée de l'antimoine minéral par une opération qui sépare celui-ci de son soufre ; que loin d'être composé de métaux, il ne peut servir à aucun usage qu'autant qu'il est combiné avec d'autres substances métalliques, telles, entre autres, que l'étain avec lequel il forme ce qu'on nomme l'*étain de glace* : il doit en conséquence payer par assimilation à l'étain, suivant la lettre de la ferme-générale au receveur du Pont-de-Beauvoisin, du 5 août 1784, par quintal. . . . . . 15 s. 8 d.

RÉSINE. *Voyez* Arcanson.

RETAILLES de vieux galons, sont exemptes de droits comme matiere d'or & d'argent : ordre de restitution, expédié en faveur du sieur Thiebaud, le 12 septembre 1782.

RETS à pêcher, faits de fil de chanvre ou d'étoupes de lin.

Au tarif de 1664, ils doivent, par quintal; savoir, à l'entrée des cinq grosses fermes. . . 1 l.

A la sortie des cinq grosses fermes. . . . . 2 l.

A la douane de Lyon, suivant le tarif de 1632, de tel endroit qu'ils viennent, par quintal, ci. . . . . 7 s.

A celle de Valence, par assimilation aux cordages, du quintal. . . . . 1 l. 11 s.

REVÊCHE ; étoffe de laine grossiere, non-croisée & peu serrée, dont le poil est fort long & quelquefois frisé d'un côté. *Voyez* Bayette. Observez seulement que la revêche étant nommément comprise au 3e. article du tarif de douane de

Valence, devroit 2 l. 6 s. 8 d. par quintal, quand même elle ne seroit pas assimilée aux draps.

RHAPONTIC (*Droguerie*); racine de la couleur de la rhubarbe, venant de Moscovie ou de Perse par Smyrne & Alep : elle est plus légere, plus compacte, moins odorante & moins amere que la rhubarbe : elle en differe encore, en ce qu'étant mâchée, elle est visqueuse dans la bouche.

Elle a été prohibée à toutes les entrées du royaume, par arrêt du premier avril 1732, à peine de confiscation & de 500 liv. d'amende.

Si on en permettoit l'entrée, elle devroit à celle des cinq grosses fermes, suivant le tarif de 1664, par quintal net. . . . . 10 l.

A la douane de Lyon, suivant le tarif de 1632, aussi du quintal net. . . 8 l. 1 s. 3 d.

A celle de Valence, comme droguerie, ci. . . . . 3 l. 11 s.

RHUBARBE (*Droguerie*); racine médicinale qui, seche, est jaune, & de couleur de noix muscade au dedans; elle croît dans le royaume de Bantan dans celui du Tibet & dans quelques parties de la grande Tartarie : elle vient en Europe par la Moscovie, par le commerce du Levant & par celui des différentes compagnies des Indes.

A l'entrée des cinq grosses fermes, elle doit, au tarif de 1664, par quintal net. . . 60 l.

Venant indirectement du Levant, elle paye, indépendamment du droit du tarif de la province par laquelle elle entre, vingt pour cent de la valeur,

valeur, sur l'estimation de 1200 liv. le quintal brut, portée par décision du conseil, du 29 août 1761, qui a réduit à moitié celle fixée par l'état annexé à l'arrêt du 22 décembre 1750.

A la sortie des cinq grosses fermes, elle est exempte de droits comme droguerie absolument étrangere.

A la douane de Lyon, elle doit, au tarif de 1632, de tel endroit qu'elle vienne, par quintal net. . . . . 15 l.

A celle de Valence, comme droguerie. 3 l. 11 s.

Rhum *ou* Rum; espece d'eau-de-vie qui se tire des cannes de sucre, & dont l'entrée dans le royaume est prohibée par l'article premier de la déclaration du roi, du 24 janvier 1713.

Riblon. *Voyez* Vieux fer.

Riz, grain.

Venant de l'étranger, il doit, à toutes les entrées du royaume, suivant la décision du conseil du 14 septembre 1778, par quintal. . 7 d. & demi.

Venant indirectement du Levant, il acquitte, indépendamment de ce droit, vingt pour cent de la valeur, sur l'estimation de 12 liv. par quintal, fixée par l'état annexé à l'arrêt du 22 décembre 1750. Ceux originaires de la Caroline en sont exempts lorsque leur origine est prouvée : décision du conseil du 13 octobre 1769.

Par suite de l'obligation de justifier de l'origine des riz pour être exempts du droit de vingt pour cent, la ferme-générale a marqué le 15 mai

1780, au directeur de Besançon, que lorsqu'il seroit présenté une quantité considérable de riz dans un bureau frontiere de Franche-Comté, & que ce riz ne seroit point accompagné d'un certificat d'origine, il eût à lui faire supporter le droit de vingt pour cent, fixé sur les marchandises venant du Levant; mais elle a consenti à ce qu'il ne fût point exigé de certificats pour les petits objets, n'étant pas présumable que cette marchandise en si petite quantité pût venir du Levant.

Le riz est exempt de droits à la circulation, comme grains, suivant la décision du conseil du 6 août 1771, conçue en ces termes: « En considération de l'utilité des riz qui peuvent suppléer aux grains de premiere nécessité pour la » subsistance, leur importation mérite d'être » favorisée, & par ce motif, ils doivent être » assimilés aux grains: ainsi jusqu'à ce qu'il en » soit autrement ordonné, il ne sera perçu que » le droit d'entrée fixé pour les froments, & ils » ne seront sujets à aucun droit dans l'inté- » rieur du royaume. »

Passant des cinq grosses fermes à l'étranger, il doit, au tarif de 1664, par quintal. . 12 f.

La réexportation à l'étranger des riz qui en sont venus a été permise comme celle des grains, par décision du conseil du 3 mai 1774; elle a même accordé l'exemption de droits: mais comme il s'agissoit de riz sortant de Franche-Comté où le tarif de 1664 n'a pas lieu, on pense que le riz sortant des cinq grosses fermes pour l'étranger, seroit susceptible du droit de 12 f. par quintal imposé par ce tarif.

S'il en ſortoit du royaume par le Dauphiné, il devroit pour la douane de Valence, comme nommément compris au 6e. article de ce tarif, par quintal. . . . . 1 l. 9 d.

RIZ des colonies Françoiſes.

Suivant les lettres-patentes du 7 novembre 1764, il doit 1 ſ. 3 d. par quintal, & ce droit tient également lieu de celui du domaine d'Occident.

ROCAILLE. On nomme ainſi, des grains de pierre ou de roche travaillés ſur la meule & propres à faire des colliers.

Venant de l'étranger, elle doit à toutes les entrées du royaume, ſuivant l'arrêt du 3 juillet 1692, par quintal. . . . . 15 l.

Venant des provinces réputées étrangeres dans les cinq groſſes fermes, & paſſant des cinq groſſes fermes dans une province réputée étrangere ou à l'étranger, cinq pour cent de la valeur, comme omiſe au tarif.

A la douane de Lyon, elle paye par quintal, ſuivant l'ajouté au tarif où elle eſt nommée *rouquaille*, y compris l'augmentation de 2 ſ. 6 d. ci. . . . . 1 l. 12 ſ. 6 d.

A la douane de Valence, par aſſimilation au verre à vitre dénommé au 7e. article. 15 ſ. 8 d.

ROCOU: drogue ſervant à la teinture en ſoie: il eſt à préſumer qu'il ſera admis à la modération à moitié que le conſeil ſe propoſe d'accorder aux drogues teinturantes ; en attendant qu'il ait été statué sur cet objet, on fera connoître l'état actuel des choses à son égard.

D'après l'arrêt du 2 janvier 1765, confirmé par celui du 17 juillet 1785, il peut en venir d'Angleterre, étant drogue servant à la teinture ; il suffit qu'il paye les droits dus sur celui venant des autres pays étrangers.

Ils sont à l'entrée des cinq grosses fermes, suivant le tarif de 1664, par quintal brut, d'après la décision du conseil du 6 juillet 1719, qui l'a tiré de la classe des drogueries, de. 2 l. 10 s.

Il doit le même droit venant d'une province réputée étrangere dans les cinq grosses fermes.

A la sortie des cinq grosses fermes, il paye, cinq pour cent de la valeur, comme omis en ce tarif.

La décision du 6 juillet 1719, ayant ordonné de traiter le rocou comme marchandise, on étoit autorisé à en percevoir le droit de douane de Lyon, au brut au lieu du net. Cependant cette décision suivant l'assertion des commis, n'ayant pas été exécutée dans les bureaux des provinces méridionales ni à Lyon, la ferme-générale a consenti, par sa lettre du 27 novembre 1775, d'y laisser subsister l'usage où on étoit de l'acquitter au net.

A la douane de Lyon, il paye du quintal net, suivant l'ajouté au tarif. . . . . 1 l. 10 s.

A celle de Valence, comme droguerie, ci. . . . . 3 l. 11 s.

Rocou des isles Françoises.

Le rocou venant des isles Françoises de l'Amérique doit, par quintal à toutes les entrées permises, suivant l'article XIX des lettres-patentes d'avril 1717. . . . . 2 l. 10 s.

Ce droit est indépendant de celui du domaine d'Occident, fixé par l'état d'évaluation qui s'arrête tous les six mois.

Venu des isles Françoises à Marseille, il n'acquitte que le même droit de 2 l. 10 s. en passant dans le royaume; à la charge de justifier de son origine par certificat des commis du bureau du poids & casse; article XVIII des lettres-patentes de février 1719.

Celui venu des Isles dans la Bretagne, & qui a acquitté les droits locaux à son arrivée dans cette province, doit encore, en passant dans les cinq grosses fermes, le même droit de 2 l. 10 s.

Tous ceux des Isles jouissent du bénéfice d'entrepôt & du transit par terre à travers le royaume.

ROGNURES de cartes, servant à la fabrique du papier.

Lorsqu'elles sont rebattues, elles doivent à toutes les entrées du royaume, suivant l'arrêt du 21 août 1771, par quintal. . . . . . . 2 s.

Elles acquittent le même droit venant des Trois-Evêchés & de Lorraine traités à l'instar de l'étranger effectif : lettre de la ferme-générale au directeur de Lyon, du 3 mars 1774.

A la circulation, elles sont exemptes de droits, d'après le même arrêt qui en défend l'exportation pour l'étranger.

ROGNURES de draps, appelées *bouts & cul-ronds*.

Elles sont prohibées à toutes les sorties du royaume, par décision du conseil du 28 février 1782.

A la douane de Lyon, elles doivent par quintal, suivant l'usage ; savoir, venant de l'étranger. . . . . 10 f.

Venant de l'intérieur, avec l'augmentation, ci. . . . . 10 f. 9 d.

ROGNURES de laiton.

N'étant pas question de ces matieres dans l'arrêt du 19 décembre 1784, relatif aux cuivres, cet arrêt n'a rien changé à leur traitement. Ainsi, elles doivent toujours suivant le tarif de 1664, à la sortie des cinq grosses fermes pour les provinces réputées étrangeres & l'étranger, par quintal . . . . 1 l. 5 f.

A la douane de Lyon, elles acquittent au tarif de 1632, du cent pesant, de tel endroit qu'elles viennent. . . . . 8 f.

A la douane de Valence, par assimilation au cuivre. . . . . 15 f. 8 d.

ROGNURES de parchemins, doivent être traitées comme celles de peaux, étant propres au même usage.

ROGNURES de peaux propres à faire de la colle.

Venant de l'étranger, elles doivent à toutes les entrées du royaume, suivant l'arrêt du 21 août 1771, par quintal. . . . . 2 f.

Elles sont exemptes à la circulation, d'après le même arrêt, qui en défend la sortie à l'étranger.

S'il étoit accordé une permission particuliere d'en exporter, elles payeroient à toutes les sorties du royaume, suivant l'arrêt du 22 décembre 1750, concernant les droits des rognures de peaux à l'usage des fabriques de colle claire, par quintal. . . . . 6 l.

A la douane de Lyon, elles devroient par quintal en cas de mélange avec des marchandises sujettes, suivant l'usage, y compris l'augmentation de 1725. . . . . 2 f. 6 d.

A la douane de Valence, à raison de leur peu de valeur, de la charge de trois quintaux. 7 f. 3 d.

ROGNURES de peaux revêtues de poils, nommées *équais*, vendues par les pelletiers aux chapeliers de Lyon ; omises au tarif de 1664, elles doivent à l'entrée & à la sortie des cinq grosses fermes, cinq pour cent de la valeur.

Pour la douane de Lyon, suivant la lettre de la ferme-générale au directeur de Lyon, du 7 septembre 1778, du quintal. . . . 1 l. 7 f.

ROGUES de maquereaux.

Elles doivent à l'entrée & à la sortie des cinq grosses fermes, & pour la douane de Lyon, les droits à la valeur.

A la douane de Valence, comme poisson salé, du quintal. . . . . 1 l. 9 d.

ROGUES de morue.

Elles ne doivent pas comme les langues & nots les droits de la morue ; elles sont seulement assujetties aux droits des tarifs : lettre de la ferme-générale au directeur de Nantes, du 24 décembre 1781.

ROLLE ; étoffe de laine, espece de molleton ou double crezeau.

Venant de l'étranger, elle ne peut entrer dans le royaume que par les bureaux de Calais & Saint-Valery, suivant l'arrêt du 23 décembre 1687.

Elle y doit, d'après l'arrêt du 20 du même mois, lorsqu'elle est composée de pure laine, comme molleton, par piece de 25 aunes. . 24 l.

Si elle est de poil, de laine & de fil, ou mêlée de laine, soie, poil, fil, coton & d'autres matieres, trente pour cent de la valeur.

Venant des provinces réputées étrangeres dans les cinq grosses fermes, elle doit, au tarif de 1664, par piece de 26 aunes, comme molleton façon d'Angleterre. . . . . 6 l.

Passant des cinq grosses fermes aux provinces réputées étrangeres, comme étoffes, suivant les matieres dont elle est composée.

A la destination de l'étranger, elles sont exemptes, comme étoffes de toutes sortes.

A la douane de Lyon, elles doivent, comme molletons de Rouen, par quintal. . . 3 l. 5 s.

A celle de Valence, par assimilation aux draps, aussi du quintal. . . . . 2 l. 6 s. 8 d.

ROMARIN (*Droguerie.*)

A l'entrée des cinq grosses fermes, il doit, au tarif de 1664, par quintal net. . . . 15 s.

A la sortie des cinq grosses fermes, cinq pour cent de la valeur, à moins qu'il ne soit justifié de l'acquittement des droits d'entrée.

A la douane de Lyon, il doit, par quintal net, de tel endroit qu'il vienne, suivant l'usage. . 7 s.

A celle de Valence, comme droguerie. 3 l. 11 s.

ROQUETINS.

Venant de l'étranger, ils sont nommément prohibés par la déclaration du 25 octobre 1689; & la décision du conseil du 13 juin 1656, qui a permis l'entrée dans le royaume des matieres d'or & d'argent ainsi que des especes, soit de France, soit étrangeres, a excepté les roquetins.

ROSEAUX; tarifés cumulativement avec cannes, *voyez* ce mot.

ROSEAUX en fagots, également nommés *cannes*, qui viennent de Marseille ou du Languedoc.

A l'entrée & à la sortie des cinq grosses fermes, ils payent cinq pour cent de la valeur, comme omis au tarif de 1664.

A la douane de Lyon, ils doivent, par quintal,

suivant l'ajouté au tarif sous le nom de *cannes de jonc*; savoir, venant de l'étranger. . . . 2 s. 6 d.

Venant de l'intérieur, avec l'augmentation, ci. . . . . 2 s. 9 d.

Pour la douane de Valence, la ferme-générale a consenti, par lettre du 26 janvier 1770, à ce qu'attendu leur peu de valeur ils acquitassent à raison de 3 liv 6 d. par cent francs d'estimation; & il est d'usage de porter l'évaluation à 10 francs le quintal, ou à 1 liv. le fagot de cinquante cannes, pesant 10 livres.

ROSEREAUX sont tarifés avec *hermines*.

ROSES (*Droguerie.*)

A l'entrée des cinq grosses fermes, elles doivent, au tarif de 1664, par quintal net. . . 3 l. 15 s.

A la sortie des cinq grosses fermes, celles du cru de France acquittent, suivant le même tarif, du quintal brut. . . . . 5 l.

Les autres doivent cinq pour cent de la valeur, si elles ne sont accompagnées d'acquit du droit d'entrée.

A la douane de Lyon, elles payent, suivant le tarif de 1632, par quintal net; savoir, venant de l'étranger. . . . . 1 l. 5 s.

Venant de l'intérieur avec l'augmentation de 4 s. . . . . 1 l. 9 s.

A la douane de Valence, où elles sont dénommées au 2e. article du tarif, elles doivent aussi, du quintal net. . . . . 3 l. 11 s.

ROSSOLIS; liqueur composée d'eau-de-vie

brûlée, de sucre & de canelle, où l'on ajoute quelquefois du parfum. Pour les droits, *voyez* Liqueur.

Rot ; espece de peigne dont les dents ou broches sont de roseau ou de bois.

A l'entrée des cinq grosses fermes & passant des cinq grosses fermes dans une province réputée étrangere, ils doivent, comme omis au tarif de 1664, cinq pour cent de la valeur.

Ils sont prohibés, à la sortie pour l'étranger, comme cardes.

Rouge d'Inde (*Droguerie*), ou terre de Perse ; pierre rouge assez friable & assez haute en couleur.

A l'entrée des cinq grosses fermes, il doit, au tarif de 1664, par quintal net. . . 15 f.

Sortant des cinq grosses fermes, il ne paye aucun droit, comme droguerie étrangere.

A la douane de Lyon, il acquitte, de tel endroit qu'il vienne, comme rouge brun, qui, suivant l'ajouté au tarif, paye par quintal net. 10 f.

A celle de Valence, comme droguerie. 3 l. 11 f.

Ruban ; tissu très-mince, qui sert à plusieurs usages, suivant les matieres dont il est fabriqué.

Avant de faire connoître, par ordre alphabétique, les droits dont chaque espece est susceptible, on observera 1°. que tous venant d'Angleterre, sont nommément prohibés par l'arrêt du 6 septembre 1701, dont les dispositions sont confirmées par celui du 17 juillet 1785 ; 2°. que ceux fabriqués dans le royaume: n'étant pas compris dans l'arrêt & les lettres-patentes de 1743, qui désignent les marchandises nationales qui doivent jouir de l'exemption de droits en passant à l'étranger, ne peuvent pas participer à cette faveur; enfin, qu'ils ne doivent, à cette destination, que le droit d'un pour cent de la valeur, imposé par l'arrêt du 15 mai 1760.

RUBANS de fil.

Pour ceux étrangers, on distingue ceux en écru & non-teints, de ceux teints.

Les premiers, venant de tout autre pays que du duché de Berg, payent, à toutes les entrées du royaume, suivant l'arrêt du 3 juillet 1692, par quintal. . . . . 20 l.

Venant en droiture du duché de Berg & justifiant de leur origine par certificat, ils ne doivent que la moitié de ce droit, d'après l'arrêt du 29 février 1720.

Ceux teints, même du duché de Berg, payent, en venant de l'étranger en conséquence d'un arrêt du 22 octobre 1782, & d'une décision du conseil du 2 avril 1783, du quintal. . . . . . 20 l.

Les tresses bigarrées, nommées *boeldâcs*, sont seules exceptées: elles ne doivent, aux termes du même arrêt du 22 octobre 1782, que 10 francs.

Ces différentes especes de rubans payent, par quintal, au tarif de 1664; savoir, venant des provinces réputées étrangeres dans les cinq grosses fermes. . . . . 8 l.

Passant des cinq grosses fermes aux provinces réputées étrangeres, comme mercerie. . . . 3 l.

RUBANS de laine, gros fil & fil d'étoupes.

Ceux purement de laine étant compris au tarif de 1664 dans la classe de la mercerie, doivent être traités comme tels.

Ceux de fil & laine du duché de Berg ayant été mis dans cette même classe par décision du conseil du 22 juin 1761, & ceux de gros fil & fil d'étoupes par d'autres décisions des 15 mai 1760, & 11 février 1762, ils sont sujets aux mêmes droits.

A la douane de Lyon, les rubans de fil, autres que du Forez & de l'Auvergne, doivent, au tarif de 1632, par quintal, avec l'augmentation de 3 f. 4 d. . . . . 2 l. 3 f. 4 d.

Ceux du Forez & de l'Auvergne, comme mercerie du Forez, aussi du quintal. . . . 12 f.

Ceux de laine payent également comme mercerie, suivant le pays d'où ils viennent.

A la douane de Valence, ils acquittent du quintal; savoir, ceux de laine, comme marchandise de laine, comprise au 3e. article. 2 l. 6 f. 8 d.

Ceux de fil, comme chevilleres, nommément comprises au 4e. article. . . . 2 l. 1 f. 6 d.

RUBANS de filoselle ou fleurets, nommés *padoux*.

Venant de l'étranger, ils ne peuvent, conformément à une décision du conseil du 23 juin 1773, entrer dans le royaume que par Septemes & le Pont-de-Beauvoisin, pour aller de là à Lyon acquitter les droits.

Ils sont de la moitié de ceux imposés sur les étoffes de soie; ce qui fait par livre pesant net, pour le droit principal. . . . . . 13 f. 4 d.

Pour le droit additionnel de l'article premier de l'arrêt du 15 mai 1760. . . . . 15 f.

Pour la douane de Valence, ils acquittent encore, par quintal net, avec l'augmentation de deux tiers. . . . . 5 l. 18 f. 4 d.

Au tarif de 1664, où ils sont tarifés à l'entrée avec les ceintures, ils doivent, du quintal net; savoir, venant des provinces réputées étrangeres dans les cinq grosses fermes. . . . . . 10 l.

Passant des cinq grosses fermes aux provinces réputées étrangeres. . . . . . . 8 l. 8 f.

Pour la douane de Lyon, par usage, la moitié de ceux de soie : c'est-à-dire, de la livre pesant net; savoir, venant des provinces au-dessus de Lyon. 4 f.

Des provinces au-dessous, c'est-à-dire du Dauphiné, de la Provence & autres. . . . 8 f.

Venant d'Avignon, à cause de l'augmentation de moitié. . . . . 12 f.

Du Forez, au tarif de 1632, sous le nom générique de *passements de Saint-Chamond*. . 3 f.

A la douane de Valence, ils payent, du quintal net, par assimilation à la filoselle, nommément comprise au 2e. article du tarif; savoir, ceux venant de l'intérieur du royaume. . . 3 l. 11 f.

Venant d'Avignon, à cause de l'augmentation de moitié. . . . . 5 l. 6 f. 6 d.

RUBANS de soie.

Venant de l'étranger, ils ne peuvent, suivant l'arrêt du 18 mai 1720, entrer dans le royaume que par Marseille & le Pont-de-Beauvoisin pour être conduits à Lyon.

Ils y acquittent par livre pesant net, de droit principal. . . . . 1 l. 6 ſ. 8 d.

De droit additionel, ſuivant l'arrêt du 15 mai 1760, confirmé par déciſion du conſeil du 26 juillet de la même année. . . . 1 l. 10 ſ.

Pour la douane de Valence, du quintal net, à cauſe de l'augmentation de deux tiers, ci. . . . . 11 l. 16 ſ. 8 d.

Au tarif de 1664, ils doivent par livre pesant net; ſavoir, venant des provinces réputées étrangeres dans les cinq groſſes fermes. . . 4 l.

Paſſant des cinq groſſes fermes aux provinces réputées étrangeres; ſavoir, ceux tiſſus d'or ou d'argent faux & ſoie. . . . . 12 ſ.

Tiſſus d'or & d'argent fin avec ſoie ou mêlés d'or ou d'argent avec ſoie. . . . . . 2 l.

S'ils ne paroiſſent tarifés qu'à 1 l. 10 ſ. c'eſt par erreur; les treſſes & tiſſus d'or & d'argent étant impoſés à 2 l.

A la douane de Lyon, les rubans de ſoie, payent par livre peſant net; ſavoir, ceux du Forez ſous la dénomination de *paſſements de Saint-Chamond*, au tarif de 1632. . . . . 3 ſ.

Ceux des fabriques au-deſſus de Lyon. 8 ſ.

Des fabriques au-deſſous, comme ouvrages en ſoie nommément tarifés. . . . . . 16 ſ.

Venant d'Avignon, à cauſe de la moitié en ſus. . . . . 1 l. 4 ſ.

Ceux à la digue qui ſont en ſoie & dorure, c'eſt-à-dire, moitié ſoie, moitié or, payent auſſi à la douane de Lyon, par livre peſant net; ſavoir, venant du Forez ſuivant l'ajouté au tarif, ci. . . . . 1 l. 4 ſ.

Venant de Paris, comme dentelles d'or ou d'argent. . . . . 2 l. 8 f.

A la douane de Valence, ils doivent par quintal net ; favoir, venant de l'intérieur. . . 7 l. 2 f.

D'Avignon, avec l'augmentation. 10 l. 13 f.

RUBANS à fonnettes.

Ils doivent les droits comme les rubans ordinaires, fuivant l'efpece, leur largeur n'en changeant pas la qualité. Il a même été jugé par la décifion du confeil, du 26 juillet 1760, qu'ils étoient comme eux fujets au droit augmentatif de 1 l. 10 f. par livre pefant net, impofé par l'article premier de l'arrêt du 15 mai de la même année.

RUBANS de foie de Saint-Etienne & Saint-Chamond.

Aux termes des arrêts des 25 juillet 1671, & 21 juillet 1685, les rubans de foie des manufactures de Saint-Etienne & Saint-Chamond, fituées en Forez & Lyonnois, peuvent paffer dans les cinq groffes fermes en exemption de droits, lorfqu'ils font accompagnés de certificats d'origine qui doivent être fignés du receveur du bureau du lieu où fe fait l'enlevement.

RUBANS, tiffus propres à compofer les boutons faits au métier, font défendus à l'entrée du royaume comme ces boutons, d'après la déclaration du 10 octobre 1740.

Ces rubans font tiffus de différentes matieres, foit de fil d'or, ou d'argent, de crin, de foie, de de fil ou de poil ; & sont façonnés d'un dessin répété, & ce dessin est de la grandeur nécessaire pour qu'en coupant ces tissus par petits bouts égaux, on puisse s'en servir à couvrir un moule de boutons.

RUBIA TINCTORUM ; racine de la garence, de couleur rougeâtre tant au-dedans qu'au dehors : elle sert à teindre en rouge. *Voyez* Garence.

S

SABLES bruts.

Destinés pour le service des verreries, ils ne doivent aucun droit d'entrée du royaume, ni de circulation, d'après l'arrêt contradictoire du conseil du 8 septembre 1778.

Ceux à l'usage des faïenceries, des monnoies & affinages sont dans le même cas, suivant une décision du conseil du 24 juillet 1781.

SABOTS de bois non-garnis.

Suivant le tarif de 1664, ils doivent à l'entrée des cinq grosses fermes, par chariot. . 15 s.

Par charrette. . . . . 8 s.

Sortant des cinq grosses fermes, par chariot ; ci. . . . . 1 l. 12 s.

Par charrette. . . . . 16 s.

La charrette eſt ordinairement compoſée de quatre groſſes, chacune de treize douzaines ; la douzaine d'un tiers de grands, un tiers de moyens & un tiers de petits : les grands au-deſſus de huit pouces, les moyens de ſept à huit, & les petits au-deſſous de ſept pouces.

A la douane de Lyon, ils payent comme futaillerie par quintal ; ſavoir, venant de l'étranger, ci. . . . . 4 ſ.

Venant de l'intérieur. . . . . 2 ſ. 3 d.

A la douane de Valence, par aſſimilation aux cuillers de bois, du quintal. .. . . . 15 ſ. 8 d.

SACHETS d'odeur.

Ils doivent à l'entrée & à la ſortie des cinq groſſes fermes, cinq pour cent de la valeur, comme omis au tarif de 1664.

A la douane de Lyon, cinq pour cent venant de l'étranger, & deux & demi venant de l'intérieur.

Etant conſidérés comme ouvrages de modes, ils jouiſſent des avantages accordés à ceux de ces ouvrages, expédiés de Lyon & de Paris pour Marſeille, ou pour l'étranger par Marſeille.

SACS vuides.

Etant conſidérés comme marchandiſes, ils acquittent en venant de l'étranger comme toile étrangere, ſuivant l'eſpece : arrêt du 8 février 1752 & déciſion du conſeil du 9 novembre 1772.

Venant d'Alſace, ils ſont réputés venir de l'étranger effectif : la ferme-générale a en conſéquence recommandé par ſa lettre du 2 décembre 1773, de les traiter comme toiles étrangeres.

Ceux venus de l'étranger avec des grains, peuvent ressortir en exemption de droits quoiqu'ils soient vuides, pourvu qu'ils aient été déclarés à l'arrivée : c'est le résultat des décisions du conseil des premier mai 1752 & 9 novembre 1772.

Ceux employés à cet usage sont également exempts de droits à la circulation d'après d'autres décisions du conseil des 22 décembre 1768 & 9 novembre 1772 ; mais dans tous les cas, pour jouir de cette faveur, l'identité des sacs doit être constatée par une marque qui mette en état de les reconnoître, & de s'assurer qu'il n'y a point de substitution : c'est ce que la ferme-générale a fait connoître, par ses lettres circulaires des 6 août 1768 & 23 novembre 1772.

Les sacs de coutis entrant dans les cinq grosses fermes ou en sortant, doivent, comme omis au tarif, cinq pour cent de la valeur ; & cette perception a été confirmée par une lettre de la ferme-générale, du 29 janvier 1770.

On auroit pu faire supporter le même traitement à ceux de toile, si la décision du conseil du 9 novembre 1772, ne paroissoit pas avoir jugé qu'ils doivent payer comme les toiles dont ils sont composés.

A la douane de Lyon, tous acquittent à raison de cinq pour cent de la valeur, s'ils viennent de l'étranger, & de deux & demi venant de l'intérieur.

A la douane de Valence, comme toile.

SACS à ouvrages en soie, soit qu'ils soient brodés,

parfumés ou non, ils ſont traités comme ouvrages de modes.

Saffle. A l'entrée des cinq groſſes fermes, il doit au tarif de 1664, par quintal. . . 3 ſ.

Sortant des cinq groſſes fermes, cinq pour cent de la valeur, comme omis au même tarif.

Safran (*Droguerie*), dénommé auſſi *crocus*. Le meilleur vient du Gatinois & en filaments veloutés d'un beau rouge, d'une agréable odeur : il y en a encore de Toulouſe, d'Angoulême & de Meſnil en Normandie.

A l'entrée des cinq groſſes fermes, il doit, au tarif de 1664, par quintal net. . 50 l.

Venant indirectement du Levant, il paye, indépendamment du droit du tarif de la province par laquelle il entre dans le royaume, vingt pour cent de la valeur ſur l'eſtimation de 80 liv. le quintal brut, fixée par l'état annexé à l'arrêt du 22 décembre 1750.

A la ſortie des cinq groſſes fermes, il doit, au tarif de 1664, par quintal brut. . . 40 l.

Il ne peut être exempt de ce droit qu'autant qu'il juſtifie avoir payé celui d'entrée, ou bien ſortir de Lyon où il eſt cenſé avoir acquitté ceux de douane à ſon arrivée.

Ce droit eſt par quintal net, au tarif de 1632 ; ſavoir, venant de l'étranger de. 31 l. 6 ſ. 8 d.

Venant de l'intérieur, avec 1 l. 15 ſ. 3 d. d'augmentation de. . . . . 12 l. 15 ſ. 3 d.

Celui d'Orange & d'Avignon eſt traité comme

s'il venoit de l'étranger, d'après les arrêts des 18 juillet 1724 & 13 novembre 1731.

A la douane de Valence, où il est dénommé au premier article du tarif, il paye par quintal net. . . . . 7 l. 2 s.

SAFRAN du cru d'Alsace.

Il est exempt des droits de traites & de celui de vingt pour cent, à son passage en Franche-Comté : arrêt du 12 janvier 1706.

SAFRAN bâtard (*Droguerie*), ou *safranum* ; safran sauvage, produit d'une plante qui porte des gousses pleines de filets qui contiennent une graine que les perroquets mangent. Il est bon à la teinture & vient d'Egypte & d'Alexandrie ; il en vient également d'Allemagne & de Provence.

Entrant dans les cinq grosses fermes, il doit, au tarif de 1664, par quintal net. . 1 l. 5 s.

Sortant des cinq grosses fermes, cinq pour cent de la valeur, s'il ne justifie de l'acquittement des droits d'entrée.

A la douane de Lyon, de tel endroit qu'il vienne, suivant le tarif de 1632, par quintal net. . . . . 1 l. 5 s.

A celle de Valence, où il est désigné au deuxieme article du tarif. . . . . 3 l. 11 s.

SAFRAN de mars ; rouille de fer, faite à la rosée, & de couleur brune.

A l'entrée & à la sortie des cinq grosses

fermes, il doit cinq pour cent de la valeur, comme omis au tarif de 1664.

A la douane de Lyon, il paye, comme omis au tarif de 1632, du quintal net, de tel endroit qu'il vienne. . . . . 5 l. 2 ſ. 6 d.

A la douane de Valence, comme droguerie, auſſi du cent peſant net. . . . . 3 l. 11 ſ.

SALAISONS. *Voyez* Chairs ſalées.

SALICOR. *Voyez* Cendres de varech.

SALIN. On entend aſſez généralement par ce mot, le ſel alkali tiré des cendres en les leſſivant & en faiſant évaporer l'eau qui a ſervi à cette leſſive : c'eſt une potaſſe non-calcinée ; elle eſt ordinairement noire, jaunâtre, ſalée, amere à la bouche, & elle a la ſaveur du ſel commun. On peut donc regarder le ſalin & le ſel de cendres comme une choſe connue ſous deux noms différents : le premier leur a été donné par les Allemands ; & en France on les a appelés *cendres de verre*, parce qu'ils ſervent à la vitrification.

Quand ce ſalin ou ſel de cendres a été calciné dans un fourneau de réverbere, il perd ſon nom pour prendre celui de potaſſe, & il eſt ſujet au même droit que le ſalin potaſſe non calciné.

La matiere qui ſe tiroit des ſalines de Salins & qui étoit vendue environ 10 liv. le quintal ſous le nom de *ſalin*, étoit fort différente du ſalin-potaſſe : elle étoit principalement formée de craſſe de ſel, mêlée avec une très-petite quantité de vrai ſalin ou de ſel de cendres.

Cet assemblage de toutes sortes de sels n'étoit pas susceptible de se convertir en potasse par la calcination ; il n'étoit non plus guere propre à être employé ailleurs que dans les verreries ; il étoit enfin à très-bas prix : la ferme-générale avoit en conséquence consenti par sa lettre du 14 août 1780, à ce que l'on continuât de le déclarer sous la dénomination impropre de *cendre de verre*, & qu'il acquittât ainsi pour Lyon le quart du droit de 4 sous du quintal, imposé par le tarif de 1664, sous cette fausse dénomination.

La même faveur avoit été accordée au salin de Montmorrot, par une autre lettre du 25 septembre 1780 ; mais ces dispositions sont devenues inutiles, au moyen de ce que les traités faits pour des fournitures de salin ont été annullés par un arrêt du 19 juillet 1782.

A la sortie pour l'étranger, le salin est prohibé, comme on le voit au mot *cendres gravelées*. On ajoutera seulement que, sur les représentations des entrepreneurs des différentes verreries, un arrêt du conseil du 9 juillet 1785, a ordonné l'exécution, dans toutes les provinces & généralités du royaume sans exception, des dispositions de ceux des 10 février 1780 & 26 avril 1781 ; en conséquence, a défendu à tous particuliers, marchands & autres de tenir amas ou magasin de salins dans les quatre lieues desdites provinces du côté de l'étranger, à peine de confiscation des marchandises & de 3000 l. d'amende : il a ordonné sous la même peine, qu'aucune partie de ces matieres ne pourroit être transportée dans l'étendue desdites quatre lieues, sans être accompagnée d'un acquit à caution portant le lieu de la destination & le nom du particulier auquel elle sera adressée ; il a fait très-expresses défenses d'en faire sortir desdites provinces pour le pays étranger, en quelque quantité & sous quelque dénomination que ce soit, à peine de confiscation des matieres, voitures, chevaux & équipages servant à leur exportation & de 3000 liv. d'amende.

A la douane de Lyon, il est traité comme cendre de verre.

A celle de Valence, comme soude, suivant une lettre de la ferme-générale du 18 février 1771.

SALPÊTRE ; il ne peut entrer dans le royaume ni y circuler, sans un passe-port du commissaire-général des poudres, au moyen duquel il est exempt de droits : arrêt du 6 août 1720.

Avec ce passe-port, les sieurs Chatel, entrepreneurs de la manufacture d'huile de vitriol, établie à Rouen, peuvent en faire entrer, pour l'usage de leur manufacture, jusqu'à trente milliers pesant par an : arrêt du 24 septembre 1768.

Il est prohibé à la sortie pour l'étranger.

Si on permet d'en entrer dans le royaume autrement que pour la régie des poudres, il doit, s'il vient par les cinq grosses fermes, suivant le tarif de 1664, du quintal. . . . . . . 1 l.

Quand la sortie en est permise par les cinq grosses fermes, il paye aussi du cent pesant, même tarif. . . . . 4 l.

SALSEPAREILLE (*Droguerie*) ; plante de la nouvelle Espagne, du Pérou & des Indes orientales : sa racine se partage en quantité de longs filaments de la grosseur d'une plume à écrire ; elle est grise au dehors & blanche en dedans, mais teinte de deux raies rougeâtres.

Entrant dans les cinq grosses fermes, elle doit, au tarif de 1664, par quintal net. . . . 5 l.

Sortant des cinq grosses fermes, elle est exempte des droits, comme droguerie étrangere.

A la douane de Lyon, elle doit, au tarif de 1632, de tel endroit qu'elle vienne, par quintal net. . . . . 3 l. 2 s. 6 d.

A celle de Valence, comme droguerie. 3 l. 11 s.

SANDAL. *Voyez* Bois de Sandal.

SANDARAQUE (*Droguerie*) ; gomme ou résine de genevrier, transparente, d'un jaune pâle ou citrin, en gouttes semblables au mastic, d'un goût résineux, d'une odeur pénétrante & suave quand on la brûle : elle ne se dissout pas dans l'eau, mais seulement dans l'huile ou l'esprit de vin ; elle entre également dans la composition du vernis ; on en fait aussi une poudre impalpable pour frotter le papier, ce qui sert à recouvrir les ratures.

A l'entrée des cinq grosses fermes, elle doit, au tarif de 1664, par quintal net. . . 1 l. 5 s.

Sortant des cinq grosses fermes, cinq pour cent de la valeur, si on ne justifie pas de l'acquittement du droit d'entrée.

A la douane de Lyon, de tel endroit qu'elle

vienne, elle doit, au tarif de 1632, par quintal net. . . . . 11 f.

A celle de Valence, comme droguerie. 3 l. 11 f.

SANG-DE-DRAGON (*Droguerie*). On le distingue en fin & en moyen; le fin eſt une gomme de couleur rouge en petites larmes claires & tranſparentes : lorſqu'il vient des Indes, il eſt mis dans de petits roſeaux; il eſt fort friable & la poudre eſt d'un très-beau rouge foncé.

Le moyen, qui vient des Canaries, eſt bien de couleur rouge, mais il eſt chargé d'ordures.

Au tarif de 1664, le ſang-de-dragon doit, par quintal net, en entrant dans les cinq groſſes fermes; ſavoir,

Le fin. . . . . 10 l.

Le moyen. . . . . 5 l.

Sortant des cinq groſſes fermes, l'un & l'autre ſont exempts de droits comme drogueries étrangeres.

A la douane de Lyon, ils doivent, de tel endroit qu'ils viennent, ſuivant le tarif de 1632, par quintal net. . . . . . . 3 l. 2 ſ. 6 d.

A celle de Valence, comme droguerie. 3 l. 11 ſ.

SANGLES en broderie; compriſes au chapitre des droits de ſortie du tarif de 1664, avec les ceintures, elles doivent être traitées de la même maniere.

SANGLES de cuir, ſont traitées comme ouvrages de cuir.

SANGLES, autres que de cuir.

Comprises dans la classe de la mercerie, elles en acquittent les droits à l'entrée & à la sortie des cinq grosses fermes.

A la douane de Lyon, elles doivent, par quintal, suivant l'usage; savoir,

Celles de fil, comme mercerie du Puy. 12 s.

Celles d'étoupes. . . . . . . 7 s. 3 d.

A la douane de Valence, où elles sont nommément comprises au 5e. article du tarif, du quintal, ci. . . . . 1 l. 11 s.

SANGUINE (*Droguerie*); pierre fossile fort rouge, servant à faire des crayons propres à dessiner.

Entrant dans les cinq grosses fermes, elle doit, au tarif de 1664, par quintal net. . . 16 s.

Sortant des cinq grosses fermes, elle est exempte de droits comme droguerie étrangere.

A la douane de Lyon, elle acquitte, suivant l'ajouté au tarif, par quintal net; savoir,

Venant de l'étranger. . . . . . . 10 s.

Venant de l'intérieur, avec l'augmentation, ci. . . . . 10 s. 9 d.

A celle de Valence, comme droguerie. 3 l. 11 s.

SAPINS à faire échelles ou combles de maisons.

Au tarif de 1664, ils doivent, entrant dans les cinq grosses fermes, par cent en nombre; savoir,

Les grands. . . . . 1 l.

Les petits à faire pioches. . . . . 15 s.

Passant des cinq grosses fermes aux provinces réputées étrangeres, aussi du cent en nombre : savoir,

Les grands. . . . . 1 l. 6 s.

Les petits. . . . . 12 s.

Tous sont prohibés à la sortie du Royaume, en conséquence de l'arrêt du 18 août 1722, comme bois de toutes sortes.

A la douane de Lyon, ils payent cinq pour cent de la valeur, venant de l'étranger, & deux & demi venant de l'intérieur.

A celle de Valence, à raison de 3 l. 6 d. par cent francs de valeur.

SARCOCOLE ; gomme venant du Levant en larmes, tantôt blanches, quelquefois jaunes & souvent rouges ; son goût est sucré, accompagné d'un peu d'amertume désagréable : elle sert pour la guérison des plaies.

Entrant dans les cinq grosses fermes, elle doit, au tarif de 1664, par quintal. . . . . 4 l.

Sortant des cinq grosses fermes, cinq pour cent de la valeur, comme omise au tarif.

A la douane de Lyon, de tel endroit qu'elle vienne, suivant le tarif de 1632, où elle est comprise parmi les drogueries sous le nom de *cercacola*, par quintal net. . . . . . . 1 l. 9 s. 3 d.

A celle de Valence, comme droguerie. 3 l. 11 s.

SARDINES ; celles de pêche étrangere sont prohibées par les arrêts des 18 novembre 1720 & 24 août 1748, à peine de confiscation & de 3000 l. d'amende. Il ne peut pas même en être introduit dans la partie du pays de Labour soumise à la police de frontiere ; Sa Majesté s'est seulement réservé d'en permettre, suivant les circonstances, l'introduction pour autant que ses besoins pourroient l'exiger : article LII des lettres-patentes du 4 juillet 1784.

Celles qui proviennent de la pêche des habitants de la côte de ce pays, ou de ceux de Bayonne ou de Saint-Jean-de-Luz, sont traitées comme si elles étoient de pêche nationale, en remplissant les formalités prescrites par l'article XXIX, & indiquées sous le mot *huile de poisson.*

Celles venant des provinces réputées étrangeres dans les cinq grosses fermes, fraîches ou salées, sans distinction de qualité ni de nombre, doivent, suivant un autre arrêt du 20 septembre 1757, par quintal. . . . . 8 s.

Celles fraîches, venant de Nantes à Ingrande, en petites parties, jouissent d'un tiers de remise sur ce droit, en vertu d'une lettre de M. Lemonnier, fermier-général en tournée, du 19 septembre 1727.

Passant des cinq grosses fermes aux provinces réputées étrangeres & à l'étranger, celles fraîches sont exemptes comme poisson de mer frais.

Celles salées doivent, au tarif de 1664, par barril contenant deux milliers. . . . . 10 s.

A la douane de Lyon, suivant le tarif de 1632, aussi par barril. . . . . 1 s.

A celle de Valence, comme poisson, par quintal. . . . . 1 l. 9 d.

Abord & consommation sur les sardines.

Indépendamment des droits d'entrée, les sardines payent pour celui d'abord dans les cas où il est dû, suivant l'ordonnance de 1681, & l'arrêt du 28 juin 1757, par quintal. . . . . . 1 l.

Pour celui de consommation. . . . 1 l. 7 s.

Les sardines allant de Bretagne dans l'Anjou & le Maine, ne doivent que la moitié de ces droits.

RACHAT.

Il est dû sur les sardines, venant de la Provence & du Languedoc, un droit de rachat fixé par l'article 126 du bail de Domergue & par la déclaration du roi du 24 juillet 1691. Il differe suivant les destinations. Elles payent, par barril; savoir,

Pour le Vivarais. . . . . 16 s.
Pour le Dauphiné. . . . . 6 s.
Pour Lyon. . . . . 5 s.
Pour les provinces au-dessus de Lyon. . . . 16 s.

Cette différence dans les droits engageoit à déclarer pour Lyon & le Dauphiné, ce qui étoit destiné pour le Vivarais: il y a été rémédié au moyen des ordres donnés par la ferme-générale, le 29 novembre 1727, pour que les voituriers prissent des acquits à caution qui assurassent l'arrivée de ces sardines dans le Vivarais.

SASSAFRAX. *Voyez* Saxafras.

SATIN ; étoffe de ſoie polie & luiſante, dont la chaîne eſt très-fine & ſort en dehors de la trame qui eſt plus groſſe & cachée toute en dedans.

Ils doivent être traités, à tous égards, comme les draps de même ſorte, ſauf la douane de Lyon, pour laquelle ils acquittent, par livre peſant net ; ſavoir, ceux cramoiſis, pourprés & ponceaux, venant de Genes, 2 liv. 17 ſ. de premier droit, 7 ſ. 6 d. de mandement, & 2 liv. 3 ſ. pour l'augmentation de 1722 ; en total. . 5 l. 7 ſ. 6 d.

Venant des autres pays étrangers, de premier droit 2 l. 17 ſ., d'augmentation 1 l. 18 ſ., ce qui fait. . . . . 4 l. 15 ſ.

Ceux violet, ceriſe, roſe & incarnat, venant de Genes 2 l. 8 ſ. d'ancien droit, de mandement 7 ſ. 6 d., d'augmentation 1 l. 17 ſ., en total, ci. . . . . 4 l. 12 ſ. 6 d.

Venant des autres pays étrangers, de premier droit 2 l. 8 ſ., d'augmentation 1 l. 12 ſ., au total. . . . . 4 l.

Ceux de couleur ordinaire venant de Genes, d'ancien droit 1 l. 4 ſ., de mandement 7 ſ. 6 d., d'augmentation 1 l. 1 ſ., ce qui fait. 2 l. 12 ſ. 6 d.

Venant des autres pays étrangers, d'ancien droit 1 l. 4 ſ., & d'augmentation 16 ſ., en total. 2 l.

Tous ont encore à payer, conformément à l'article premier de l'arrêt du 15 mai 1760, par livre peſant net. . . . . . . 1 l. 10 ſ.

Ils doivent également pour le droit de douane de Valence, y compris l'augmentation de 1722, par quintal net. . . . . . . 11 l. 16 ſ. 8 d.

Quant aux ſatins venant de l'intérieur ou d'Avignon, les droits de douane de Lyon & de

Valence en sont les mêmes que sur les damas de soie, suivant les couleurs.

SATINS brochés & autres avec or & argent.
Etant tarifés avec les draps de même espece, *voyez* Draps d'or & d'argent.

SATINS de Bruges ou façon de Bruges, qui ont la chaîne de soie & la trame de fil.
Ils ne peuvent, comme ceux de soie mêlés de coton & autres matieres, entrer dans le royaume que par les bureaux de Calais & Saint-Valery, en payant trente pour cent de la valeur, suivant les arrêts des 20 décembre 1687 & 3 juillet 1692.
Venant des provinces réputées étrangeres dans les cinq grosses fermes, ils doivent, au tarif de 1664, la piece de trente aunes. . . . 8 l.
Passant des cinq grosses fermes aux provinces réputées étrangeres, le quintal. . . . . 13 l.

SAUCISSONS de Bologne ou façon de Bologne.
A l'entrée des cinq grosses fermes, ils doivent, au tarif de 1664, par livre pesant. . . 2 s.
Sortant des cinq grosses fermes, *voyez* Chairs salées.
A la douane de Lyon, ceux venant de l'étranger payent à Septemes, par quintal comme chairs salées. . . . . 5 l.
Venant de l'intérieur, suivant l'ajouté au tarif y compris l'augmentation de 2 s. 3 d., du quintal. . . . . 2 l. 3 s. 4 d.
A

A celle de Valence, comme chairs de pâté, ci. . . . . 1 l. 9 d.

SAUMON. On en diſtingue de trois eſpeces, de fumés, de frais & de ſalés.

Avant d'en indiquer les droits, j'obſerverai que ceux en ſaumure ont été mis au nombre des marchandiſes ſujettes à déchet & coulage, par lettres de la ferme-générale des 11 octobre 1764 & premier janvier 1765.

SAUMON frais.

A l'entrée des cinq groſſes fermes, il doit, au tarif de 1664, de la piece. . . . 6 ſ.

Sortant des cinq groſſes fermes, cinq pour cent de la valeur, comme omis au même tarif.

SAUMON fumé.

Il eſt traité d'après une déciſion du conſeil, du 6 décembre 1724, comme le ſaumon ſalé.

SAUMON ſalé.

Venant d'Angleterre, il eſt prohibé, comme omis dans l'état annexé à l'arrêt du 17 juillet 1785.

Venant des autres pays étrangers, il paye à toutes les entrées du royaume, y compris Marſeille & Dunkerque, ſuivant l'arrêt du 6 juin 1763, par quintal. . . . . 1 l.

Venant d'une province réputée étrangere dans les cinq groſſes fermes, il doit, au tarif de 1664, par ſix hambourgs compoſés de huit barils. 6 l.

Celui provenant de la pêche des habitants de

Normandie, n'acquitte, ſuivant les arrêts des 7 octobre 1632 & 24 avril 1725, pour la même quantité, que. . . . . 3 l.

A la ſortie des cinq groſſes fermes, il doit, par leth de douze barils ou huit hambourgs, ſuivant le tarif de 1664. . . . . . 6 l.

A la douane de Lyon, il paye comme marſouin, par quintal, avec 9 d. d'augmentation, ci. . . . . 10 ſ. 9 d.

A celle de Valence, comme poiſſon. 1 l. 9 d.

Abord et Consommation.

Indépendamment des droits de traites, le ſaumon doit ceux d'abord & conſommation, dans les cas prévus par l'ordonnance de 1681.

Celui de conſommation eſt par piece de. 13 ſ. 5 d.

Celui d'abord, par baril du poids de cinq cent livres, de. . . . . 2 l.

Saumon pour les colonies Françoiſes.

Aux termes d'un arrêt du 24 août 1748, il eſt exempt de droits lorſqu'il vient de l'étranger à la deſtination des iſles Françoiſes de l'Amérique, en le mettant en entrepôt à ſon arrivée dans le port de l'embarquement. Il eſt également diſpenſé des droits de ſortie à la même deſtination, & aux mêmes conditions, en vertu de la déciſion du conſeil, du 31 octobre 1740.

Savons en pains & en tables.

Venant de l'étranger, ils doivent à toutes les

entrées du royaume, ſuivant le tarif de 1667 & l'arrêt du 5 février 1718, par quintal. . 7 l.

Venant des provinces réputées étrangeres dans les cinq groſſes fermes, auſſi du cent peſant au tarif de 1664. . . . . 1 l. 10 ſ.

Sortant des cinq groſſes fermes, même tarif, du quintal. . . . . 1 l.

A la douane de Lyon, il doit, ſuivant le tarif de 1632, & l'arrêt du 25 mai 1741, du cent peſant net, étant compris dans les drogueries. 8 ſ. 6 d.

A celle de Valence, où il eſt nommément compris, auſſi du quintal net. . . 1 l. 3 ſ. 8 d.

SAVONS de Marſeille.

Quoique Marſeille ſoit traité à l'inſtar de l'étranger effectif, les ſavons qui en proviennent ne doivent, ſuivant le tarif de 1664, en entrant dans les cinq groſſes fermes, par quintal, que, ci. . . . . 1 l. 10 ſ.

Pour ne payer que ce droit, ils doivent être conduits directement dans les ports du royaume pour leſquels ils ſont deſtinés, ſans paſſer par les ports étrangers; autrement, ils ſont conſidérés comme ſavons étrangers : arrêt du 6 février 1723.

Il a été fait une exception à cette regle par un arrêt du 16 février 1734 pour les ſavons relâchant dans les ports d'Eſpagne, & qui à leur arrivée dans les cinq groſſes fermes, juſtifient de leur origine.

La ferme-générale a également conſenti par ſa lettre du 9 juin 1766 au directeur d'Amiens, à ce que ceux de Marſeille deſtinés pour Boulogne, Calais ou Etaples, qui relâcheroient à Dunkerque, traité à l'instar de l'étranger effectif, fussent considérés comme de fabrique de Marseille, en justifiant qu'ils en proviennent.

SAVONS des fabriques du royaume, expédiés pour l'étranger.

Les savons des fabriques nationales sortant directement pour l'étranger, sont exempts de tous droits, en observant les formalités prescrites: arrêt du 14 novembre 1757.

Elles consistent à déclarer cette destination dès le bureau de l'enlevement, ou à défaut, au plus prochain bureau de la route, & il faut les faire plomber & expédier par acquit à caution pour assurer la sortie du royaume.

Lorsqu'il s'agit de savons expédiés de Marseille, on doit les faire accompagner d'un acquit à caution pris au bureau du poids & caisse à Marseille, & y faire plomber les caisses du plomb dudit bureau.

Ces savons, passant en Lorraine, sont également exempts de droits; mais ils ne le sont pas à la destination de l'Alsace ni des Trois-Evêchés.

SAVONS pour le droit des huiles.

Indépendamment des droits de traites fixés sur les savons, ils doivent un droit particulier appelé *des huiles & savons*. Ce droit, suivant les déclarations des 8 septembre 1705, & 21 mars 1716, &

l'arrêt du premier ſeptembre 1711, eſt perceptible, ſoit que le ſavon entre dans le royaume, ſoit qu'il y circule ſans être accompagné de certificats de paiement; & il eſt, par quintal, de. . 1 l. 10 ſ.

Si les ſavons deſtinés pour les colonies Françoiſes ſont exempts des droits de traites, ils doivent cependant celui des huiles & ſavons: c'eſt ce qui a été jugé par déciſion du conſeil du 13 mars 1752.

Ceux fabriqués à Toulon & dans les autres villes de Provence, ſont aſſujettis, par un arrêt du 14 ſeptembre 1768, au même droit, en venant ou ſortant, ſoit pour Marſeille ou territoire en dépendant, ſoit pour l'étranger.

Ce droit étant exigible au poids de marc net, on doit accorder pour la tare des caiſſes & emballages, la déduction du dixieme du poids effectif.

Exemptions du droit des huiles ſur les ſavons.

Par une exception particuliere, les ſavons du royaume expédiés pour l'étranger, ſont exempts, à leur exportation, du droit particulier des huiles, comme de celui de traites: arrêt du 14 novembre 1757.

Ceux fabriqués à Toulon & dans les autres villes de Provence, deſtinés pour la conſommation de cette province, ont été également diſpenſés de ce droit, par arrêt du 14 ſeptembre 1768.

SAVON noir, verd, mol & liquide.

Venant de l'étranger, il doit, à toutes les

entrées du royaume, ſuivant le tarif de 1667 & l'arrêt du 5 février 1718, par quintal. . . . 5 l.

D'après le tarif de 1664, il paye auſſi par quintal; ſavoir,

Venant des provinces réputées étrangeres dans les cinq groſſes fermes. . . . . . . 2 l.

Paſſant des cinq groſſes fermes aux provinces réputées étrangeres ou à l'étranger. . . 10 ſ.

Droit des huiles.

Indépendamment des droits de traites perceptibles ſur les ſavons, ils ſont ſujets au droit particulier des huiles & ſavons dans les cas détaillés à l'article précédent.

SAVONETTES. Elles doivent, à l'entrée & à la ſortie des cinq groſſes fermes, cinq pour cent de la valeur, comme omiſes au tarif de 1664: ce qui a été confirmé par lettre de la ferme-générale du 14 ſeptembre 1769.

A la douane de Lyon, elles payent, par quintal; ſavoir, venant de l'étranger, ſuivant l'ajouté au tarif. . . . . 7 l.

Venant de l'intérieur, comme mercerie, ci. . . . . 2 l. 3 ſ. 4 d.

A la douane de Valence, par aſſimilation à l'eau de naffe, à cauſe des eſſences dont elles ſont ordinairement compoſées, du quintal net, ci. . . . . 3 l. 11 ſ.

Droit des huiles sur les savonnettes.

Indépendamment des droits de traites, les savonettes acquittent celui particulier des huiles & savons, tel qu'il est fixé par la déclaration du 21 mars 1716.

Elles sont sujettes à ce droit quoiqu'elles viennent de Provence, l'abonnement de cette province n'ayant lieu que pour sa consommation : la ferme-générale l'a marqué à son directeur à Lyon, le 15 octobre 1742.

SAUVAGINES. *Voyez* Pelleterie.

SAXAFRAS (*Droguerie*), ou bois de canelle, garni de son écorce rougeâtre & raboteuse, d'un goût âcre & d'une odeur aromatique : il vient de la Floride.

A l'entrée des cinq grosses fermes, il doit, au tarif de 1664, par quintal net. . . 5 l.

Sortant des cinq grosses fermes, il est exempt de droits comme droguerie étrangere.

A la douane de Lyon, il acquitte, d'après le tarif de 1632, de tel endroit qu'il vienne, par quintal net. . . . . 7 l. 2 s. 6 d.

A celle de Valence, comme droguerie. 3 l. 11 s.

SAXIFRAGE (*Droguerie*); plante médicinale semblable au thym, dont la semence ressemble à la coriandre, de couleur noirâtre, d'un goût chaud, piquant & d'une odeur agréable : cette semence vient du Languedoc & de la Provence.

A l'entrée des cinq grosses fermes, elle doit, au tarif de 1664, par quintal net. . . . 2 l.

Sortant des cinq grosses fermes, cinq pour cent de la valeur, comme omise au tarif, à moins que l'on ne justifie de l'acquittement des droits d'entrée.

A la douane de Lyon, elle acquitte, par usage, de tel endroit qu'elle vienne, par quintal net. . . . . 2 l.

A celle de Valence, comme droguerie. 3 l. 11 f.

SCAMMONÉE (*Droguerie*); suc tiré d'une plante médicinale, croissant dans le Levant: il y en a de deux sortes, celle d'Alep, qui est légere, friable & résineuse, le goût amer, l'odeur fade & désagréable; brisée, elle est d'un gris noirâtre & brillante: celle de Smyrne est noire, plus compacte & plus pesante que celle d'Alep.

Il en croît également le long de la mer près de Montpellier & en Espagne, dont le suc devient noirâtre.

A l'entrée des cinq grosses fermes, elle doit, au tarif de 1664, par quintal net. . 40 l.

Venant indirectement du Levant, elle acquitte, indépendamment du droit de la province par laquelle elle entre, vingt pour cent de la valeur sur l'estimation de 1500 liv. le quintal brut, fixée par l'état annexé à l'arrêt du 22 décembre 1750.

Sortant des cinq grosses fermes, elle doit, cinq pour cent de la valeur, si elle n'est pas accompagnée d'une expédition justificative du payement du droit d'entrée.

A la douane de Lyon, elle paye, ſuivant le tarif de 1632, de tel endroit qu'elle vienne, par quintal net. . . . . 11 l.

A celle de Valence, comme droguerie. 3 l. 11 ſ.

SCAVISSON (*Droguerie.*) On conſidere comme tels des grabeaux de toutes ſortes dont les droits ſe perçoivent ſuivant leurs qualités : ainſi les droits du tarif de 1664, qui ſont de 5 l. par quintal net ſur le ſcaviſſon entrant dans les cinq groſſes fermes, n'ont aucun objet.

SCIES, ſont traitées comme quincaillerie de fer. Obſervez ſeulement que la déciſion du conſeil, du 21 octobre 1785, les comprend dans la quincaillerie dont l'entrée eſt prohibée.

SCORPIONS ſecs.

Ils doivent à l'entrée & à la ſortie des cinq groſſes fermes cinq pour cent de la valeur, comme omis au tarif de 1664.

A la douane de Lyon, de tel endroit qu'ils viennent, ſuivant le tarif de 1632, où ils ſont compris parmi les drogueries, par quintal net, ci. . . . . 12 ſ. 6 d.

A la douane de Valence, comme droguerie, ci. . . . . 3 l. 11 ſ.

SEAUX. *Voyez* Seilles.

SÉBESTES (*Droguerie.*) Fruit d'un verd foncé & approchant du noir, reſſemblant aſſez aux petites prunes de Damas, mais dont le noyau eſt de forme triangulaire ; il croit dans le Levant.

A l'entrée des cinq grosses fermes, il doit, au tarif de 1664, par quintal net. . . 2 l. 10 s.

Venant indirectement du Levant, il acquitte, indépendamment des droits du tarif de la province par laquelle il entre, vingt pour cent de la valeur sur l'estimation de 56 liv. le quintal brut, fixée par l'état annexé à l'arrêt du 22 décembre 1750.

Sortant des cinq grosses fermes, il est exempt de droit comme droguerie étrangere.

A la douane de Lyon, de tel endroit qu'il vienne, il doit, au tarif de 1632, par quintal net. . . . . 13 s. 3 d.

A celle de Valence, comme droguerie. 3 l. 11 s.

SEICHE. *Voyez* Hadot.

SEIGLE. *Voyez* Grains.

SEILLES ou SEAUX.

A l'entrée & à la sortie des cinq grosses fermes, ils doivent, au tarif de 1664, par douzaine. 2 s.

Venant de Hollande par les cinq grosses fermes, quoiqu'ils soient peints, ils ne sont sujets qu'au même droit : lettre de la ferme-générale, du 7 juin 1764.

A la douane de Lyon & à celle de Valence, ils payent comme futaillerie.

SEL. L'entrée de celui étranger sans permission de S. M. étant défendue par l'article premier du titre XVII de l'ordonnance des gabelles de 1680, & les gabelles étant établies dans presque toutes les provinces des cinq grosses fermes, il est inutile de rappeler ici les droits que le tarif de 1664 imposoit sur les sels entrant dans les cinq grosses fermes : il suffira d'observer que dans le cas où la gabelle n'est pas établie dans une de ces provinces, les sels qui y passent, doivent cinq pour cent de la valeur : la ferme-générale s'en est expliqué par une lettre écrite au directeur d'Amiens, le 26 février 1778, à l'égard des sels blancs venant de l'Artois dans le Boulonnois & le Calaisis.

Celui des marais salans du royaume, entrant par les ports de Calais, Boulogne, Etaples & Dunkerque, paye, suivant les arrêts des 23 mars 1720 & 16 juin 1722, par raziere du poids de deux cent cinquante livres. . . . 1 l. 5 s.

Le même droit est dû au port de Gravelines sur les sels destinés pour le Calaisis, l'Artois & le Boulonnois, d'après les arrêts des premier février & 12 mars 1743.

Ceux provenant des marais salans du Poitou, destinés pour la pêche de la morue du côté du Nord, par les habitants des ports désignés par l'arrêt du 26 janvier 1751, jouissent suivant cet arrêt de l'exemption du droit de brouage & d'entrée.

Le sel passant des cinq grosses fermes à l'étranger ou dans une province réputée étrangere, qui ne seroit point assujettie à la gabelle, devroit, suivant le tarif de 1664, par muid. 1 l. 5 s.

SEL AMMONIAC. Il est blanc dessus & dedans, & plus âcre que le sel ordinaire ; compris dans l'arrêt du 15 mai 1760, il ne paye que la moitié des droits d'entrée & de circulation.

Ainsi, à l'entrée des cinq grosses fermes, il ne doit, par quintal, pour la moitié du droit du tarif de 1664, que. . . . . 2 l. 10 s.

Venant indirectement du Levant, il paye, indépendamment du droit du tarif de la province par laquelle il entre, vingt pour cent de la valeur, sur l'estimation de 123 liv. le quintal, fixée par l'état annexé à l'arrêt du 22 décembre 1750.

Passant des cinq grosses fermes à l'étranger, cinq pour cent de la valeur, comme omis au tarif.

Allant aux provinces réputées étrangeres, deux & demi pour cent.

A la douane de Lyon, il doit, suivant le tarif de 1632 où il est compris parmi les drogueries, de tel endroit qu'il vienne, pour la moitié du droit, du quintal net. . . . 1 l. 11 s. 3 d.

A la douane de Valence, aussi pour la moitié du droit, comme droguerie, par quintal net, ci. . . . . 1 l. 15 s. 6 d.

Il devroit 3 liv. 11 s. s'il passoit à l'étranger.

SEL *ARCANUM* (*Droguerie*); venant ordinairement de Suisse, il doit, à l'entrée & à la sortie des cinq grosses fermes & pour la douane de Lyon lorsqu'il vient de l'étranger, cinq pour cent de la valeur, comme omis aux tarifs de 1632 & 1664; ce qui a été confirmé par une lettre de la ferme-générale au directeur de Lyon, du 20 novembre 1769, en observant que si après avoir acquitté les droits entiers du tarif de 1664, il vient à Lyon, il doit encore le droit de douane, étant réputé droguerie.

Venant de l'intérieur, il n'acquitte la douane

de Lyon qu'à raiſon de deux & demi pour cent de la valeur.

A celle de Valence, il paye, comme droguerie, par quintal net. . . . . 3 l. 11 ſ.

Sel de compaste, doit les mêmes droits que celui d'epſum, d'après une lettre de la ferme-générale du 17 avril 1752.

Sel de duobus ou Tartre vitriolé (*Droguerie*), dont la valeur eſt d'environ 30 à 40 liv. le quintal.

Etant la même choſe que le ſel *arcanum*, il doit être traité de la même maniere, ſuivant une lettre de la ferme-générale au directeur de Lyon, du 30 août 1784.

Sel d'epsum (*Droguerie*), d'un blanc tirant un peu ſur le gris.

Venant de l'étranger, il peut, d'après l'arrêt du 13 novembre 1778, entrer dans le royaume par tous les bureaux ouverts aux drogueries, à la charge d'acquitter, ſuivant celui du 3 mars 1719, par quintal net. . . . . 30 l.

En conſéquence d'une déciſion du conſeil du 12 novembre 1742, celui provenant des ſalines de Lorraine ou de Franche-Comté, ne doit, à l'entrée & à la ſortie des cinq groſſes fermes, que. . . . . 10 ſ.

Venant des autres provinces réputées étrangeres dans les cinq groſſes fermes, il paye, comme omis au tarif de 1664, cinq pour cent de la valeur.

A la sortie des cinq grosses fermes, le même droit, à moins qu'il ne justifie du payement de celui d'entrée : on excepte ceux des salines de Lorraine ou de Franche-Comté.

A la douane de Lyon, le sel d'epsum venant d'ailleurs que des salines de Lorraine & de Franche-Comté, paye, suivant une lettre de la ferme-générale au directeur de Lyon, du 18 août 1742, par quintal net. . . . . 11 f.

Venant directement de ces salines à Lyon avec certificat, & ayant acquitté le droit de 10 f., il ne doit rien autre; mais s'il passoit de suite dans l'étendue de la douane de Valence, il auroit à payer 3 liv. 11 f. du quintal net pour les droits de cette douane, le droit de 10 f. n'ayant rapport qu'à celui d'entrée & de sortie des cinq grosses fermes : lettre de la ferme-générale au directeur de Lyon, du 21 février 1780, relative à une partie de sel d'epsum tirée de Sigean.

SEL GEMME, (*Droguerie*) qui s'emploie pour les teintures; il vient de Catalogne, Pologne & Hongrie, & il est en pierres transparentes & faciles à se casser : il rougit au feu comme le fer & se dissout facilement à l'air.

Venant de l'étranger, il peut, d'après l'arrêt du 13 novembre 1778, entrer par tous les bureaux ouverts aux drogueries, en payant, suivant celui du 13 octobre 1711, par quintal net. 30 l.

Venant des provinces réputées étrangeres dans les cinq grosses fermes, il doit, au tarif de 1664, aussi du quintal net. . . . . 1 l. 6 f.

Sortant des cinq grosses fermes, il est exempt de droits, comme droguerie étrangere.

A la douane de Lyon, de tel endroit qu'il vienne, il paye, suivant le tarif de 1632, par quintal net, ci. . . . . 8 s.

A celle de Valence, comme droguerie. 3 l. 11 s.

SEL DE GLAUBERT : il doit être traité comme sel d'epsum, suivant la décision du conseil du 29 mai 1767.

SEL *NATRUM* ou NARTRON.

Il y en a de noir, de grisâtre & de blanc, à peu près semblable à la soude blanche ou au salpêtre; il sert au blanchissage des toiles.

Etant qualifié de soude dans l'état annexé à l'arrêt du 22 décembre 1750, la ferme-générale a marqué au directeur de Lyon, le 29 juillet 1782, de lui en faire payer les droits.

SEL DE NITRE.

On a prétendu, mais mal-à-propos, que l'entrée de ce sel dans le royaume étoit prohibée, à moins qu'il ne fût accompagné de passe-ports de la régie des poudres & salpêtres. Cette entrée n'a jamais été prohibée ni assujettie à la formalité des passe-ports, ainsi qu'il résulte d'une décision du conseil du 30 mars 1748. Cette formalité n'a lieu que pour les poudres & salpêtres, conformément à l'article II de l'arrêt du 24 juin 1775.

Ainsi, venant de l'étranger ou d'une province réputée étrangere dans les cinq grosses fermes, il doit, au tarif de 1664, par quintal. . . 2 l.

Sortant des cinq grosses fermes, cinq pour cent de la valeur, comme omis dans ce tarif.

A la douane de Lyon, suivant l'ajouté au tarif de 1632, par quintal. . . . . 11 s.

A celle de Valence, aussi du quintal, mais net, comme servant à la droguerie. . 3 l. 11 s.

SEL D'OSEILLE (*Droguerie.*)

A l'entrée & à la sortie des cinq grosses fermes, il doit cinq pour cent de la valeur sur l'estimation commune de 16 à 18 liv. du quintal.

Pour la douane de Lyon, le même droit lorsqu'il vient de l'étranger, & deux & demi venant de l'intérieur.

Pour la douane de Valence, comme droguerie, par quintal net. . . . . . . 3 l. 11 s.

SEL POLICRESSE, employé à la médecine.

Omis au tarif de 1664, il doit à l'entrée & à la sortie des cinq grosses fermes cinq pour cent de la valeur.

A la douane de Lyon, par usage, comme le sel ammoniac, du quintal net. . . 3 l. 2 s. 6 d.

A celle de Valence, comme droguerie. 3 l. 11 s.

SEL SATURNE.

Il est traité de la même maniere que le sel policresse.

SEL TAMARIN.

Il doit à l'entrée & à la sortie des cinq grosses fermes cinq pour cent de la valeur, comme omis au tarif de 1664.

A

A la douane de Lyon, ſuivant l'ajouté au tarif, de tel endroit qu'il vienne, par quintal. 1 l. 5 ſ.

A celle de Valence, comme droguerie, du cent peſant net. . . . . 3 l. 11 ſ.

Sel de verre & de verrerie.

Le commerce & l'uſage de ces ſels, que les orfevres & pluſieurs autres ouvriers prétendent utiles pour polir leurs ouvrages, ſont prohibés par l'article XXVIII du titre XVII de l'ordonnance des gabelles du mois de mai 1680, confirmé par les articles 209 & 207 des baux des fermes faits à Carlier & Forceville.

Malgré ces diſpoſitions, les entrepreneurs des faïenceries, ſous prétexte que ces ſels ſont néceſſaires à la compoſition de l'émail des faïences, en faiſoient venir des quantités conſidérables dans les provinces ſujettes aux droits de gabelles, ce qui occaſionnoit un faux-ſaunage d'autant plus dangereux, que l'uſage de ces ſels dans les aliments eſt nuiſible à la ſanté. Il y a été pourvu par un arrêt du 31 août 1782.

Cet arrêt en ordonnant l'exécution de l'article XXVIII du titre XVII de l'ordonnance des gabelles, & des articles 209 & 207 des baux faits à Carlier & à Forceville, a défendu, à peine de faux-ſaunage, toute introduction & commerce des ſels & écumes de verre dans l'étendue des provinces ſujettes aux droits des gabelles. Ainſi il ne peut être queſtion d'indiquer ici les droits de douane de Lyon & de Valence dont cette matiere ſeroit ſuſceptible, puiſqu'elle eſt prohibée dans l'étendue de ces douanes.

Mais comme il exiſte des provinces des cinq groſſes fermes où la gabelle n'eſt point établie, telle par exemple que le Poitou, il eſt bon de ſavoir que ces ſels à l'entrée de ces provinces, doivent, ſuivant le tarif de 1664, par quintal, ci. . . . . 16 ſ.

Paſſant des cinq groſſes fermes aux provinces réputées étrangeres, non-ſujettes au droit de gabelles & à l'étranger, ils payent comme omis au même tarif, cinq pour cent de la valeur.

SELLES de bois pour cheval.

Au tarif de 1664, celles ſimples doivent, en entrant dans les cinq groſſes fermes, le quintal. . . . . 10 ſ.

Sortant des cinq groſſes fermes, la piece. 6 ſ.

Pour la douane de Lyon & celle de Valence, comme futaillerie.

SELLES garnies.

Celles garnies de cuir, payent à toutes les entrées du royaume, ſuivant l'arrêt du 28 mai 1768, vingt pour cent de la valeur.

Venant des provinces réputées étrangeres dans les cinq groſſes fermes, & réverſiblement, cinq pour cent ſeulement.

Si elles ſont garnies d'étoffes, elles acquittent à l'entrée du royaume & des cinq groſſes fermes, comme les étoffes ſervant à leur garniture.

Paſſant des cinq groſſes fermes aux provinces réputées étrangeres, elles payent, ſuivant le tarif de 1664; ſavoir,

Celles de velours en broderie d'or ou d'argent, ou enrichies, six pour cent de la valeur.

Celles de velours non-enrichies, la piece. 1 l.

Celles à l'usage des troupes, sont prohibées à toutes les sorties du royaume comme munitions de guerre, article III du titre VIII de l'ordonnance de 1687.

A la douane de Lyon, elles acquittent à raison de deux & demi pour cent de la valeur.

Pour celle de Valence, elles payent, suivant la lettre d'assimilation du 6 août 1778, comme les étoffes dont elles sont composées ; c'est-à-dire, si elles sont de soie, comme étoffe de soie mêlées de matieres inférieures ; si elles sont de laine ou de peaux, comme marchandises de laine ou de peaux.

SEMEN CARTAMI, en françois, *graine de cartame* (*Droguerie.*) Elle est purgative & on la nomme *graine de perroquet*, parce qu'elle sert de nourriture à cet oiseau.

A l'entrée des cinq grosses fermes, elle doit, comme omise au tarif de 1664, cinq pour cent de la valeur.

Venant indirectement du Levant, elle acquitte, indépendamment du droit du tarif de la province par laquelle elle entre, vingt pour cent de la valeur sur l'estimation de 10 liv. le quintal brut, portée dans l'état annexé à l'arrêt du 22 décembre 1750.

Sortant des cinq grosses fermes, cinq pour cent de la valeur, s'il n'est justifié du payement du droit d'entrée.

A la douane de Lyon, de tel endroit qu'elle vienne, par quintal net, comme cartame. 7 ſ. 9 d.

A celle de Valence, comme droguerie. 3 l. 11 ſ.

SEMEN-CONTRA ou SEMENCINE (*Droguerie*), compriſe au tarif de 1664, ſous le nom de *barbotine*.

Entrant dans les cinq groſſes fermes, elle doit, par quintal net. . . . . 5 l.

Venant indirectement du Levant, elle paye, indépendamment des droits du tarif de la province par laquelle elle entre dans le royaume, vingt pour cent de la valeur ſur l'eſtimation de 140 liv. le quintal brut, fixée par l'état annexé à l'arrêt du 22 décembre 1750.

Sortant des cinq groſſes fermes, cinq pour cent de la valeur, s'il n'eſt juſtifié de l'acquittement du droit d'entrée.

A la douane de Lyon, elle paye, de tel endroit qu'elle vienne, ſuivant le tarif de 1632, par quintal net. . . . . 3 l.

A celle de Valence, comme droguerie. 3 l. 11 ſ.

SEMENCE D'ANCY ou DE *DOCUS* (*Droguerie*); longue, d'un brun rougeâtre, velue, âcre & aromatique.

A l'entrée des cinq groſſes fermes, elle doit, au tarif de 1664, par quintal net. . 2 l. 10 ſ.

Sortant des cinq groſſes fermes, cinq pour cent de la valeur, ſi elle ne juſtifie du payement des droits d'entrée.

A la douane de Lyon, elle paye, de tel endroit qu'elle vienne, par ufage, du quintal net, ci. . . . . 1 l. 5 f. 6 d.

A celle de Valence, comme droguerie. 3 l. 11 f.

SEMENCE DE BEN (*Droguerie.*)

Omife au tarif de 1664, elle paye à l'entrée des cinq groffes fermes cinq pour cent de la valeur.

Venant indirectement du Levant, elle doit, à toutes les entrées permifes, indépendamment du droit du tarif de la province par laquelle elle entre, vingt pour cent de la valeur, fur l'eftimation de 100 liv. le quintal brut, fixée par l'état annexé à l'arrêt du 22 décembre 1750.

Sortant des cinq groffes fermes, elle eft exempte de droits comme droguerie étrangere.

A la douane de Lyon, elle paye, de tel endroit qu'elle vienne, fuivant le tarif de 1632, par quintal net. . . . . 13 f. 4 d.

A celle de Valence, comme droguerie. 3 l. 11 f.

SEMENCE FROIDE (*Droguerie.*)

A l'entrée des cinq groffes fermes, elle doit, au tarif de 1664, par quintal net. . 1 l. 5 f.

Sortant des cinq groffes fermes, cinq pour cent de la valeur, à moins qu'elle ne juftifie de l'acquittement des droits d'entrée.

A la douane de Lyon, elle doit par ufage, du quintal net, venant de l'étranger. 1 l. 5 f.

Venant de l'intérieur. . . . . 12 f. 6 d.

A la douane de Valence, comme droguerie, ci. . . . . 3 l. 11 f.

SEMENCE DE JARDIN. *Voyez* Graine de jardin.

SEMENCE DE PERLES (*Droguerie*) ; nom donné aux perles les plus menues qui servent à la médecine & pour enrichir des ouvrages en broderie : elles viennent des Indes Orientales & Occidentales.

A l'entrée des cinq grosses fermes, elle doit, au tarif de 1664, par livre pesant net. . 3 l.

Sortant des cinq grosses fermes, elle est exempte de droits comme venant de l'étranger.

A la douane de Lyon, elle paye, de tel endroit qu'elle vienne, suivant l'ajouté au tarif, par once net. . . . . 10 s.

A celle de Valence, comme droguerie, du quintal net. . . . . 3 l. 11 s.

SEMENCE DE SAUGE, ronde & noirâtre, (*Droguerie.*)

A l'entrée des cinq grosses fermes, elle doit, au tarif de 1664, par quintal net. . 1 l. 5 s.

A la sortie des cinq grosses fermes, cinq pour cent de la valeur, à moins qu'elle ne justifie du payement des droits d'entrée.

A la douane de Lyon, elle acquitte, de tel endroit qu'elle vienne, suivant le tarif de 1632, par quintal net. . . . . 12 s.

A celle de Valence, comme droguerie. 3 l. 11 s.

SEMENCE DE VENICQ (*Droguerie.*)

A l'entrée des cinq grosses fermes, elle doit, au tarif de 1664, par quintal net. . 2 l. 10 s.

Sortant des cinq grosses fermes, cinq pour

cent de la valeur, si elle ne justifie du payement des droits d'entrée.

A la douane de Lyon, elle paye, de tel endroit qu'elle vienne, & suivant le tarif de 1632, par quintal net. . . . . 19 f. 6 d.

A la douane de Valence, comme droguerie, ci. . . . . 3 l. 11 f.

SEMOULE. *Voyez* Vermicelle.

SÉNÉ (*Droguerie.*) Celui de la Platte consiste en feuilles étroites d'une moyenne grandeur, faites en forme de pique, d'une couleur jaunâtre, d'une odeur forte & douce à manier. Celui de Tripoly ou d'Alexandrie est semblable à celui de la Platte, excepté que ses feuilles sont vertes. Le séné de Moka a les feuilles une fois aussi longues que celles du Levant & très-étroites.

A l'entrée des cinq grosses fermes, tous doivent, au tarif de 1664, par quital net. 8 l.

Venant indirectement du Levant, ils acquittent, indépendamment du droit du tarif de la province par laquelle ils entrent, vingt pour cent de la valeur sur l'estimation de 246 liv. du quintal brut, fixée par l'état annexé à l'arrêt du 22 décembre 1750.

Sortant des cinq grosses fermes, ils sont exempts de droits, comme droguerie absolument étrangere.

A la douane de Lyon, de tel endroit qu'ils viennent, ils payent, suivant le tarif de 1632, par quintal net. . . . . 1 l. 10 f.

A celle de Valence, comme droguerie. 3 l. 11 f.

SÉNÉ en grabeau (*Droguerie*).

A l'entrée des cinq grosses fermes, il doit, comme omis au tarif de 1664, cinq pour cent de la valeur : il est cependant d'usage, dans plusieurs bureaux, d'en percevoir les droits à 8 liv. le quintal net, comme sur les autres especes de séné.

Venant indirectement du Levant, il paye, indépendamment du droit du tarif de la province par laquelle il entre, vingt pour cent, sur l'estimation de 86 liv. le quintal brut, fixée par l'état annexé à l'arrêt du 22 décembre 1750.

A la douane de Lyon, par usage, du quintal net. . . . . 15 s.

A celle de Valence, comme droguerie. 3 l. 11 s.

SENEGRÉ. *Voyez* Fenugrec.

SERGE, étoffe de laine croisée.

Venant de l'étranger.

La serge venant de l'étranger, ne peut entrer dans le royaume que par Calais ou Saint-Valery, suivant l'arrêt du 23 décembre 1687 : elle y doit, d'après celui du 20 du même mois ; savoir,

Celle drapée, contrefaite, de Florence ou façon d'Angleterre & autres pays, blanche ou teinte, par piece de 13 ou 15 aunes. . . . . 30 l.

Celle d'Ecosse, demi-étroite, blanche ou teinte, neuve ou vieille, appelée *plaidum*, par piece de 25 aunes. . . . . 8 l.

Celle façon de Seigneur, d'Ascot, Arras, Lille,

Cypre, Angleterre & autres pays étrangers, la piece de vingt aunes. . . . . 24 l.

Venant des provinces réputées étrangeres dans les cinq grosses fermes.

La serge venant d'une province réputée étrangere dans les cinq grosses fermes, paye, suivant le tarif de 1664; savoir,

Celle drapée, contrefaite, par piece de 13 à 15 aunes. . . . . 10 l.

Celle façon d'Ecosse, demi-étroite, par piece de 25 aunes. . . . . 2 l.

Celle façon de Seigneur, d'Arras & Lille, par piece de 20 aunes. . . . . . . 6 l.

Celle de Lille, quoique comprise dans le tarif de 1667, ne doit, à l'entrée des cinq grosses fermes, que les droits du tarif de 1664, suivant sa qualité : arrêt du 14 octobre 1767.

Celle des fabriques d'Artois, étant omise à ce tarif, acquitte à l'entrée des cinq grosses fermes, d'après une décision du conseil du 21 avril 1769, cinq pour cent de la valeur.

Celle du Languedoc, comme drap de Carcassonne.

Celle du Gevaudan, comme étamine d'Auvergne, en conséquence de la décision du conseil du 18 octobre 1772, qui porte que les petites étoffes de cette province continueront à circuler dans le royaume sous la dénomination de *serges d'Auvergne*, sans pouvoir être assujetties à de plus grands droits : ainsi, elles payent, par quintal. 3 l.

A la sortie des cinq grosses fermes.

Toute serge de laine, passant des cinq grosses fermes aux provinces réputées étrangeres, acquitte, suivant le tarif de 1664, par quintal. . . . . 4 l.

Celle d'Aumale est seule exceptée : la ferme-générale a consenti par sa lettre au directeur de Rouen, du 18 octobre 1773, à ce qu'elle n'acquittât par quintal, que. . . . . . 3 l.

Celles propres pour doublures payent, comme draps petits, également par quintal. . . . 3 l.

A la douane de Lyon.

A la douane de Lyon, les serges acquittent par quintal; savoir,

Celles de Seigneur, d'Abbeville, Amiens, Rheims & Châlons, façon de Rome, suivant la convention du 27 octobre 1684. . 5 l. 19 s. 3 d.

Celles drapées, contrefaites, comme draps d'Elbeuf & ratines façon d'Hollande. . 4 l. 17 s. 6 d.

Les serges d'Aumale, Beauvais & Saint-Maixant. . . . . 2 l. 8 s. 9 d.

Celles écarlates, par assimilation à celles d'Abbeville & suivant un ordre du directeur du 18 janvier 1749. . . . . . . 5 l. 19 s. 3 d.

Celles d'Orange, comme draperie d'en bas, ci. . . . . 1 l. 12 s. 6 d.

Les serges de laine du Beaujolois & du Bugey, payent le même droit.

Et celles fil & laine communes. . 1 l. 1 s. 9 d.

Douane de Valence.

A la douane de Valence, les ſerges doivent par quintal ; ſavoir,

Celles étrangeres nommément compriſes au premier article du tarif, ſous la dénomination de *ſerges de Rome.* . . . . 6 l. 4 ſ. 3 d.

Les autres comme draps. . . . 2 l. 6 ſ. 8 d.

SERGES *pour la teinture & l'apprêt.*

Les ſerges de la manufacture du ſieur Machy, établie dans la partie d'Artois de la petite ville d'Auxy-le-Château, peuvent être envoyées à Amiens en Picardie pour être teintes & apprêtées, & revenir à cette manufacture ſans payer d'autre droit que 5 ſous par piece : déciſion du conſeil du 28 novembre 1763.

Celles de la fabrique d'Arras jouiſſent du même avantage en vertu d'une permiſſion de la ferme-générale, conſignée dans une lettre au directeur d'Amiens, du 21 novembre 1765.

Cette faveur a été étendue, par une autre lettre écrite au même directeur, le 5 mars 1778, aux ſerges de la manufacture du ſieur Dugaſin de Rougeſay dans la même province.

Pour empêcher qu'il puiſſe en être abuſé, les ſerges ainſi envoyées ſont plombées au premier bureau d'entrée des cinq groſſes fermes où il eſt pris un acquit à caution par lequel les ſoumiſſionnaires s'obligent à repréſenter au retour & également soûs le plomb, le même nombre de pieces expédiées.

SERGES appareillées ; tarifées cumulativement avec les étamets, elles sont traitées de la même maniere.

SERGES peintes ou imprimées.

Elles sont prohibées à toutes les entrées du royaume, quand même elles proviendroient d'Alsace : décision du conseil du 13 mars 1739.

A la douane de Lyon, celles de même espece qui sont nationales, doivent par quintal ; savoir,

Venant d'en haut, comme molleton. 3 l. 5 f.

Venant d'en bas. . . . . . 1 l. 12 f. 6 d.

A la douane de Valence, comme draps. 2 l. 6 f. 8 d.

SERGES de soie, sont traitées comme étoffes de soie.

SERINGUES. A l'entrée des cinq grosses fermes, elles acquittent comme étain ouvré.

Sortant des cinq grosses fermes, comme mercerie, étant comprises dans cette classe au chapitre des droits de sortie du tarif de 1664.

A la douane de Lyon & à celle de Valence, comme étain ouvré.

SERINS de Canarie.

Entrant dans les cinq grosses fermes, ils doivent, au tarif de 1664, par cent en nombre, ci. . . . . 10 l.

Sortant des cinq grosses fermes, cinq pour cent de la valeur, comme omis au tarif.

A la douane de Lyon, cinq pour cent de la valeur, venant de l'étranger, & deux & demi venant de l'intérieur.

La perception de la douane de Valence sur les ferins, à raison du poids, ne pourroit être que nulle.

SERPES. Elles sont traitées comme quincaillerie de fer : observez seulement que la décision du conseil du 21 octobre 1785, les comprend dans la quincaillerie dont l'entrée est prohibée.

SERRURES de toutes sortes.

Celles de fer venant de l'étranger sont prohibées par la décision du conseil du 21 octobre 1785.

Celles de cuivre payent, d'après une autre décision du conseil du 14 mars 1769, rendue sur une difficulté élevée à Rouen, de la piece. 1 l. 10 s.

Venant des provinces réputées étrangeres dans les cinq grosses fermes, elles acquittent, en conséquence des mêmes décisions, comme mercerie, par quintal. . . . . 4 l.

Elles sont également traitées comme mercerie en passant des cinq grosses fermes aux provinces réputées étrangeres & à l'étranger.

A la douane de Lyon, les serrures, autres que du Forez, payent, par quintal. . . . 2 l.

Celles du Forez, la piece. . . . . . 4 d.

Pour la douane de Valence, elles acquittent, comme la mercerie, par quintal. 2 l. 1 s. 6 d.

Serrures propres à porte-feuilles ; soit qu'elles soient en cuivre ou acier, elles doivent les droits d'entrée en Flandres, ceux d'entrée & de sortie des cinq grosses fermes, & ceux de douane de Lyon à la valeur, comme omises dans les tarifs de ces droits : c'est le résultat d'une lettre de la ferme-générale au directeur de Lille, du 15 juillet 1775 ; observez toutefois que celles en acier sont prohibées par la décision du 21 octobre 1785.

Serviettes. *Voyez* Linge de table.

Siamoises. Celles étrangeres sont prohibées comme toiles de fil & coton nommément défendues par l'article premier de l'arrêt du 10 juillet 1785.

Pour celles du royaume, on distingue si elles sont teintes ou non. Lorsqu'elles ne sont ni teintes ni imprimées, elles jouissent, aux termes de l'arrêt du 19 juillet 1760, de l'exemption des droits accordée à la circulation par l'art. IV des lettres-patentes de 1759 aux toiles blanches de coton, de lin, de chanvre ou mêlées de ces différentes matieres, revêtues des marques justificatives de la fabrique nationale.

Elles participent à la même faveur, quoique brochées en laine : décision du conseil du 8 août 1772, intervenue à l'occasion d'une perception faite à Lyon sur des siamoises, dans lesquelles il s'étoit trouvé des bouquets brochés ou lancés en laine.

Celles teintes ou imprimées, doivent, à l'entrée & à la ſortie des cinq groſſes fermes, les droits de la mercerie.

Pour la douane de Lyon, elles payent, par quintal, ſuivant une déciſion du conſeil, du 18 avril 1749, comme toile de Rouen. 2 l. 14 ſ. 3 d.

A la douane de Valence, comme toiles de coton, bleues, le quintal. . . . 3 l. 2 ſ. 3 d.

SIFFLETS. Compris dans la claſſe de la mercerie, au chapitre des droits d'entrée du tarif de 1664, ils en doivent les droits.

SIROP de capillaire.

Venant de Montpellier, il doit à l'entrée des cinq groſſes fermes, & pour la douane de Lyon, ſuivant l'arrêt du 23 octobre 1703, par quintal, ci. . . . . 1 l. 10 ſ.

Celui venant de Marſeille dans les cinq groſſes fermes, ou dans l'étendue de la douane de Lyon, avec certificat d'origine, ne paye que le même droit, d'après le conſentement de la ferme-générale conſigné dans ſa lettre du 14 novembre 1768.

Sortant des cinq groſſes fermes, il paye, par quintal. . . . . 1 l. 10 ſ.

A la douane de Lyon, tout ſirop à boire, doit, comme ſirop de capillaire, compris en la claſſe de la droguerie, par quintal net. 1 l. 11 ſ.

A celle de Valence, où il eſt nommément déſigné au 2e. article du tarif, du quintal net, ci . . . . 3 l. 11 ſ.

SIROP de ſucre. *Voyez* Melaſſe.

SIROP purgatif.

Omis au tarif de 1664, il doit, à l'entrée & à la ſortie des cinq groſſes fermes, cinq pour cent de la valeur.

A la douane de Lyon, comme droguerie omiſe au tarif, du quintal net. . 5 l. 2 ſ 6 d.

A celle de Valence, auſſi comme droguerie, ci. . . . . 3 l. 11 ſ.

SIROP mercuriel de M. Billet, eſt exempt de droit à la circulation & à la ſortie du royaume: déciſion du conſeil du 8 août 1769.

SIROPS provenant des retours des morues ſeches de pêche nationale, tranſportées aux Iſles: ces ſirops peuvent jouir du bénéfice d'entrepôt dans les ports du royaume ouverts au commerce des Iſles, & être exportés à l'étranger dans l'année dudit entrepôt, en exemption de tous droits, à l'exception de celui du domaine d'Occident: arrêt du 14 mars 1768.

Suivant une déciſion du conſeil du 30 mars 1769, qui a donné une extention à cet arrêt, ces ſirops peuvent être chargés & employés à l'avitaillement des navires deſtinés à la pêche de la morue, ſans payer aucun droit.

SOCS de charrue doivent être traités comme fer ouvré, & non comme quincaillerie de fer: ils ſupportent en conſéquence, indépendamment des droits de traites, lorſqu'ils viennent des provinces réputées étrangeres, celui de marque des fers dont la quincaillerie eſt exempte.

SOIERIES.

SOIRIES. *Voyez* Draps & Etoffes de ſoie.

SOIES ouvrées ou non, crues, torſes ou teintes.

Bureaux d'entrée.

LES ſoies ne peuvent entrer dans le royaume que par Marſeille & le Pont-de-Beauvoiſin, pour être conduites directement à Lyon, à peine de confiſcation tant des ſoies que des équipages, & de 3000 liv. d'amende : arrêts des 26 juillet 1687 & 12 ſeptembre 1717, & édit de janvier 1722, lequel confirme pluſieurs autres réglements qui en ordonnent le paſſage par Lyon.

Exceptions à cette regle.

L'édit de 1722 a accordé aux ſoies d'Eſpagne la faculté d'entrer dans le royaume par Narbonne, à la charge d'être conduites à Lyon.

L'uſage a encore prévalu pour que les ſoies entraſſent par le bureau de Longeray, où elles ſont expédiées pour Lyon.

Celles crues provenant du commerce des François dans l'Inde, peuvent également, en vertu d'un arrêt du 27 janvier 1722, entrer par les ports de l'Orient & de Nantes ; elles ſont même diſpenſées de paſſer par Lyon.

Celles venant de l'étranger pour les manufactures de la Flandre Françoiſe, peuvent entrer par les bureaux ouverts aux matieres deſtinées pour alimenter ces manufactures ; elles ſont également diſpenſées de paſſer par Lyon en rempliſſant les formalités prescrites par les réglements rendus en faveur des fabriques du pays conquis : arrêt du 10 janvier 1775, & décision du conseil du 28 août de la même année, transmise par une circulaire du 7 septembre.

Les soies venant d'Avignon & du Comtat, ainsi que de la principauté d'Orange, peuvent aussi entrer par les bureaux frontieres de ces pays où elles sont expédiées pour Lyon.

Pour celles de Nankin, *voyez* Soies de Nankin.

Droit des fermes sur les soies.

Les édits de janvier 1722 & juin 1758 ont restreint tous les droits de traites qui avoient anciennement lieu sur les soies étrangeres à celui perceptible au profit de la ville de Lyon, dont il sera ci-après parlé. Ainsi, il n'est dû aucun droit de traites sur ces soies ; elles sont seulement sujettes à ceux domaniaux, tel par exemple que celui de foraine du Béarn.

A la circulation les soies sont exemptes des droits de traites, en vertu d'un arrêt du 30 décembre 1755, & de l'édit de juin 1758.

Cette faveur étant subordonnée à la condition que les soies ne seront pas mélangées avec des marchandises sujettes, elles doivent, en cas de mélange, par livre pesant net; savoir,

Venant des provinces réputées étrangeres dans les cinq grosses fermes, au tarif de 1664, celles à coudre. . . . . 1 l.

Celles écrues. . . . . 16 s.

Paſſant des cinq groſſes fermes aux provinces réputées étrangeres, même tarif.

Celles teintes & à coudre . . . . . 12 ſ.

Celles écrues ou graiſes. . . . . . 1 l.

A la douane de Lyon, ſuivant ſa qualité; le tarif de 1632 adoptant beaucoup de diſtinctions.

A celle de Valence, où elles ſont nommément déſignées au premier article du tarif, du quintal net. . . . . 7 l. 2 ſ.

Paſſant à l'étranger, celle à coudre, la ſeule qui ne ſoit pas prohibée, doit à la ſortie des cinq groſſes fermes, ſuivant le tarif de 1664, de la livre peſant net. . . . . 12 ſ.

Sortant par l'étendue de la douane de Valence, du quintal net. . . . . . . 7 l. 2 ſ.

Prohibition à la ſortie.

Suivant les arrêts des 9 juillet 1720 & 20 février 1725, & une déciſion du conſeil du 10 mars 1775, l'exportation des ſoies graiſes ou teintes, qui ſont propres à la fabrication des étoffes, eſt défendue à peine de confiſcation & de 1000 liv. d'amende.

Cette prohibition qui comprend Marſeille, conſidéré à cet égard comme étranger effectif, a été étendue aux cocons par une autre déciſion du conſeil, rendue le 26 juillet 1785, d'après les obſervations des fabricants de Lyon, ſur le projet que l'on avoit de profiter des facilités de la foire de Beaucaire pour exporter des ſoies; la déciſion eſt conçue en ces termes : « Maintenir » la prohibition à la ſortie du royaume, des

» ſoies teintes & des ſoies graiſes, & empêcher » également celle des cocons. »

Droit des ſoies perçu au profit de la ville de Lyon.

Le droit exigé par la ville de Lyon ſur les ſoies, eſt par livre peſant net ; ſavoir, ſur celles venant de l'étranger, ſuivant l'édit de janvier 1722, confirmé par celui de juin 1758, de 14 ſ.

Venant d'Avignon, du Comtat & de la principauté d'Orange, de. . . . . 7 ſ.

Du commerce des François dans l'Inde, arrêt du 27 janvier 1722. . . . . 6 ſ.

Ce droit acquitté, ces ſoies jouiſſent de la faveur du tranſit, accordé aux autres marchandiſes de ce commerce, par l'arrêt du 28 ſeptembre 1734. Elles ſont en conſéquence plombées du plomb du bureau de l'Orient, & accompagnées d'un acquit de payement de ce droit.

Exemption.

La ſeule exemption accordée ſur le droit unique des ſoies, eſt en faveur des manufactures du pays conquis : elles ont été diſpenſées de ce droit, par un arrêt du 10 janvier 1775, & une déciſion du conſeil du 28 août ſuivant.

SOIES de Nankin.

Un arrêt du 11 janvier 1781, admettoit ces ſoies par les bureaux de Septemes, du Pont-de-Beauvoiſin, Rouen & Longeray : elles devoient y être expédiées ſous plomb & par acquit à caution pour Lyon ou Paris, à l'effet d'y acquitter un droit de traite de trente ſous par livre peſant outre celui de quatorze ſous, attribué à la ville de Lyon. Un autre arrêt du 9 décembre 1781, a ſtatué que ces ſoies ne payeroient que le droit de quatorze ſous, & il en a reſtreint l'entrée par les bureaux de l'Orient, Nantes, Rouen, Straſbourg, Lille, Dunkerque, Septemes & Saint-Laurent-du-Var.

SOIES de porc.

Elles acquittent les mêmes droits que le poil de ſanglier, les réglements qui fixent ces droits leur étant communs. Obſervez ſeulement pour la douane de Lyon que celles venant de l'intérieur ne payent, ſuivant l'ajouté au tarif où elles ſont compriſes ſous le nom de *poil de porc* de pays, non-ouvré, que 10 ſ. 10 d. par quintal, y compris l'augmentation de 1725.

SON de farine propre à faire amidon.

A l'entrée des cinq groſſes fermes, il doit, cinq pour cent de la valeur comme omis au tarif de 1664.

A la ſortie des cinq groſſes fermes, ſuivant l'arrêt du 16 juillet 1730, par raſiere peſant ſoixante-deux livres poids de marc. . 1 l. 5 ſ.

Les autres ſuivant le ſort des grains, ne peuvent pas être exportés quand la ſortie des grains eſt prohibée : c'eſt ce que le conſeil a décidé le 26 ſeptembre 1772. Il s'eſt fondé ſur ce que le réſultat d'une premiere mouture pouvant encore donner de la farine, l'envoi du son hors du royaume, seroit une vraie exportation.

SONNETTES. Elles doivent les droits comme mercerie, étant comprises dans cette classe au chapitre des droits de sortie du tarif de 1664, & au chapitre des droits d'entrée, sous le nom de *campanes*.

Cependant à la douane de Lyon, elles acquittent, du quintal comme cloches ; savoir,

Venant de l'étranger. . . . . . . 1 l.

Venant de l'intérieur, avec l'augmentation, ci. . . . . 1 l. 1 f. 8 d.

Celles qui s'attachent au cou des chevaux, acquittent seulement pour ce droit, par quintal ; savoir,

Venant de l'étranger. . . . . . 15 f.

Venant de l'intérieur, avec l'augmentation, ci. . . . . 16 f. 3 d.

A la douane de Valence, où elles sont toutes nommément comprises au 4e. article du tarif, ci. . . . . 2 l. 1 f. 6 d.

SORBEC (*Droguerie*) ; pâte préparée avec du citron, du musc, de l'ambre, & autres parfums & du sucre clarifié : on en compose une boisson fort en usage dans le Levant.

A l'entrée des cinq grosses fermes, il paye, cinq pour cent de la valeur, comme omis au tarif, & le même droit à la sortie s'il n'est pas justifié de l'acquittement de celui d'entrée.

A la douane de Lyon, de tel endroit qu'il vienne, suivant l'ajouté au tarif, par quintal net. . . . . 5 l.

A la douane de Valence, où il est nommément désigné au 2e. article du tarif, il acquitte, aussi par quintal net. . . . . 3 l. 11 s.

Droit additionel.

Indépendamment des droit dus à l'entrée du royaume sur le sorbec suivant la province par laquelle il entre, il acquitte encore en venant de l'étranger, en conséquence de l'arrêt du 12 mai 1693, un droit additionel de vingt sous par livre pesant net.

SOUCHET. Voyez *Cyperus*.

SOUDE. Cendre d'herbes, ou sel gris artificiel, venant d'Alicante & de Carthagene. Les verriers & savonniers s'en servent : on en consomme aussi dans les manufactures de glaces.

Les soudes venant d'Alicante & des autres lieux d'Espagne, peuvent entrer dans le royaume en payant les droits ; la prohibition relative aux cendres de varech ne les concerne pas : décision du 26 juin 1756.

Servant à la teinture, elles sont également admissibles venant d'Angleterre, d'après l'arrêt du 2 février 1765, & celui du 17 juillet 1785.

Elles doivent, suivant le tarif de 1664, par quintal ; savoir,

En entrant dans les cinq grosses fermes. . . 8 s.

Passant des cinq grosses fermes aux provinces réputées étrangeres. . . . . 10 s.

Elles sont prohibées à toutes les sorties du

royaume, comme salins propres aux verreries : c'est le résultat de l'arrêt du 26 avril 1781, confirmé par celui du 9 juillet 1785.

A la douane de Lyon, elles acquittent, suivant le tarif de 1632, où elles sont dans la classe des drogueries, par quintal net ; savoir,

Venant de l'étranger. . . . . . . 3 f.

Venant de l'intérieur, avec l'augmentation, ci. . . . . 3 f. 6 d.

A la douane de Valence, où elles sont comprises au 7e. article du tarif, aussi du quintal net. . . . . 17 f. 6 f.

SOUFFLETS. Venant de l'étranger, ils acquittent comme ouvrages de cuir, en vertu de l'arrêt du 28 mai 1768, vingt pour cent de la valeur.

Venant des provinces réputées étrangeres dans les cinq grosses fermes, suivant le tarif de 1664 ; savoir,

Les soufflets de maréchal, de la piece. 1 l. 5 f.

Les petits, par douzaine. . . . . . 4 f.

Sortant des cinq grosses fermes, ils payent, d'après le même tarif ; savoir,

Les gros, par paire. . . . . . . 6 f.

Les petits, par douzaine. . . . . 3 f.

Pour la douane de Lyon, les soufflets de maréchal & de forge, acquittent à raison de deux & demi pour cent de la valeur.

Les petits, comme mercerie.

A la douane de Valence, les premiers payent, suivant le chapitre XIX de l'article VIII du tarif où ils sont compris, par douzaine. . 3 f. 8 d.

Les autres d'après l'article IV du même tarif, où ils sont également dénommés, par quintal, ci. . . . . 2 l. 1 f. 6 d.

SOUFRE vif ou commun (*Droguerie.*)

Entrant dans les cinq grosses fermes, il doit, au tarif de 1664, par quintal net . . 12 f.

Sortant des cinq grosses fermes, il est exempt de droits comme droguerie étrangere.

A la douane de Lyon, où il est compris au tarif de 1632, sous le nom de *soufre en canon*, il paye, de tel endroit qu'il vienne, par quintal net. . . . . 5 f.

A celle de Valence, où il est dénommé au sixieme article du tarif, aussi du quintal net, ci. . . . . 1 l. 3 f. 8 d.

SOUFRE en fleur. *Voyez* Fleur de soufre.

SOUFRE pilé. On le considere comme fleur de soufre.

SOULIERS neufs de cuir.

Venant de l'étranger, ils payent à toutes les entrées du royaume, suivant l'arrêt du 28 mai 1768, comme ouvrages de cuir, vingt pour cent de la valeur.

Sujets aux droits de circulation, ainsi que la ferme-générale l'a marqué à son directeur à Amiens, le 17 juillet 1760, ils acquittent, au tarif de 1664, par douzaine de paires; savoir,

Venant des provinces réputées étrangeres dans les cinq grosses fermes. . . . . 1 l.

Sortant des cinq grosses fermes. . . . . 8 s.

A la douane de Lyon, ceux de cuir, payent, d'après le tarif de 1632, par charge de cent cinquante paires. . . . . 15 s.

Ceux d'enfants, comme mercerie, par quintal, ci. . . . . 2 l. 3 s. 4 d.

A la douane de Valence, ceux en cuir & peaux, d'homme ou de femme, doivent, suivant la lettre d'assimilation du 6 août 1778, comme marchandise de peau, le quintal. . 2 l. 6 s. 8 d.

SOULIERS garnis de soies, d'or & d'argent, pour homme & pour femme.

Omis au tarif de 1664, ils acquittent, à l'entrée des cinq grosses fermes, cinq pour cent de la valeur.

Sortant des cinq grosses fermes, six pour cent.

A la douane de Lyon, cinq pour cent venant de l'étranger, & deux & demi venant de l'intérieur.

A celle de Valence, suivant la lettre d'assimilation, du 6 août 1778, selon les étoffes dont ils sont composés.

SOULIERS vieux. *Voyez* Vieux souliers.

SPALME. *Voyez* Bray sec.

SPART. Jonc croissant sur les montagnes & dans les lieux arides. Il sert à faire des cordages, gros emballages & autres ouvrages de cette nature.

Ce végétal doit, à toutes les entrées du royaume, suivant la décision du conseil du 12 septembre 1775, par quintal. . . . . 5 f.

Il paye en outre les sous pour livre, comme il a encore été décidé au conseil le 7 mars 1776.

A la douane de Lyon, il acquitte à raison de deux & demi pour cent de la valeur.

A la douane de Valence, par quintal. 15 f. 8 d.

SPERMACETI. Voyez Nature de baleine.

SPIAUTRE. *Voyez* ZUIC.

SPICA CELTICA, nommée quelquefois *nardultique* (*Droguerie*); plante qui croît aux Pyrenées sur les montagnes du Tirol; sa racine est fort longue, couverte de petites écailles jaunâtres remplies de fibres assez longues, d'où sortent de petites feuilles par en-bas: elle est apportée dans de petites boites.

A l'entrée des cinq grosses fermes, elle doit, au tarif de 1664, par quintal net. . 3 l. 15 f.

Sortant des cinq grosses fermes, elle est exempte de droits comme droguerie étrangere.

A la douane de Lyon, de tel endroit qu'elle vienne, elle paye, suivant le tarif de 1632, par quintal net. . . . . 1 l. 5 f.

A la douane de Valence, comme droguerie, ci. . . . . 3 l. 11 f.

SPICA NARDI (*Droguerie*); sorte d'épi attaché à une racine de la grosseur du doigt, fibreuse, garnie de poils longs, rougeâtres, d'une odeur assez forte, d'un goût un peu amer & âcre.

A l'entrée des cinq grosses fermes, elle doit, au tarif de 1664, par quintal net. . 7 l. 10 s.

Venant indirectement du Levant, elle paye, indépendamment du droit du tarif de la province par laquelle elle entre, vingt pour cent de la valeur sur l'estimation de 740 liv. le quintal brut, fixée par l'état annexé à l'arrêt du 22 décembre 1750.

Sortant des cinq grosses fermes, elle est exempte de droits comme droguerie étrangere.

A la douane de Lyon, elle acquitte, suivant le tarif de 1632, de tel endroit qu'elle vienne, par quintal net. . . . . . . 4 l. 5 s.

Pour celle de Valence, comme droguerie, ci. . . . . 3 l. 11 s.

SPODE ou ivoire brûlé (*Droguerie.*)

A l'entrée des cinq grosses fermes, il doit, au tarif de 1664, par quintal net. . . . 3 l.

A la sortie des cinq grosses fermes, cinq pour cent de la valeur, s'il n'est pas justifié de l'acquittement des droits d'entrée.

A la douane de Lyon, de tel endroit qu'il vienne, suivant le tarif de 1632, par quintal net, ci. . . . . 13 s. 4 d.

A celle de Valence, comme droguerie, ci. . . . . 3 l. 11 s.

SQUILLES MARINES (*Droguerie.*)

A l'entrée des cinq grosses fermes, elles doivent, au tarif de 1664, par quintal net. . . . 1 l. 4 s.

Sortant des cinq grosses fermes, elles sont exemptes de droits comme droguerie étrangere,

A la douane de Lyon, elles acquittent, suivant le tarif de 1632, de tel endroit qu'elles viennent, du quintal net. . . . . . . 4. ſ.

A celle de Valence, comme droguerie, ci. . . . . 3 l. 11 ſ.

SQUINE. *Voyez* Bois d'eſquine.

Obſervez ſeulement que la ſquine venant indirectement du Levant, acquitte à toutes les entrées permiſes, indépendamment des droits du tarif de la province, vingt pour cent de la valeur, ſur l'eſtimation de 150 liv. le quintal brut, fixée par l'état annexé à l'arrêt du 22 décembre 1750.

SQUINANTE. Voyez *Juncus odoratus.*

STAPHISAIGRE (*Droguerie*); graine de la groſſeur d'un poids, d'une figure triangulaire, noirâtre par deſſus & chagrinée au dehors, d'un goût mordant, amer & déſagréable : elle vient de Provence & du Languedoc.

A l'entrée des cinq groſſes fermes, elle doit, au tarif de 1664, par quintal net. . . 1 l. 5 ſ.

Sortant des cinq groſſes fermes, cinq pour cent de la valeur, comme omiſe au tarif, à moins qu'il ne ſoit juſtifié de l'acquittement des droits d'entrée.

A la douane de Lyon, de tel endroit qu'elle vienne, ſuivant le tarif de 1632, par quintal net. ci. . . . . 10 ſ.

A celle de Valence, comme droguerie. 3 l. 11 ſ.

STATUES de toutes ſortes.

Elles doivent en entrant dans les cinq grosses fermes, cinq pour cent de la valeur comme omises au tarif.

Sortant des cinq grosses fermes, suivant un ordre du conseil du 29 juillet 1717, la piece. 1 l.

A la douane de Lyon, cinq pour cent de la valeur venant de l'étranger, & deux & demi venant de l'intérieur.

A celle de Valence, par assimilation aux figures d'albâtre, du quintal. . . . 3 l. 2 s. 3 d.

STICADE ou STŒCHAS (*Droguerie.*)

L'arabique a ses fleurs petites, bleues & approchantes de la violette : elles sortent d'une espece d'épi de figure pyramidale, qu'elles couvrent & enveloppent. Le citrin est fait de même & n'en differe que par sa couleur qui est jaune.

A l'entrée des cinq grosses fermes, ils doivent, au tarif de 1664, par quintal net. . 2 l. 10 s.

Sortant des cinq grosses fermes, cinq pour cent de la valeur, à moins qu'il ne soit justifié de l'acquittement du droit d'entrée.

A la douane de Lyon, au tarif de 1632, de tel endroit qu'ils viennent, par quintal net, ci. . . . . 7 s. 6 d.

A celle de Valence, comme droguerie. 3 l. 11 s.

STIL DE GRAIN (*Droguerie*); composition qui est en petits pains tortillés, de couleur jaune.

A l'entrée des cinq grosses fermes, il doit, au tarif de 1664, par quintal net. . . 1 l. 10 s.

Sortant des cinq grosses fermes, cinq pour

cent de la valeur, à moins qu'il ne soit accompagné de l'acquit de paiement du droit d'entrée.

Il est d'usage à la douane de Lyon, de lui faire acquitter, par quintal net. . . . 3 l. 2 s. 6 d.

A la douane de Valence, comme droguerie, ci . . . . 3 l. 11 s.

STINX MARIN (*Droguerie*); animal de la figure d'un petit lézard, d'environ un demi-pied de long & un pouce de diametre, & couvert de petites écailles.

A l'entrée des cinq grosses fermes, il doit, au tarif de 1664, par quintal net. . . . . 6 l.

Venant indirectement du Levant, il paye, indépendamment des droits du tarif de la province par laquelle il entre, vingt pour cent de la valeur, sur l'estimation de 6 liv. le quintal brut, fixée par l'état annexé à l'arrêt du 22 décembre 1750.

Sortant des cinq grosses fermes, il est exempt de droits, comme droguerie absolument étrangere.

A la douane de Lyon, il paye, suivant le tarif de 1632, de tel endroit qu'il vienne, par quintal net. . . . . 12 s. 6 d.

A la douane de Valence, aussi du quintal net, comme droguerie. . . . . 3 l. 11 s.

STIVES (*Droguerie.*)

A l'entrée des cinq grosses fermes, elles doivent, au tarif de 1664, par quintal net. . 5 l.

Sortant des cinq grosses fermes, cinq pour cent, si elles ne justifient pas de l'acquittement des droits d'entrée.

A la douane de Lyon, comme droguerie omise

au tarif, de tel endroit qu'elles viennent, par quintal net. . . . . 5 l. 2 ſ. 6 d.

Pour la douane de Valence, auſſi comme droguerie. . . . . 3 l. 11 ſ.

STOCKFISCH, poiſſon de mer.

Il eſt ſéché au vent ſans être ſalé, & d'une forme longue & étroite; ce qui le rend facile à diſtinguer de la morue ſeche, laquelle eſt ſalée, aplatie, ſéchée au ſoleil & de la même forme que la morue verte.

Il doit, à toutes les entrées du royaume, ſuivant l'arrêt du 6 juin 1763, par quintal. . . 4 l.

A la ſortie des cinq groſſes fermes, on doit lui appliquer ce qui eſt dit au mot *morue ſeche*, le chapitre des droits de ſortie, du tarif de 1664, l'ayant impoſé cumulativement aux mêmes droits.

STORAX (*Droguerie.*)

Le calamite eſt une gomme réſineuſe, remplie de larmes blanches & ſéparées, rougeâtre au dehors, blanche en dedans, d'une odeur douce, ſemblable à celle du baume noir du Pérou: il vient d'Arabie & de Syrie. Le rouge & le liquide ſont également une gomme, mais en maſſe rouge ou jaunâtre, d'une odeur douce, aromatique & agréable.

Ils doivent, à l'entrée des cinq groſſes fermes, au tarif de 1664, par quintal net; ſavoir,

Le calamite. . . . . 5 l.

Le rouge & le liquide . . . . . 3 l. 15 ſ.

Venant indirectement du Levant, ils payent, indépendamment du droit du tarif de la province

par

par laquelle ils entrent, vingt pour cent de la valeur, sur l'estimation fixée par l'état annexé à l'arrêt du 22 décembre 1750, qui est par quintal brut, pour le premier, de 300 liv. & les autres de 123 liv.

Les différentes especes de storax, sortant des cinq grosses fermes, sont exemptes de droits, comme droguerie etrangere.

A la douane de Lyon, ils payent, suivant le tarif de 1632, par quintal net, de tel endroit qu'ils viennent; savoir,

Le calamite. . . . . 2 l.

Le rouge. . . . . 2 l. 10 s.

Le liquide. . . . . 1 l. 9 s. 3 d.

A la douane de Valence, tous acquittent comme droguerie. . . . . 3 l. 11 s.

SUBLIMÉ (*Droguerie*); masse blanche & brillante.

A l'entrée des cinq grosses fermes, il doit, au tarif de 1664, par quintal net. . . . 10 l.

Sortant des cinq grosses fermes, cinq pour cent de la valeur, à moins qu'il ne soit justifié de l'acquittement du droit d'entrée.

A la douane de Lyon, suivant le tarif de 1632, de tel endroit qu'il vienne, par quintal net. . . . . 3 l. 13 s. 4 d.

A celle de Valence, comme droguerie. 3 l. 11 s.

SUC D'ÉRABLE, paye les droits comme confitures.

SUC DE RÉGLISSE. *Voyez* Jus de réglisse.

Succinum, acquitte comme ambre jaune.

SUCRES.

Des sucres en général.

Les ſucres doivent, en général, être traités aux entrées & ſorties du royaume, comme droguerie & épicerie ; ainſi, venant de l'étranger, ils ne peuvent entrer dans le royaume que par les bureaux ouverts aux drogueries, parmi leſquels celui de Saint-Valery-ſur-Somme a été placé en conſéquence d'un arrêt du 8 février 1762.

Ces ſucres ſont ſujets, dans tous les ports de leur arrivée, même dans ceux de Bretagne, Marſeille & Dunkerque, aux droits uniformes, qui, aux termes de l'arrêt du 12 février 1767, doivent être payés en entier malgré les privileges des foires & tous autres ; mais les ſucres arrivant dans les ports de Marſeille & Dunkerque, ainſi que dans ceux de Saint-Malo & Nantes, peuvent y être mis en entrepôt pour retourner à l'étranger en exemption de droits, à la charge des formalités requiſes : c'eſt le réſultat des arrêts des 26 ſeptembre 1667, 28 février 1669, 25 avril & 13 juin 1690.

Malgré les diſpoſitions préciſes de ces réglements, les droits uniformes ne ſe perçoivent pas dans la haute ville de Dunkerque ; c'eſt par cette raiſon que les ſucres bruts des Iſles qui ſont tirés des entrepôts du royaume à la deſtination des raffineries établies en cette haute ville, ſont conſidérés comme s'ils paſſoient à l'étranger ; mais, par une ſuite néceſſaire, les ſucres raffinés qui en ſont apportés, ſont traités comme étrangers : arrêt du 11 ſeptembre 1753.

Ceux qui ont acquitté les droits uniformes, & qui paſſent dans l'étendue des douanes de Lyon & de Valence, ou qui viennent dans les cinq groſſes fermes dans l'eſpace de trois mois, ſont exempts tant des droits deſdites douanes que de ceux du tarif de 1664 : arrêts des 15 janvier 1671 & 25 mai 1774.

SUCRES préſumés du Levant.

Les ſucres, de quelqu'eſpece qu'ils ſoient, doivent, lorſqu'ils viennent de l'étranger, être accompagnés de certificats juſtificatifs qu'ils ne proviennent point indirectement du Levant ; ſans quoi, & d'après les principes concernant les marchandiſes du Levant, ils ſont dans le cas d'acquitter, indépendamment des droits de traites, celui de vingt pour cent de la valeur, ſur l'eſtimation de 74 liv. le quintal brut, fixée par l'arrêt du 22 décembre 1750.

SUCRES des iſles Françoiſes.

Les ſucres venant des iſles Françoiſes de l'Amérique, ſont ſujets à des droits fixés par l'article XIX des lettres-patentes de 1717, & déſignés à l'article de chacun.

Ils jouiſſent auſſi, aux termes de l'article XV du même réglement, à l'exception de ceux raffinés, de l'entrepôt accordé aux autres marchandises des Isles, & de la faveur du transit pour la Franche-Comté, l'Alsace & les Trois-Evêchés, comme pour l'étranger.

Ils peuvent même, à l'exception des sucres bruts, être transportés des Isles dans les ports d'Espagne : arrêt du 27 février 1726.

Mais, soit qu'ils passent à l'étranger, au sortir de l'entrepôt ou en arrivant des Isles, les droits du domaine d'Occident sont exigibles, suivant l'article 542 du bail de Forceville : ces droits sont de trois & demi pour cent, quelque destination qu'on leur donne.

SUCRES de la traite des Negres.

D'après l'article VI d'un arrêt du 27 septembre 1720, les sucres provenant de la traite des Negres, étoient exempts de la moitié des droits d'entrée, en justifiant par certificat, soit de l'intendant des Isles, soit d'un commissaire-ordonnateur ou du commis du domaine d'Occident qu'ils y avoient été chargés & qu'ils venoient de la vente ou du troc des Negres. On pouvoit même, d'après la lettre de la ferme-générale du 28 avril 1738, faire participer à cette faveur des sucres bruts provenant d'une autre traite ; mais cette modération qui n'avoit pas lieu sur les droits du domaine d'Occident, suivant un arrêt du 26 mars 1722, a été supprimée par l'article XVIII d'un arrêt du 26 octobre 1748.

Il reste à traiter de chaque espece de sucre en particulier.

SUCRE d'Alexandrie.

Il doit les droits ſuivant ſa qualité.

SUCRE BLANC & non-raffiné de Gayenne, eſt traité comme ſucre brut des Iſles. *Voyez* ce mot.

SUCRE BRUT ou MOSCOUADE (*Droguerie*).

On comprend dans cet article le ſucre dit *moſcouade*, la caſſonade pour le poêle, le ſucre noir de Saint-Chriſtophe, les Barboudes, les Panelles & le ſucre de Saint-Thomé.

Venant de l'étranger, il doit, ſuivant l'arrêt du 15 ſeptembre 1665, le tarif de 1667 & les arrêts des 25 avril & 13 juin 1690, par quintal net, ci. . . . . 7 l. 10 ſ.

Venant du Bréſil, il acquitte le même droit d'après l'arrêt du 16 mai 1758; & les diſpoſitions de ces réglements ont leur exécution dans le port même de Marſeille.

Ils n'impoſoient les Barboudes, Panelles & ſucres de Saint-Thomé qu'à 6 liv. par quintal; mais il a été décidé par le conſeil, les 6 & 30 mars 1747, que le droit de 7 liv. 10 ſ. ſeroit perçu juſqu'à ce qu'il en fût autrement ordonné, ſans diſtinction de ſucres du Bréſil ou de Saint-Thomé.

Venant des provinces réputées étrangeres dans les cinq groſſes fermes, ils payent, ſuivant le tarif de 1664, par quintal net. . . . . 4 l.

SUCRE brut des Iſles.

Le ſucre brut venant des iſles Françoiſes de

l'Amérique, doit, ſuivant l'article XIX des lettres-patentes d'avril 1717, par quintal net ; ſavoir,

Pour le domaine d'Occident, ci. . . . . . . 1 l. 13 ſ. 4 d. } 2 l. 10 ſ.
Pour droit des traites. 16 ſ. 8 d. }

Venant de Cayenne, daprès l'article XXII des mêmes lettres-patentes, auſſi par quintal net. 4 l.

Les mêmes droits ſont dus ſur ceux venant de Marſeille accompagnés de certificats des commis du poids & caſſe, juſtificatifs qu'ils ont été apportés des Iſles : article XVIII & XX des lettres-patentes de février 1719.

Ceux bruts & ceux blancs non-raffinés de Cayenne, venant de Nantes & des autres ports de Bretagne, & dont l'origine eſt également juſtifiée, payent, à l'entrée des autres provinces, ſans déduction des droits locaux qu'ils ont dû acquitter en arrivant en Bretagne, conformément à l'arrêt du 28 ſeptembre 1728, & ſuivant les articles XX & XXII des lettres-patentes d'avril 1717, par quintal net ; ſavoir,

Les premiers. . . . . 2 l. 10 ſ.
Les autres. . . . . 8 l.

Sucre candi, blanc & brun. Tarifé avec le ſucre raffiné en pain & en poudre, il doit être traité de la même maniere : il exiſtoit une exception en faveur de ceux du commerce des François dans l'Inde, elle a été détruite par l'arrêt du 5 avril 1775.

Sucre de lait, doit les droits à l'eſtimation.

Sucre noir de Saint-Chriſtophe, Barboude,

Pannelle, & ſucre de Saint-Thomé ; étant tariſés cumulativement avec les ſucres bruts, ils doivent les mêmes droits.

SUCRE D'ORGE, doit être traité comme ſucre raffiné : lettre de la ferme-générale, du 19 novembre 1721, au directeur de Lille.

SUCRE RAFFINÉ EN PAIN, OU POUDRE, CANDI, BLANC ET BRUN, ET CASSONADE BLANCHE.

Venant de l'étranger, ils doivent à toutes les entrées du royaume, ſuivant l'arrêt du 17 mars 1782, par quintal net. . . . . . 40 l.

Ceux apportés directement des iſles Françoiſes de l'Amérique, doivent être traités de la même maniere : arrêt du 20 juin 1698, article XXIII des lettres-patentes d'avril 1717, & déciſion du conſeil du 26 juillet 1765.

Il en eſt de même de ceux provenant des iſles de France & de Bourbon : arrêt du 5 avril 1775.

Ce droit eſt dû même à l'entrée de Marſeille.

Venant des provinces réputées étrangeres, excepté de celle de Bretagne, dans les cinq groſſes fermes, ils payent, ſuivant les arrêt & lettres-patentes des 5 juin & 17 juillet 1725, par quintal net. . . . . 3 l. 2 ſ. 3 d.

Ceux provenant des raffineries établies dans la baſſe ville de Dunkerque, n'ont beſoin de remplir aucune formalité pour n'acquitter que ce droit, si leur transport dans les cinq grosses fermes se fait par terre ; mais lorsqu'il a lieu par mer, ces sucres doivent être accompagnés d'un acquit à caution justificatif qu'ils proviennent de ces raffineries, & être renfermés dans des caisses plombées : lettre de la ferme-générale au directeur d'Amiens du 21 janvier 1766, à l'occasion des sucres en pain provenant de la raffinerie du sieur Varlet.

Ceux allant de Bretagne dans les cinq grosses fermes, doivent au contraire, d'après l'arrêt du 2 mars 1700, par quintal net ; savoir,

Pour le domaine d'occident, ci. . . . . . . 10 l. 15 f. } 13 l. 15 f.
Pour les traites. . 3 l. }

Aux termes de cet arrêt & d'une décision du conseil, du 20 octobre 1740, ils ne devroient entrer dans les cinq grosses fermes, que par le bureau d'Ingrande ; mais la ferme-générale a bien voulu consentir le 6 décembre 1759, pour la facilité du commerce, à ce que ces sucres entrassent également par les bureaux de la Gravelle : elle a aussi marqué au directeur d'Amiens, le 29 juillet 1754, à l'occasion des sucres raffinés passés de Nantes à Calais, qu'elle vouloit bien qu'ils pussent être introduits par tous les ports des cinq grosses fermes, en payant le droit de 13 l. 15.

Passant des cinq grosses fermes aux provinces réputées étrangeres ou à l'étranger, ils sont exempts de droits, suivant l'article final du tarif de 1664 & les décisions du conseil des 22 décembre 1769 & 12 juin 1780 ; celle de 1769 rendue sur la proposition de la ferme-générale, a accordé l'exemption des droits aux sucres raffinés dans le royaume destinés pour l'étranger effectif. L'autre est intervenue à l'occasion d'une perception faite à Péronne sur des sucres de raffinerie d'Orléans passant dans la Flandre Françoise : la décision est conçue en ces termes : « La perception dont il » s'agit est contraire à la disposition de l'article » final du tarif de 1664 à la sortie ; ainsi donner » des ordres pour le remboursement. »

SUCRES raffinés de Bordeaux, Cette & Montpellier.

Suivant un arrêt du 11 août 1699, les sucres raffinés à Bordeaux, destinés pour l'étendue des douanes de Lyon & de Valence, ou qui en empruntent le passage pour aller plus avant dans le royaume, sont exempts du droit de douane de Lyon, & non de ceux de douane de Valence ni de ceux ordinaires des traites.

Ceux des raffineries de Cette, doivent la douane de Valence dans les cas où ils sont destinés pour l'étendue de cette douane ou qu'ils y passent : décision du conseil du 3 juillet 1762.

Quant aux sucres de la raffinerie du sieur Sabattier à Montpellier, ils ont été affranchis des droits de douane de Valence par arrêt du 5 mars 1771.

SUCRES raffinés à Marseille.

Ils ne jouissent pas du bénéfice du transit, comme ceux de plusieurs autres raffineries du royaume dont il sera ci-après fait mention : c'est ce qui a été décidé au conseil au mois de février 1743, & le 13 mai de la même année ; mais lorsqu'ils sont envoyés dans le royaume, ils n'ont à acquitter par quintal, pour tenir lieu du droit d'entrée des sucres bruts dont ils sont composés, que ; savoir,

Pour l'entrée. . . . 3 l. }
Pour le domaine d'Occident, } 7 l.
ci. . . . . 4 l. }

Au moyen de ces droits, ils sont exempts de celui de douane de Valence, à la charge de justifier qu'ils ont été raffinés avec des sucres bruts des Isles: c'est le résultat des arrêts du 28 novembre 1700 & 25 juillet 1713, & d'une décision du conseil, du 7 novembre 1740. Ces réglements n'accordent, il est vrai, cette faveur qu'à cent milliers pesant de ces sucres par an ; mais l'usage l'a étendu à tous les sucres raffinés à Marseille.

Ils paroissoient devoir la douane de Valence, lorsqu'ils passoient par son étendue ; mais la cour des aides de Paris, où la ferme-générale pense que cette affaire n'a pas été assez bien instruite, ayant jugé le contraire, par arrêt du 5 mars 1763, ce droit ne pourroit s'exiger qu'autant que le conseil, où le fermier s'est pourvu en cassation de cet arrêt, jugeroit à propos de le réformer.

SUCRES raffinés relativement au transit.

Les sucres raffinés à Bordeaux avec des sucres des Isles, destinés pour l'étranger, l'Alsace, la Franche - Comté & les Trois - Evêchés, sont exempts de tous droits d'entrée, de sortie, même de ceux de douane de Lyon & de Valence, & autres locaux : ils jouissent encore de la restitution des droits payés à l'entrée des sucres bruts sur l'évaluation de 225 liv. de sucre brut pour 100 liv. de sucre raffiné.

Les sucres des raffineries de Rouen, Dieppe, la Rochelle & Cette, envoyés à l'étranger participent à la même faveur du transit & de la restitution des droits d'entrée : c'est le résultat des arrêts des 28 septembre 1684 & 9 février 1706 Ce dernier a accordé à la raffinerie de la Rochelle les mêmes exemptions qu'à celle de Bordeaux, conformément à l'article III des lettres-patentes d'avril 1717, & à l'arrêt du 15 janvier 1718 relatif à celle de Cette.

Les sucres de cette derniere raffinerie, doivent dans tous les cas être traités comme ceux des raffineries de Bordeaux.

Ceux envoyés de Cette par acquit à caution à la foire de Beaucaire, & de la expédiés par un nouvel acquit à caution pour l'étranger, l'Alsace & les Trois-Evêchés sont aussi exempts de tous droits & jouissent de la restitution de ceux perçus à l'entrée. Telles sont les dispositions de l'arrêt du 12 février 1732.

Jusques-là, la faveur du transit n'avoit lieu que par terre ; elle fut étendue par l'arrêt du 17 novembre 1733, aux sucres raffinés dans lesdites raffineries qui sortiroient par mer.

Le privilege du transit se borne aux raffineries dont il a été parlé & ne s'étend pas à d'autres, telles que celles d'Orléans, Nantes, Marseille, &c.

SUCRE TERRÉ (*Droguerie*), ou caſſonade blanche, ou griſe, fine ou moyenne.

Venant de l'étranger, il doit à toutes les entrées du royaume, ſuivant le tarif de 1667 & les arrêts des 25 avril & 13 juin 1690, par quintal net. . . . . 15 l.

Ce droit a auſſi lieu à l'entrée du port de Marſeille.

Venant des provinces réputées étrangeres dans les cinq groſſes fermes, il acquitte le même droit, d'après le tarif de 1664.

SUCRE terré des Iſles.

Suivant l'article XIX des lettres-patentes du mois d'avril 1717, le ſucre terré venant des iſles Françoiſes de l'Amérique, dans les ports ouverts à ce commerce, paye, par quintal net; ſavoir,

Pour le domaine d'Occident, ci.	2 l.	8 l.
Pour le droit des traites. .	6 l.	

Ce droit ne ſe percevant pas à l'entrée de la province de Bretagne, on doit aux termes des articles XX & XXI deſdites lettres-patentes, l'exiger à l'entrée des autres provinces du royaume où ces ſucres paſſent en ſortant de Bretagne; & il ne faut faire aucune déduction de ceux des ports & havres, de prévôté de Nantes, & autres locaux qui ont pu être perçus ſur ces ſucres à leur arrivée dans cette province.

SUCRE DE TÊTE : il doit être traité, ſuivant

la décision du conseil du 19 juin 1749, comme sucre terré & non comme sucre brut.

SUCRE VERGEOIS (*Droguerie*). On en distingue de deux sortes, celui terré & celui non-terré.

Suivant l'arrêt du 10 mars 1763, ils doivent, à toutes les entrées du royaume ; savoir, les sucres vergeois terrés comme sucres terrés étrangers, & ceux vergeois non-terrés comme sucres bruts étrangers.

Les sucres bruts & terrés des isles, ne payent aucun droit à l'entrée de Marseille : c'est seulement lorsqu'ils en sortent pour le royaume qu'ils acquittent ceux des lettres-patentes de 1717. Or les sucres vergeois, suivant le sort des sucres bruts, sont assujettis selon leur qualité de bruts ou de terrés à leur entrée de Marseille dans le royaume, aux droits de ces lettres-patentes, comme ceux de la Bretagne.

Au moyen du payement de ces droits, ces sucres sont censés originaires, & comme tels, sont exempts de droits à la circulation.

Ces especes de sucre provenant des raffineries de France excepté de celles de Bretagne & de Marseille, jouissent aux termes du même arrêt de 1763, de l'exemption de tous droits, tant pour la destination de l'étranger qu'à leur circulation dans les différentes provinces du royaume.

Venant des raffineries de Bretagne dans les cinq grosses fermes, ils payent au contraire pour la destination des autres provinces du royaume ; savoir, le sucre vergeois terré, les droits imposés par les lettres-patentes d'avril 1717 ſur les ſucres terrés des iſles & colonies Françoiſes, le vergeois non-terré, comme ſucre brut deſdites iſles : même arrêt de 1763.

A la douane de Lyon, le ſucre doit par quintal net, ſuivant le tarif de 1632 ; ſavoir,

Le raffiné. . . . . 2 l.

Le ſucre blanc non-raffiné, le ſucre terré, ou la caſſonade, & le ſucre blanc ou moſcouade comme caſſonade. . . . . , . . 1 l.

Le ſucre candi, comme confitures. 2 l. 6 ſ. 3 d.

A la douane de Valence, le ſucre étant nommément compris au 2e. article, doit indiſtinctement, par quintal net. . . . . 3 l. 11 ſ.

SUCRE pour le droit local de Rouen.

Indépendamment des droits des traites dus ſur les ſucres entrant à Rouen, ils ont à payer, ſuivant l'arrêt du 12 février 1665, 2 l. 10 ſ. par quintal de quelque eſpece qu'ils ſoient.

Ce droit a été réduit à moitié pour le ſucre venant des Iſles : par arrêt du 24 avril 1736.

Celui de 2 l. 10 ſ. eſt perceptible au Havre comme à Rouen, ſuivant un arrêt du 6 mars 1736 : mais il a été décidé que ceux venant des iſles au Havre ne devoient pas ce droit.

Il a été également décidé au conſeil le 6 janvier 1764, que ee droit local n'étoit pas exigible ſur les ſucres qui traverſoient le royaume en tranſit.

SUIFS de toutes ſortes.

Venant d'Angleterre, l'entrée en a été permiſe par l'arrêt de 6 ſeptembre 1701. Ils ont été également compris dans l'état annexé à celui du 17 juillet 1785.

Suivant un arrêt du 29 octobre 1768, ceux venant de l'étranger doivent ſeulement le quart du droit d'entrée du tarif de la province par laquelle ils entrent.

Ainſi les ſuifs devant à l'entrée des cinq groſſes fermes, ſuivant le tarif de 1664, trente ſous par quintal, le droit pour ceux étrangers eſt réduit à. . . . . 7 ſ. 6 d.

A la ſortie des cinq groſſes fermes, ils doivent au même tarif, du quintal. . . . 1 l. 5 ſ.

A la douane de Lyon, ils doivent; ſavoir, en venant de l'étranger, pour le quart du droit de 10 ſ. qui s'étoit toujours perçu ſur cette marchandiſe avant l'arrêt de 1768, par quintal, ci. . . . . 2 ſ. 6 d.

Venant de l'intérieur, comme chandelle, avec 9 d. d'augmentation. . . . . . 10 ſ. 9 d.

A la douane de Valence, où ils ſont nommément déſignés au 6e. article du tarif. 1 l. 9 d.

S'ils venoient de l'étranger par l'étendue de ce tarif, il ne payeroient que le quart de ce droit.

SUIFS pour les colonies Françoiſes.

Suivant une déciſion du conſeil du 31 octobre 1740, & un arrêt du 28 août 1748, les ſuifs venant de l'étranger & deſtinés pour les colonies Françoiſes de l'Amérique, ſont exempts de droits, à la charge d'être mis en entrepôt jusqu'à leur départ.

SULTAN, espece de sac de nuit en taffetas, composé de deux coussins entre lesquels on met des chemises ou d'autres objets auxquels on veut communiquer une odeur quelconque.

On traite ces sacs de nuit, comme ouvrages de modes.

SUMACH, aussi nommé *herbe à marroquin* (*Droguerie*); on s'en sert pour teindre en verd : le meilleur vient de Porto & doit être verdâtre.

A l'entrée des cinq grosses fermes, il est assujetti au tarif de 1664, à dix sous du cent pesant : l'arrêt du 15 mai 1760, ayant réduit ce droit à moitié, il paye seulement, par quintal net. 5 s.

Passant des cinq grosses fermes aux provinces réputées étrangeres, le droit de vingt sous imposé par le tarif de 1664 sur le sumach, quoique droguerie, a été réduit à moitié par l'arrêt cité ; il n'acquitte en conséquence, par quintal, que, ci. . . . . 10 s.

Ce droit à la sortie pour l'étranger est, de ci. . . . . 1 l.

A la douane de Lyon, il paye, de tel endroit qu'il vienne, pour la moitié du droit du tarif, par quintal net. . . . . 11 s. 8 d.

Pour celle de Valence, il ne doit à l'entrée & à la circulation pour le demi-droit, que, ci. . . . . 1 l. 15 s. 6. d.

A la sortie du royaume par le Dauphiné, comme droguerie. . . . . 3 l. 11 s.

T

T

TABAC. *Voyez* Petun.

TABATIERES de carton.

Suivant une décision du conseil du 12 octobre 1756, elles doivent être traitées comme mercerie, lors même qu'elles sont vernies & d'ecaillés, dès qu'elles ne sont point enrichies d'or ou d'argent.

TABATIERES incrustées d'or ou d'argent.

A l'entrée des cinq grosses fermes, elles acquittent cinq pour cent de la valeur comme omises au tarif de 1664.

A la sortie des cinq grosses fermes, six pour cent.

A la douane de Lyon, cinq pour cent venant de l'étranger, & deux & demi venant de l'intérieur.

A la douane de Valence, suivant la lettre d'assimilation, du 6 août 1778; savoir,

Celles en écaille, nâcre ou ivoire, garnies en or, argent ou soie, quelque légere que soit la garniture, du quintal net . . . . 7 l. 2 f.

Celles de ces matieres qui sont sans or, argent, ni soie, du quintal brut . 3 l. 2 f. 3 d.

TABLEAUX. Venant de l'étranger, ils sont admis à toutes les entrées du royaume, en acquittant uniformément, ſuivant la déciſion du conſeil du 2 ſeptembre 1776, par quintal 5 l.

Cette déciſion ne faiſant aucune diſtinction de la valeur à raiſon de leur encadrement, les tableaux même avec bordure & garnis de verre blanc, ne doivent que le même droit : la ferme-générale l'a marqué au directeur de Lyon, le 23 ſeptembre 1784.

C'eſt auſſi le droit qu'ils acquittent au tarif de 1664, en venant des provinces réputées étrangeres dans les cinq groſſes fermes.

Ceux avec leur bois enrichi d'or & d'argent & de cuivre doré, payent cinq pour cent de la valeur, comme omis dans ce tarif.

Sortant des cinq groſſes fermes, ceux ſans enrichiſſements ſont traités comme mercerie, en conſéquence du même tarif.

Ceux enrichis d'or, d'argent & cuivre doré, payent, conformément à l'article final, ſix pour cent.

Pour la douane de Lyon, ceux ſans enrichiſſements, payent par quintal, ſuivant le tarif de 1632, y compris l'augmentation de 2 ſ. 3 d., ci. . . . . 1 l. 9 ſ. 9 d.

Ceux enrichis, à raiſon de deux & demi pour cent de la valeur.

A la douane de Valence, les tableaux communs, payent, par aſſimilation aux miroirs communs, du quintal. . . . . 3 l. 2 ſ. 3 d.

Ceux enrichis, le même droit : d'après la lettre de la ferme-générale, du 6 août 1778.

TABLEAUX de famille.

Ils ne doivent rien suivant une décision du conseil, du 22 janvier 1750 : mais d'après celle du 19 avril 1701, les cadres & bordures acquittent comme mercerie.

Tabliers de batiste & de mousseline brodée.

Ils doivent, aux termes d'une décision du conseil, du 25 juillet 1771, comme ouvrages de fil & mousseline.

Tabourets ou Pelotons.

Compris au tarif de 1664, dans la classe de la mercerie, ils doivent être traités comme tels.

Taffetas; étoffe de soie bien fine, fort légere, & ordinairement très-lustrée.

Pour les droits d'entrée & de sortie des cinq grosses fermes, *voyez* Draps de soie.

Pour ceux de douane de Lyon & de Valence, *voyez* Etoffes de soie.

Taffia, eau-de-vie faite avec du sirop de sucre ou melasse.

L'introduction & le commerce de cette liqueur dans le royaume, ont été défendus par l'article premier de la déclaration du roi, du 24 janvier 1713.

Depuis, une décision du conseil, du 12 juin 1752, a permis d'en apporter pour être mis en entrepôt à la destination de Guinée.

Un arrêt du 14 mars 1768, confirmé par décision du conseil du 21 avril 1769, a également admis à l'entrepôt pendant un an, ceux provenant du retour des transports & ventes des morues seches de pêche Françoises aux isles d'Amérique & colonies, avec faculté de les exporter à l'étranger en exemption de tous droits, excepté celui du domaine d'Occident.

Les taffias n'étant pas compris dans l'état arrêté tous les six mois pour le payement de ce dernier droit, ils l'acquittent sur l'estimation de 10 sous le pot.

Ils peuvent être chargés & employés à l'avitaillement des vaisseaux destinés pour la pêche de la morue en exemption de tous droits, suivant une autre décision du conseil, du 30 mars 1769.

Un arrêt du 3 septembre de la même année, a permis le transport des taffias par continuation d'entrepôt au port de Roscoff en Bretagne, à la charge de les exporter à l'étranger dans l'année, à peine de confiscation & de 500 liv. d'amende.

Ceux provenant des prises faites en mer, ne peuvent être vendus qu'à la charge du renvoi à l'étranger, ou d'être mis en entrepôt pour le commerce de Guinée : c'est ce qui a été décidé au conseil le 16 juillet 1757.

Enfin la déclaration du 6 mars 1777, a permis l'entrepôt en France des taffias des Isles, à condition 1°. qu'à leur arrivée, ils seront mis en entrepôt à la charge de les réexporter à l'étranger ; 2°. que la durée de l'entrepôt sera de deux ans ; 3°. que si à l'expiration de ce délai, les taffias n'ont pas encore été exportés, le conseil pourra seul y pourvoir.

L'entrepôt devant être réel, les négocians sont

tenus de fournir des magaſins à leurs frais ; ces magaſins doivent être fermés à deux clefs, dont l'une ſera remiſe aux prépoſés du fermier : les contrôleurs aux entrepôts doivent tenir un compte ouvert à chaque négociant qui a des taffias en entrepôt ; & à la révolution des deux années d'entrepôt, il doit être adreſſé à la ferme-générale un état contenant, tant les noms des négocians, que la quantité de leurs taffias reſtant en entrepôt.

TAILLANDERIE. *Voyez* Fer ouvré en taillanderie.

Ajoutez ſeulement que la taillanderie de la Charité-ſur-Loire, a été exemptée de droits à la premiere deſtination, par arrêt du 6 février 1766. Cette faveur eſt ſubordonnée à la condition que les colis qui la renfermeront ſeront plombés & accompagnés d'un paſſavant du prépoſé de cette manufacture, viſé par le directeur des aides du même lieu.

TALC, eſpece de pierre (*Droguerie.*)

Celle appelée *talc de Veniſe*, eſt mollaſſe, paroît graiſſeuſe au toucher, quoique de couleur argentine, tirant ſur le verdâtre, & ſe ſépare par petites feuilles claires & reſplendiſſantes. Le talc de Moſcovie eſt dur, poli, doux au toucher, ſe ſéparant par feuilles minces, preſque auſſi tranſparent que le verre, & quelquefois rougeâtre.

A l'entrée des cinq groſſes fermes, ils doivent, au tarif de 1664, par quintal net. 5 l.

Sortant des cinq grosses fermes, ils sont exempts de droits comme droguerie étrangere.

Pour la douane de Lyon, ils payent, suivant le tarif de 1632, par quintal net, de tel endroit qu'ils viennent; savoir,

Celui de Venise. . . . . 1 l. 10 s.

L'autre. . . . . 2 l. 10 s.

A la douane de Valence, comme droguerie, ci. . . . . 3 l. 11 s.

TALONS de bois.

Ils sont traités comme futaillerie.

TALONS de cuir.

Venant de l'étranger, ils acquittent comme ouvrages de cuir, vingt pour cent de la valeur: arrêt du 28 mai 1768.

Ils sont assujettis aux droits de circulation, quoique les cuirs non-ouvrés en soient exempts: lettre de la ferme-générale au directeur d'Amiens, du 17 juillet 1760; ainsi venant des provinces réputées étrangeres dans les cinq grosses fermes, ils doivent, au tarif de 1664, par quintal. . 2 l.

A la sortie des cinq grosses fermes, cinq pour cent de la valeur, comme omis au même tarif.

A la douane de Lyon, deux & demi pour cent.

A celle de Valence, par assimilation au gros cuir, du quintal. . . . . . . 15 s. 8 d.

TAMARIN (*Droguerie*); fruit en gousses un peu plus longues que le doigt, grosses comme le pouce, couvertes d'une écorce brune & contenant une pulpe noire, aigrelette & agréable au goût.

A l'entrée des cinq grosses fermes, il doit, au tarif de 1664, par quintal net. . 2 l. 10 s.

Venant indirectement du Levant, il acquitte, outre le droit du tarif de la province par laquelle il entre, vingt pour cent de la valeur sur l'estimation de 74 liv. le quintal brut, fixée par l'état annexé à l'arrêt du 22 décembre 1750.

A la sortie des cinq grosses fermes, il est exempt comme droguerie étrangere.

Pour la douane de Lyon, il doit, au tarif de 1632, de tel endroit qu'il vienne, par quintal net. . . . . 1 l. 5 s.

A celle de Valence, comme droguerie. 3 l. 11 s.

TAMBOURS en cuivre.

Sont traités comme cuivre ouvré.

TAMIS. A l'entrée & à la sortie des cinq grosses fermes, ils doivent cinq pour cent de la valeur, comme omis au tarif de 1664.

A la douane de Lyon, à Septemes, par douzaine. . . . . 4 s.

A Lyon, comme mercerie, par quintal; savoir,

Venant du Forez, de l'Auvergne & de la Franche-Comté. . . . . 12 s.

Venant d'ailleurs. . . . . 2 l. 3 s. 4 d.

A la douane de Valence. - . . . 2 l. 1 s. 6 d.

TAN. *Voyez* Ecorce de chêne.

TAPIS. Ils devroient comme étoffes de laine,

ou mêlées de fil, laine & autres matieres, ne pouvoir entrer dans le royaume que par Calais & Saint-Valery; mais la ferme-générale à consenti par des lettres écrites en 1757 & 1758, à ce que cette restriction n'eut pas lieu, & elle a confirmé ces dispositions par une autre lettre adressée au directeur de Besançon le 18 mars 1779.

On n'excepte que ceux de moucades.

De même, quels que soient les tapis des manufactures du royaume destinés pour l'étranger, dès qu'ils sont revêtus des marques de fabrique, ils sont exempts de droits conformément aux arrêts des 13 & 15 octobre 1743.

TAPIS d'Allemagne & tapis carrés de laine.

Venant de l'étranger, ils doivent, à toutes les entrées du royaume, suivant le tarif de 1667, de la piece. . . . . 3 l.

Venant des provinces réputées étrangeres dans les cinq grosses fermes, aussi de la piece, tarif de 1664. . . . . 1 l. 10 s.

Passant des cinq grosses fermes aux provinces réputées étrangeres, d'après le même tarif, comme tapis autres que de moucades & de Rouen, du quintal. . . . . 8 l.

TAPIS d'Allemagne fil & laine, servant de couvertures aux chevaux.

N'étant pas de la même valeur que ceux ci-dessus, la ferme-générale a consenti par sa lettre du 5 janvier 1758, à ce qu'en venant dans les cinq grosses fermes, ils n'acquittassent, conformément à l'article final du tarif de 1664, que dix pour cent de la valeur.

Cette lettre permettoit d'appliquer à quelques autres especes de tapis venant d'Allemagne la disposition de cet article final ; mais comme il pouvoit en résulter des inconvénients, cette faveur a été restreinte, par une autre lettre du 30 du même mois, aux seuls tapis destinés à servir de couvertures aux chevaux, & on ne doit pas l'appliquer à d'autres.

Etant d'usage au bureau de Lyon, d'estimer ces tapis 2 l. 10 s. la piece, la ferme-générale a approuvé cet usage, par lettre du 10 octobre 1768 : par suite, ils ne payent en venant des provinces réputées étrangeres dans les cinq grosses fermes que cinq pour cent de la valeur, au lieu du droit de 1 l. 10 s. de la piece, porté sur ceux carrés de laine.

Passant des cinq grosses fermes aux provinces réputées étrangeres, ils doivent, au tarif de 1664, par quintal. . . . . 8 l.

TAPIS façon d'Angleterre, pour faire chaises & ameublements.

Au tarif de 1664, ils acquittent par quintal; savoir,

En entrant dans les cinq grosses fermes. 30 l.

Sortant des cinq grosses fermes. . . . 8 l.

TAPIS de Feuilletin, d'Auvergne, Lorraine, & autres semblables.

Ils sont traités comme tapisserie de même sorte.

TAPIS gros, ou gros tapis.

Compris dans la classe de la mercerie, au tarif de 1664, ils doivent être traités de la même maniere.

TAPIS de laine faits à l'aiguille, ou rehaussés de soie.

A l'entrée des cinq grosses fermes, ils doivent, au tarif de 1664, dix pour cent de la valeur.

Passant des cinq grosses fermes aux provinces réputées étrangeres, cinq pour cent, comme omis dans ce tarif.

TAPIS ou moucades simples.

Venant de l'étranger, ils ne peuvent entrer dans le royaume que par Calais ou Saint-Valery, conformément aux arrêts des 20 décembre 1687 & 3 juillet 1692, en payant trente pour cent de la valeur.

Venant des provinces réputées étrangeres dans les cinq grosses fermes, ils doivent cinq pour cent comme omis au tarif de 1664.

Allant des cinq grosses fermes aux provinces réputées étrangeres, d'après le même tarif, du quintal. . . . . 3 l.

TAPIS de poil de chien.

A l'entrée des cinq grosses fermes, ils doivent, au tarif de 1664, de la piece. . . . 1 f.

Passant des cinq grosses fermes aux provinces réputées étrangeres & à l'étranger, ils acquittent les droits de la mercerie comme gros tapis.

TAPIS de Rouen.

Ils doivent au tarif de 1664, en paſſant des cinq groſſes fermes aux provinces réputées étrangeres, par quintal. . . . . 3 l.

TAPIS de ſerge avec paſſement de ſoie.

Tarifés avec les tapis de laine faits à l'aiguille, ils acquittent les mêmes droits.

TAPIS velus.

Venant de l'étranger, ils doivent à toutes les entrées du royaume, au tarif de 1667; ſavoir,

Ceux de grandeur ordinaire, la piece. 7 l.

Les plus grands à proportion, à raiſon de dix pour cent de la valeur.

Venant indirectement du Levant, ils ont à payer indépendamment de l'un de ces deux droits vingt pour cent de la valeur, ſur l'eſtimation de 200 liv. la piece, fixée par l'état annexé à l'arrêt du 22 décembre 1750.

Venant des provinces réputées étrangeres dans lès cinq groſſes fermes, ils doivent, au tarif de 1664, par piece. . . . . 5 l.

Venant de Marſeille dans les cinq groſſes fermes, avec certificat juſtificatif qu'ils y ont été fabriqués, ils ne payent que le même droit : arrêt du 6 décembre 1667.

Paſſant des cinq groſſes fermes aux provinces réputées étrangeres, ils acquittent, au tarif de 1664, par quintal. . . . . 8 l.

Douane de Lyon sur les tapis.

Pour la douane de Lyon, on distingne différentes sortes de tapis.

Ceux de fil & laine venant d'Allemagne, & qui ont payé, à l'entrée des cinq grosses fermes, le quart du droit de dix pour cent de la valeur, sur l'estimation de 2 l. 10 s. la piece, acquittent à Lyon celui de cinq pour cent sur la même évaluation.

Ceux d'Auvergne ordinaires, payent par quintal, suivant le tarif de 1632, avec l'augmentation de 1 s. 8 d. . . . . . . 1 l. 1 s. 8 d.

Ceux de Bergame & ceux gros de tout autre endroit, étant compris dans la classe de la mercerie, acquittent comme celle de Paris. 2 l. 3 s. 4 d.

Ceux d'Aubusson & Feuilletin, comme les tapisseries de même sorte : la ferme-générale a consenti à cette faveur par sa lettre du 7 août 1783, ainsi ils ne payent par quintal, que. 4 l.

Les tapis de poil de chien pour couvrir mulets, payent de la piece, suivant le tarif de 1632, ci. . . . . 3 s.

Douane de Valence.

A la douane de Valence, les tapis de Turquie sont dénommés au 2e. article ; ce qui suppose qu'il y entroit de la soie ou de la filoselle, à l'époque de la confection du tarif. Sans chercher à approfondir cette conjecture, il suffit d'observer qu'ils doivent les droits suivant la matiere dont ils sont composés, c'est-à-dire, à raison de 7 l. 2 s. le quintal net pour ceux étrangers dans lesquels il entre de la soie, de 3 l. 11 s. pour ceux étrangers mêlés de filoselle, ou nationaux dans lesquels il se trouve de la soie, de 2 l. 6 s. 8 d. s'ils sont de laine, & de 2 l. 1 s. 6 d. pour ceux de fil.

TAPISSERIES. Avant d'indiquer les droits dont elles sont susceptibles, j'observerai 1°. Que celles des manufactures du royaume, composées de pure laine, de pure soie, de poil, de coton, de fil, & celles mêlées de ces différentes matieres, ou avec or & argent, en quelque quantité & proportion que ce soit, revêtues des marques de fabrique, sont exemptes de droits à la destination directe de l'étranger, d'après les arrêts des 13 & 15 octobre 1743, en remplissant les formalités prescrites & qui sont énoncées au mot *étoffes*: 2°. Que celles de la manufacture de Beauvais jouissoient déjà de la même faveur, en vertu de l'édit d'août 1664 & de l'arrêt du 15 juillet 1722, & qu'elles ont encore l'avantage d'être exemptes en passant aux provinces réputées étrangeres.

TAPISSERIES d'Anvers, Bruxelles & autres lieux de la Flandre Espagnole, vieilles ou neuves.

Venant de l'étranger, elles acquittent à toutes les entrées du royaume, suivant l'arrêt du 21 août 1691; savoir,

Lorsqu'elles sont sans or ni argent, du quintal, ci. . . . . 240 l.

Rehauſſées de ſoie, or ou argent, vingt pour cent de la valeur.

Si ces tapiſſeries ſont deſtinées pour le pays conquis, elles ne doivent, ſuivant l'arrêt du 2 novembre 1700, l'ordre du conſeil du 20 janvier 1701, & les déciſions du conſeil des 19 ſeptembre 1743 & 8 octobre 1744, que les droits du tarif de 1671 ; mais ſi à leur arrivée en Flandres, elles ſont déclarées pour les cinq groſſes fermes, il faut les expédier par acquit à caution.

Quoique par cette diſtinction les droits de l'arrêt de 1691, aient pu ne pas paroître uniformes, ils ſont néanmoins exigibles à l'entrée de la Franche-Comté, d'après le tarif arrêté par M. de Vanolles intendant de cette province, le 11 mars 1741.

Venant des provinces réputées étrangeres dans les cinq groſſes fermes, elles doivent au tarif de 1664 ; ſavoir,

Celles qui ne ſont pas rehauſſées d'or ou d'argent, par quintal. . . . . 120 l.

Celles rehauſſées, conformément à l'article final, dix pour cent de la valeur.

Paſſant des cinq groſſes fermes aux provinces réputées étrangeres, elles acquittent les mêmes droits que les tapiſſeries fines de la Flandre Françoiſe, ſuivant leur qualité.

TAPISSERIES d'Aubuſſon.

Aux termes d'une déciſion du conſeil, du 29 octobre 1781, elles acquittent à l'entrée des cinq grosses fermes les mêmes droits imposés sur celles de la manufacture de Feuilletin.

TAPISSERIES d'Auvergne.

Elles sont traitées comme tapisseries de Feuilletin, étant tarifées ensemble.

TAPISSERIES de Bergame.

Au tarif de 1664, elles doivent par quintal; savoir, à l'entrée des cinq grosses fermes. 10 l.

Passant des cinq grosses fermes aux provinces réputées étrangeres, comme tapisseries autres que de Feuilletin, du cent pesant. . . . 13 l.

TAPISSERIES de cuir doré.

Venant de l'étranger, elles payent uniformément à toutes les entrées du royaume, suivant le tarif de 1667, par quintal. . . . . 30 l.

Au tarif de 1664, elles acquittent aussi du quintal; savoir,

Venant des provinces réputées étrangeres dans les cinq grosses fermes. . . . . . 15 l.

Passant des cinq grosses fermes aux provinces réputées étrangeres ou à l'étranger. . . 6 l.

TAPISSERIES de Feuilletin & d'Auvergne.

Au tarif de 1664, elles doivent par quintal; savoir,

Venant des provinces réputées étrangeres dans les cinq grosses fermes. . . . . . . 4 l.

Passant des cinq grosses fermes aux provinces réputées étrangeres, ainsi que celle de Lorraine & autres semblables, le même droit.

TAPISSERIES des fabriques de la Flandre Françoise, vieilles ou neuves.

Elles ne peuvent, aux termes de l'arrêt du 15 décembre 1703, entrer dans les cinq grosses fermes, que par les bureaux d'Amiens, Péronne & Saint-Quentin; elles y doivent, suivant le tarif de 1664, confirmé par la décision du conseil du 10 août 1722; savoir,

Lorsqu'elles ne sont pas rehaussées de soie, d'or ou d'argent, par quintal. . . . 120 l.

Rehaussées de ces matieres, dix pour cent de la valeur.

Passant des cinq grosses fermes aux provinces réputées étrangeres, elles acquittent, d'après le même tarif, du quintal; savoir,

Les communes. . . . . 13 l.

Les fines, mais sans or ni argent. . 26 l.

Celles fines avec or & argent, six pour cent de la valeur.

TAPISSERIES de la Flandre étrangere, excepté Anvers & Bruxelles.

Venant de l'étranger, elles doivent, soit qu'elles soient vieilles ou neuves, suivant l'arrêt du 21 août 1691, par quintal. . . . . 120 l.

Voyez sur l'exécution de cet arrêt, les observations portées à l'article des tapisseries d'Anvers; elles sont communes à celles du surplus de la Flandre étrangere.

Venant des provinces réputées étrangeres dans les cinq grosses fermes, elles payent, au tarif de 1664, par quintal . . . . 60 l.

Celles

Celles rehaussées de soie, or ou argent, dix pour cent de la valeur.

Passant des cinq grosses fermes aux provinces réputées étrangeres, elles doivent, suivant le même tarif; savoir,

Lorsqu'elles sont mêlées d'or & d'argent, six pour cent de la valeur.

Sans or ni argent, le quintal. . . . 26 l.

Les communes, aussi du quintal. . . 13 l.

TAPISSERIES des provinces réputées étrangeres, de même genre que celles d'Aubusson.

Aux termes d'une décision du conseil du 22 janvier 1780, dont l'exécution a été ordonnée par celle du 29 octobre 1781, elles doivent, en venant dans les cinq grosses fermes, cinq pour cent de la valeur.

TAPISSERIES de Rouen, avec un filet de soie, or ou argent faux, ou autrement.

Passant des cinq grosses fermes aux provinces réputées étrangeres, elles acquittent, au tarif de 1664, par quintal. . . . . 3 l.

TAPISSERIES de toiles peintes.

Venant de l'étranger, elles sont comprises dans la prohibition des toiles peintes, portée par l'arrêt du 10 juillet 1785.

A la circulation, elles sont traitées comme mercerie.

TAPISSERIES de tontisse de la manufacture du sieur Dedelot, établie à Bruyeres en Lorraine.

Elles doivent, ſuivant une déciſion du conſeil de décembre 1764, en entrant dans le royaume, vingt pour cent de la valeur.

Douane de Lyon ſur les tapiſſeries venant de l'intérieur.

A la douane de Lyon, les tapiſſeries avec ſoie, de Flandres ou de tout autre lieu du royaume, payent par quintal net, comme étoffes mêlées de ſoie. . . . . 15 l.

Celles de haute-liſſe des Gobelins, auſſi du quintal. . . . . 6 l. 1 ſ.

Celles de laine, neuves, ſuivant le tarif de 1632. . . . . 10 l.

Celles de laine hâchée de Bergame & de toile peinte, par uſage, comme mercerie, du quintal, ci. . . . . 2 l. 3 ſ. 4 d.

Celles de Feuilletin & d'Auvergne, de telle matiere qu'elles ſoient compoſées, lettre de la ferme-générale du 7 août 1783. . . . 4 l.

De cuir doré, ſuivant le tarif de 1632, avec l'augmentation de 10 ſ. . . . . 6 l. 10 ſ.

Celles vieilles acquittent à raiſon de cinq pour cent de la valeur, venant de l'étranger, & de deux & demi venant de l'intérieur.

Douane de Valence.

A la douane de Valence, les tapiſſeries de haute-liſſe ſont compriſes au premier article du tarif; celles de Bergame au 2e. & celles de laine au 3e. ; mais il faut obſerver les diſtinctions préſentées à l'article *tapis*.

TARGETTES, elles doivent être traitées comme quincaillerie de fer Obſervez ſeulement, que celles venant de l'étranger, ſont compriſes dans l'état annexé à la déciſion du conſeil du 21 octobre 1785, qui comprend les ouvrages de fer & d'acier dont l'entrée eſt défendue.

TARTRE (*Droguerie.*)

Il doit à l'entrée des cinq groſſes fermes, ſuivant une lettre de la ferme générale au directeur d'Amiens, du 30 décembre 1764, cinq pour cent de la valeur, comme omis au tarif de 1664.

A la ſortie des cinq groſſes fermes, le même droit.

TARTRE de vin, *voyez* Grai de tonneau.

TASSES de verre, cliſſées avec de l'oſier.

L'oſier dont ces taſſes ſont cliſſées, ne peut rien changer à leur nature de verre ; or les taſſes de verre ſans cliſſure venant de l'étranger, devant 20 liv. du quintal, avant l'arrêt du 17 juillet 1785, qui a prohibé les verres de toutes ſortes venant de l'étranger, celles cliſſées étoient aſſujetties au même droit : la ferme-générale l'avoit marqué au directeur de Lyon, le 19 mai précédent.

Suivant la même lettre, les taſſes de verre cliſſées doivent à la circulation le plus fort des droits dont l'oſier travaillé ou le verre ſont ſuſceptibles ; mais à la ſortie du royaume, elles n'acquittent que le droit d'un pour cent de la valeur, conformément à une décision du conseil, rendue le 20 mai 1763, du consentement de la ferme-générale.

TAURILLONS & TAUREAUX.

Ils doivent uniformément à toutes les entrées & sorties du royaume 6 s. de la piece, suivant l'arrêt du 17 avril 1763, qui les exempte de droits à la circulation.

TENAILLES, doivent être traitées comme quincailleries de fer, en observant que l'entrée de celles étrangeres a été déclarée prohibée par la décision du conseil du 21 octobre 1785.

TERCQ. Le tarif de 1664, l'impose au chapitre des drogueries à 15 s. par baril: le même tarif le range dans la classe des marchandises au chapitre des droits d'entrée, & ne l'impose qu'à 5 s. aussi par baril, quoiqu'il paroisse constant que c'est la même marchandise; ceci ne peut au reste faire naître de difficulté, cette droguerie n'étant pas connue.

TÉRÉBENTHINE (*Droguerie*); celle de Venise est une substance résineuse, liquide, limpide, gluante, tenace, plus grossiere que l'huile, plus coulante que le miel; elle est transparente comme le verre, de couleur jaunâtre, d'une odeur résineuse, pénétrante, & d'un goût un peu amer.

Celle de Chio est d'un blanc tirant sur le verd, presque sans goût ni odeur. Il y a aussi la térébenthine commune. Elle n'eſt pas tranſparente, elle eſt blanchâtre, preſque de la conſiſtance de l'huile, & d'un goût amer, qui cauſe des nauſées.

A l'entrée des cinq groſſes fermes, elle doit, par quintal net, au tarif de 1664; ſavoir,

Celle de Veniſe. . . . . . . 2 l. 10 ſ.

Celle autre que de Veniſe. . . . 10 ſ.

A la ſortie des cinq groſſes fermes, ſuivant l'arrêt du 17 août 1706, cinq pour cent de la valeur, comme omiſe au tarif de 1664, à moins qu'il ne ſoit juſtifié de l'acquittement du droit d'entrée.

A la douane de Lyon, elle paye par quintal net, ſuivant le tarif de 1632; ſavoir,

Celle fine. . . . . 1 l. 12 ſ. 6 d.

Celle commune. . . . . 15 ſ.

A la douane de Valence, où la térébenthine eſt compriſe au 2e. article du tarif, elles payent, du quintal net. . . . . 3 l. 11 ſ.

Cet article ne fait à la vérité mention que de la térébenthine de Veniſe. Mais le droit de douane de Valence n'étant pas proportionné aux valeurs, & l'arrêt du 26 août 1760, voulant que les marchandiſes non-compriſes au tarif ſoient aſſimilées à celles qui s'y trouvent dénommées, la térébenthine commune a plus d'aſſimilation à celle de Veniſe qu'à aucune autre droguerie; d'ailleurs en ne l'aſſimilant pas de cette maniere, elle ſeroit toujours, comme droguerie omiſe au tarif, ſujette au même droit de 3 l. 11 ſ. le quintal: lettre de la ferme générale au directeur de Lyon, du 30 décembre 1782.

TERRA MERITA ou CURCUMA, racine jaunâtre au-dessus & au-dedans, résineuse & difficile à casser ; elle est presque semblable en figure & en grosseur au gingembre.

A l'entrée des cinq grosses fermes, elle doit, au tarif de 1664, par quintal. . . . 2 l. 5 s.

Sortant des cinq grosses fermes, cinq pour cent de la valeur, comme omise au même tarif.

A la douane de Lyon, elle acquitte, de tel endroit qu'elle vienne, par quintal net, suivant le tarif de 1632, où elle est à l'article de la droguerie sous le nom de *courcomme*. . . . 1 l.

Comprise au 2e. article du tarif de douane de Valence, sous le nom de *terre mélite*, elle paye aussi par quintal net. . . . 3 l. 11 s.

TERRE BRUTE, destinée pour les verreries.

Elle est exempte de tous droits d'entrée du royaume & de circulation : arrêt contradictoire du 3 novembre 1778.

Celle destinée pour des manufactures de porcelaine & de faïence jouit de la même faveur, en conséquence d'une décision du conseil du 24 juillet 1781.

La terre brute propre pour la fabrication des pipes paroît dans le même cas, attendu qu'elle peut également être employée à la fabrication de la faïence.

TERRE CITRIN ou SIGILLÉE, qui entre dans la composition des médecines, & se tire du Levant & de l'Allemagne.

Entrant dans les cinq grosses fermes elle doit, au tarif de 1664, par quintal. . . . . 2 l.

Sortant des cinq grosses fermes, cinq pour cent de la valeur, comme omise au même tarif.

A la douane de Lyon, où elle est tarifée au chapitre des drogueries sous le nom de *terre sizelée*, elle acquitte par quintal net de tel endroit qu'elle vienne. . . . . . . 2 l. 10 s.

A la douane de Valence, comme droguerie, ci. . . . . 3 l. 11 s.

TERRE de houille.

Lorsqu'elle n'est propre qu'à l'engrais des terres, elle ne doit rien à l'entrée du royaume ni à la circulation.

TERRE à lever les tâches. *Voyez* Craie ou Marne.

TERRE des monnoies & affinages; elle est exempte des droits de sortie, suivant un ordre du conseil du 23 décembre 1743.

TERRE de moulard (*Droguerie*); terre ou sédiment formé de petites parties de fer & de pierre qui tombent au fond des auges des rémouleurs; on en use dans les teintures.

Elle paye les droits par baril qui est moitié d'une buye, barique ou poinçon; ces droits sont, suivant le tarif de 1664, à l'entrée des cinq grosses fermes, de . . . . 2 s.

A la sortie, sous le nom de *moulée pour teindre*, ci. . . . . 6 s.

A la douane de Lyon, suivant le tarif de 1632, de. . . . . 1 s.

A la douane de Valence, de . . . 5 s. 6 d.

TERRE D'OMBRE (*Droguerie*); espece de terre ou de pierre fort brune, venant du Levant, qui sert aux peintres & aux gantiers; l'une est couleur minime tirant sur le rouge, l'autre est seulement grise.

A l'entrée des cinq grosses fermes, elle doit, au tarif de 1664, par quintal net. . . 10 s.

Sortant des cinq grosses fermes, elle est exempte de droits, comme droguerie absolument étrangere.

A la douane de Lyon, elle doit, par quintal net, suivant l'ajouté au tarif; savoir,

Venant de l'étranger. . . . . 10 s.

Venant de l'intérieur, avec l'augmentation, ci. . . . . 10 s. 9 d.

A la douane de Valence, par assimilation au bol, aussi du quintal net. . . 1 l. 3 s. 8 d.

TERRES à pipe & faïence, de la manufacture de Saint-Clément dans les Trois-Evêchés, qui est une terre préparée.

Venant dans les cinq grosses fermes, elle doit, suivant la décision du conseil, du 18 mars 1775, par quintal. . . . . 3 l.

Ce droit n'étant pas uniforme, mais répréséntatif de celui du tarif de 1664, lorsque cette terre est destinée pour Lyon, elle ne doit que le quart du droit de 3 l. & la douane de Lyon; si elle passe ensuite dans l'étendue de la douane de Valence, elle en acquitte le droit; lettre de la ferme-générale au directeur de Lyon, du 7 septembre 1778.

Pour la douane de Lyon, elle est traitée comme terre d'ombre.

TERRE ROUGE, propre à la peinture.

Entrant dans les cinq grosses fermes, elle doit, au tarif de 1664, par quintal. . . . 3 s.

Sortant des cinq grosses fermes, comme omise au même tarif, cinq pour cent de la valeur.

A la douane de Lyon, par quintal, suivant l'ajouté au tarif; savoir,

Venant de l'étranger. . . . . . 10 s.

Venant de l'intérieur, avec l'augmentation, ci. . . . . 10 s. 9 d.

A la douane de Valence, elle paye, par quintal. . . . . 5 s. 6 d.

TÊTES de pipes, ou Cachimbots.

Les droits en sont dus comme sur les pipes entieres, d'après une décision du conseil du 18 juillet 1753.

THÉ (*Droguerie.*)

Venant de l'étranger, il doit, uniformément à son entrée par les bureaux ouverts aux drogueries, suivant l'arrêt du 6 août 1726, par livre pesant net. . . . . 10 s.

Il paye le même droit dans les autres bureaux, lorsqu'il y est présenté par des voyageurs, & en petite quantité pour leur consommation: la ferme-générale y a consenti par sa lettre du 22 août 1776.

Venant du commerce des François dans l'Inde, il n'acquitte, suivant l'arrêt du 8 juillet 1732, par quintal net, que. . . . . . . 6 l.

Ces thés vendus aux Anglois, jouissent du remboursement de ce droit, aux conditions prescrites par l'instruction annexée à la lettre de la ferme-générale au directeur de Caen, du 3 octobre 1765.

Le thé devoit les droits à la circulation, lorsqu'il n'étoit pas justifié de l'acquittement de ceux d'entrée ; mais la ferme-générale a consenti, par sa lettre du 17 mai 1784 au directeur de Lyon, à ce qu'il n'en payât aucun. .

Il est également exempt de droits en passant à l'étranger.

THÉRIAQUE (*Droguerie*) ; composition de diverses drogues choisies, réduites en opiat liquide par le moyen du miel.

Celle de Venise, entrant dans les cinq grosses fermes, doit, au tarif de 1664, par quintal net. . . . . 10 l.

Sortant des cinq grosses fermes, cinq pour cent de la valeur, à moins qu'il ne soit justifié de l'acquittement du droit d'entrée.

A la douane de Lyon, de tel endroit qu'elle vienne, suivant le tarif de 1632, par quintal net. . . . . 8 l. 10 s.

A celle de Valence, comme droguerie, ci. . . . . 3 l. 11 s.

THON, poisson.

Au tarif de 1664, il doit par quintal ; savoir,

A l'entrée des cinq grosses fermes. . . . 1 l.

Sortant des cinq grosses fermes. . . . 18 s.

Pour la douane de Lyon, comme marsouin; savoir,

Venant de l'étranger. . . . . . . 10 s.

Venant de l'intérieur, avec l'augmentation, ci. . . . . 10 s. 9 d.

A la douane de Valence, comme poisson, du quintal. . . . . 1 l. 9 d.

ABORD ET CONSOMMATION.

Indépendamment des droits de traites, le thon doit ceux d'abord & de consommation dans les cas prévus par l'ordonnance de 1681; ils sont par quintal, pour l'abord, de. . . . . . . 1 l.

Pour la consommation, de. . . . 1 l. 7 s.

TINCAL ou TINCAIL. *Voyez* Borax gras.

TIRE-BOUCHONS de cuivre, fer ou acier, avec leur meche d'acier, doivent les droits comme mercerie, en vertu de la décision du conseil du 21 janvier 1743. Observez seulement que celle du 21 octobre 1785, a déclaré qu'ils étoient compris dans la prohibition portée sur les ouvrages d'acier poli, venant de l'étranger, par l'article III de l'arrêt du 17 juillet 1785.

TIRE-LAINE, qui est moitié laine, lin & fil. Elle ne peut entrer dans le royaume que par Calais ou Saint-Valery, suivant l'arrêt du 3 juillet 1692; elle y paye d'après celui du 20 décembre 1687, trente pour cent de la valeur.

Venant des provinces réputées étrangeres dans les cinq grosses fermes, elle doit, au tarif de 1664, de la piece de onze à douze aunes, ci. . . . . 1 l. 10 s.

Passant des cinq grosses fermes aux provinces réputées étrangeres, cinq pour cent de la valeur, comme omise au même tarif, & il est d'usage de l'estimer 1 l. 4 s. l'aune : lettre de la ferme-générale au receveur de Colligny, du 6 septembre 1781.

Pour la douane de Lyon, elle doit par quintal, comme draperie petite; savoir,

Venant d'en-haut. . . . . . 2 l. 8 s. 9 d.

Venant d'en-bas. . . . . . 1 l. 12 s. 6 d.

A la douane de Valence, comme draps, ci. . . . . 2 l. 6 s. 8 d.

TISSUS de lin, nommés quelquefois *linon* : il s'en fabrique à Saint-Quentin & Valenciennes ; & quoiqu'ils soient en façon de gaze de fil ou marly, on doit, dès qu'ils sont revêtus des marques prescrites, les admettre aux mêmes exemptions que les toiles & mousselines : c'est le résultat de la décision du conseil, du 28 septembre 1785, citée ci-après au mot *toile*.

TOILES.

On les distinguera en toiles blanches de lin, chanvre & étoupes, en toiles de coton, & en toiles peintes ; on passera ensuite aux autres especes de toiles.

TOILES BLANCHES DE LIN, CHANVRE ET ÉTOUPES.

Bureaux d'entrée.

Les toiles à voile venant de Saint-Pétersbourg en Russie, peuvent être admises par tous les bureaux indistinctement : décisions du conseil des 16 décembre 1748 & 25 juillet 1749.

Celles de Hollande & de la Flandre étrangere, sont admises par les bureaux des pays conquis, soit qu'on les destine pour la Flandre Françoise, soit qu'elles le soient pour passer dans les cinq grosses fermes : arrêt du 24 mars 1744.

Celles venant de l'Alsace & des Trois-Evêchés, entrent par tous les bureaux frontieres de ces deux provinces : arrêt du 24 janvier 1773.

L'entrée de celles de Suisse est restreinte par le seul bureau de Longerai : édit de décembre 1781, article XIV ; & elles y sont expédiées par acquit à caution à la destination de Lyon.

Toutes les autres ne peuvent entrer que par Rouen ou Lyon : arrêt du 22 mars 1692.

Quotité du droit sur les toiles étrangeres.

Les toiles blanches de lin & chanvre, venant de l'étranger par Rouen & Lyon, acquittent en conséquence de l'arrêt du 22 mars 1692, par piece de 15 aunes ; savoir,

Celles de lin. . . . . 8 l.

Celles de Chanvre. . . . . 4 l.

Les toiles d'étoupes doivent être traitées à tous égards comme toiles de lin & de chanvre suivant l'espece : c'est le résultat d'une décision du conseil du 9 janvier 1757, relative à une perception de 4 liv. par piece de 15 aunes sur de la toile de chanvre à serpillieres, & qui avoit excité la réclamation des négocians de Rouen.

Celles de Suisse, de l'envoi d'un Suisse inscrit à la douane de Lyon, à un autre Suisse inscrit à la même douane, ne doivent aux termes de l'article X de l'édit de décembre 1781, que la moitié de ces droits, c'est-à-dire, 4 liv. pour chaque piece de toile de lin de 15 aunes, & 2 liv. par piece de toile de chanvre de même aunage : en payant ce droit à Lyon, elles recevroient les plomb & bulletin qui les dispenseroient de tout droit à la circulation ; mais jusqu'à présent, on n'en a acquitté aucunes.

Celles qui seroient envoyées de Suisse, même par un Suisse inscrit, devroient le droit en entier si l'envoi n'étoit pas fait à un autre Suisse également inscrit à la douane, & ces droits s'éleveroient à 8 ou 4 liv. par piece, suivant que les toiles seroient de lin ou de chanvre : même article X.

Celles de Hollande & de la Flandre étrangere, destinées pour la Flandre Françoise, acquittent par quintal, suivant l'arrêt du 24 mars 1744 ; savoir,

Les grosses toiles dont le prix n'est que de 1 liv. l'aune & au-dessous. . . . . 1 l. 5 s.

Celles dont la valeur excede 1 l. l'aune. 5 l.

Pour garantir la régie des fausses évaluations,

cet arrêt a autorisé les commis à retenir ces toiles sur le pied de l'estimation faite par les déclarations, en payant le montant de cette estimation avec le sixieme en sus.

Lorsqu'elles sont destinées pour les cinq grosses fermes, les voituriers après avoir déclaré cette destination dans les premiers bureaux du pays conquis, doivent prendre des acquits à caution pour l'un des bureaux d'Amiens, Péronne ou Saint-Quentin, les seuls par lesquels elles puissent entrer; & elles n'y payent que les droits du tarif de 1664, qui sont par piece de 15 aunes, de ci. . . . . 2 l.

C'est le résultat des décisions du conseil des 23 juillet 1713, 7 septembre 1715, 11 avril 1753 & 29 mai 1760; la derniere est relative aux toiles de lin de Hollande.

A défaut de ces formalités, les toiles de cette derniere espece sont dans le cas de supporter les droits de l'arrêt du 22 mars 1692.

Pour empêcher l'abus qui pourroit être fait de cette faveur, il a été défendu d'expédier dans les bureaux du pays conquis aucune toile de Hollande ou de la Flandre étrangere à la destination de Bordeaux ou de toute autre ville du royaume par mer : décisions du conseil des 5 septembre & 3 octobre 1743, & 16 novembre 1750.

Les toiles venant d'Alsace & des Trois-Evêchés, acquittent, suivant l'arrêt du 24 janvier 1773, le droit de 8 ou de 4 liv. par piece de quinze aunes, suivant qu'elles sont de toile de lin ou de chanvre.

Celles de la manufacture de Sainte-Marie-aux-Mines, en Alsace, avec la marque de fabrique, ont été seules exceptées de cette disposition par le même arrêt confirmatif d'une décision rendue au conseil le 29 mai 1756.

Aux termes de cet arrêt, ces toiles accompagnées du certificat de l'intendant de la province, justificatif qu'elles proviennent de ladite manufacture, ne doivent par piece de quinze aunes, que. . . . . 2 l.

Les toiles à faire voiles de navires, venant de Saint-Pétersbourg en Russie, acquittent en entrant dans les cinq grosses fermes, les droits du tarif de 1664, & les droits locaux si elles entrent par les provinces réputées étrangeres : décisions du conseil des 16 décembre 1748 & 25 juillet 1749. Le droit sur ces especes de toiles venant de l'étranger pour les cinq grosses fermes, est par quintal, de . . . . 3 l.

C'est le droit que payent celles venant dans les cinq grosses fermes par Dunkerque ; le certificat de la chambre du commerce de cette ville, dont les toiles pourroient être accompagnées, n'a d'autre effet que de les soustraire à la prohibition des toiles Angloises : c'est ce qui doit s'induire d'une lettre de la ferme-générale au directeur d'Amiens, du 19 novembre 1767.

Celles de Lorraine devant être traitées comme celles de l'étranger, il a été ordonné par arrêts des 15 mai 1738 & 19 juin 1745, que celles de toutes sortes, fabriquées dans les villages de Thuillin, Montureux, Valeroy-le-Sec & la Cense-de-Bouin, dépendants de Champagne, mais enclavés

enclavés en Lorraine, seroient marquées sur le métier par un commis préposé à cet effet, sinon, qu'elles seroient considérées comme étrangeres, lorsqu'elles seroient présentées dans les bureaux.

Le second état annexé à l'arrêt du 22 décembre 1750, concernant les marchandises provenant du commerce du Levant, comprend les toiles qui en font partie, & regle l'estimation sur laquelle chaque qualité de ces toiles, doit payer le droit de vingt pour cent, mais cette branche de commerce étant réservée exclusivement au port de Marseille, où ce droit est perceptible, on croit inutile d'entrer ici à cet égard dans de plus grands détails.

A la circulation & à la sortie du royaume.

Les toiles étrangeres après avoir acquitté les droits dont elles sont susceptibles, sont exemptes de tout autre jusqu'à la premiere destination ; cette destination consommée, elles sont soumises aux droits de circulation ; l'exemption accordée par l'arrêt du 28 novembre 1759, n'embrassant que les toiles revêtues de marque d'origine.

Si on vouloit en faire sortir du royaume, elles payeroient les droits de route & de sortie ; l'article premier de l'arrêt du 13 octobre 1743, ne portant d'exemption à cette destination qu'en faveur des toiles nationales.

Celles de Suisse ont été seules exceptées par l'édit de décembre 1781, article II : mais c'est à la charge qu'elles seront revêtues du plomb & bulletin ordonnés par ce réglement, & dont la forme a été réglée par l'arrêt du 25 mai 1782.

Les toiles de lin, chanvre & étoupes, quoique nationales, lorſqu'elles ſont dépourvues des marques de fabriques, ſont également ſujettes aux droits de route; l'article IV des lettres-patentes du 28 octobre 1759, qui leur accorde l'exemption de droits, ayant voulu que, pour en jouir, elles fuſſent revêtues des marques de fabrique, & ces diſpoſitions ayant été confirmées, pour la Flandre & le Hainaut, par un arrêt du 18 août 1764.

S'il eſt fait exception à cet égard en faveur des toiles de quelques manufactures, deſtinées pour l'étranger, on les expédie au premier bureau de l'enlevement ſous plomb & par acquit à caution pour en aſſurer la ſortie.

Celles-ci & celles des fabriques du royaume, revêtues des marques preſcrites, jouiſſent de l'exemption de tous droits à la deſtination de l'étranger, d'après l'article premier de l'arrêt du premier octobre 1743.

Elles ne payent également aucun droit à la circulation: article IV des lettres-patentes du 28 octobre 1759.

Cette exemption porte ſur les toiles cordats, celles à ſerpillieres, emballages, ou autres.

La ferme-générale, en étendant cette exemption aux toiles à voile, a donné ordre par ſa lettre du 13 novembre 1760 au directeur d'Angers, de faire jouir de la même faveur celles des manufactures d'Angers & de Beaufort.

Elle comprend également les toiles griſes fabriquées avec du fil écru : c'eſt le réſultat de la déciſion du conſeil du 24 février 1766.

La ferme - générale a auſſi conſenti par ſa lettre du 28 juillet 1760, à admettre à la même faveur les toiles blanches ſans marques, dont la quantité n'excede pas quatre à cinq aunes, quand il eſt juſtifié qu'elles ne ſont pas un objet de commerce.

Les toiles de la manufacture de Sainte-Marie-aux-Mines, quoiqu'en Alſace, jouiſſent auſſi de l'exemption de droits à la circulation, quand elles ſont revêtues des marques preſcrites : arrêt du 24 janvier 1773.

Il en eſt de même de celles des manufactures de Marſeille, lorſqu'elles ſont marquées à chaque piece du nom & ſurnom du fabricant, & plombées aux deux bouts, conformément à l'arrêt du 2 janvier 1734 : mais ſi elles ſont préſentées dans les bureaux comme provenant de ces manufactures, & qu'elles n'aient pas les marques preſcrites, elles ſont ſaiſiſſables ; lorſqu'elles ſont au contraire déclarées étrangeres, elles en doivent les droits & ſont ſujettes aux mêmes formalités.

Marque des toiles blanches.

Les marques à appoſer ſur les toiles en général pour leur aſſurer l'exemption, ſont, la premiere lettre du nom du fabricant, ſon ſurnom & le nom du lieu de ſa demeure en entier & ſans abréviation : cette empreinte doit ſe faire avec du noir de fumée, de l'ocre, ou quelque autre ingrédient apparent, & s'appliquer à la tête & à la queue de chaque piece.

Il y a aussi des marques particulieres à certains lieux : celles de Cambray sont, d'après une ordonnance du magistrat de cette ville du 4 mars 1762, les armes de la ville consistant en une aigle déployée, autour de laquelle est écrit *Cambray*.

Les toiles fabriquées à Valenciennes, portent également, suivant l'ordonnance de MM. les magistrats de cette ville, du 7 juillet 1762, les armes de la ville qui sont un Lyon grimpant entouré de ces mots : *Commerce de Valenciennes.*

Celles de Saint-Quentin sont revêtues, en conséquence d'une ordonnance de MM. du magistrat de cette ville, du 18 mars 1761, d'une empreinte portant un buste de saint Quentin avec ces mots : *Saint-Quentin.*

Celles de Comines ont un plomb où se trouve d'un côté, *Toiles de Comines*, de l'autre les armes de la ville.

A Armentieres, la marque consiste dans un écusson au milieu duquel est une fleur-de-lys, & autour le nom d'*Armentieres.*

DROITS DE CIRCULATION ET DE SORTIE SUR LES TOILES NON-MARQUÉES, OU MÉLANGÉES AVEC DES MARCHANDISES SUJETTES.

A l'entrée des cinq grosses fermes.

Les toiles non-marquées venant des provinces réputées étrangeres dans les cinq grosses fermes, ſont cenſées venues de l'étranger , & paſſer par un ſecond commerce dans l'intérieur des cinq groſſes fermes : en ce cas il n'y a aucune diſtinction à faire de leur qualité ; toutes, ſoit qu'elles ſoient de lin ou de chanvre & même d'étoupes groſſes, moyennes ou fines, doivent le droit de 2 liv. par piece de quinze aunes meſure de Paris, impoſé ſur les toiles de batiſte, &c. &c. par le tarif de 1664, & l'arrêt du 4 avril 1730 : c'eſt ce qui réſulte de la déciſion du conſeil, du 9 janvier 1757.

Les toiles, quoique revêtues des marques de fabrique, ne jouiſſent de l'exemption de droits à la circulation qu'autant qu'elles ne ſont pas mélangées avec des marchandiſes ſujettes ; en cas de mélange, elles ſont ſuſceptibles de les acquitter.

Alors elles payent en venant des provinces réputées étrangeres dans les cinq groſſes fermes, ſuivant le tarif de 1664 ; ſavoir,

Celles de batiſte ou façon d'Hollande, Cambray, Gand, & autres ſemblables, fines & ouvrées, écrues, jaunes, blanches & biſettes, tant fines & moyennes que groſſes, par piece de quinze aunes ou environ. . . . . 2 l.

Celles de chanvre, de lin & de gingas, comme toiles de batiſte.

Celles groſſes de Barrois, Clinchamp & autres lieux, par quintal. . . , ... 5 l.

Celles d'Olonne, & autres de ſemblable ſorte, à faire voiles, auſſi du quintal. . . . 3 l.

Celles de Bretagne, la piece de dix aunes, ci. . . . . 10 ſ.

Celles d'étoupes blanches, façon de Boulogne & d'Allemagne, par piece de vingt aunes. 15 ſ.

Celles faites ſimplement d'étoupes, le quintal, ci. . . . . 4 l.

Celles de ſerpillieres & d'emballages, comme celles d'étoupes.

Celles d'étoupes groſſieres ſervant à emballer des bois de teinture moulus, lorſqu'elles ſont dépourvues de marques, doivent cinq pour cent de la valeur comme omiſes au tarif : lettre de la ferme-générale au directeur d'Amiens, du 16 janvier 1777, à l'occaſion d'une partie de ces toiles venues de Lille.

A la ſortie des cinq groſſes fermes pour les provinces réputées étrangeres ou à l'étranger.

Les toiles revêtues des marques de fabriques nationales, ſont exemptes de droits à la ſortie des cinq groſſes fermes, ſoit pour les provinces réputées étrangeres, ſoit pour l'étranger : dans le premier cas, en conſéquence des lettres-patentes du 28 octobre 1759 ; dans l'autre, d'après l'article premier des arrêts & lettres-patentes des 13 & 15 octobre 1743. Mais cette faveur ceſſe quand elles ſont ſans marques, ou mêlées avec des marchandiſes ſujettes.

Elles doivent alors par quintal, ſuivant le tarif de 1664 ; ſavoir,

Les toiles de lin de toutes ſortes, 3 l. d'ancien droit, & 7 l. pour la traite domaniale ; au total, ci. . . . . 10 l.

Celles de chanvre & d'étoupes de lin, 1 l. 10 ſ. pour l'ancien droit, & 2 l. pour la traite domaniale; en tout. . . . . . . 3 l. 10 ſ.

Celles d'étoupes de chanvre de toutes ſortes, 1 l. d'ancien droit, & 1 l. 10 ſ. de domaniale, ce qui fait. . . . . 2 l. 10 ſ.

Les toiles à voiles, comme toiles de chanvre, par quintal. . . . . 3 l. 10 ſ.

Exportation des toiles blanches.

Les toiles revêtues des marques de fabrique nationale, expédiées pour l'étranger en exemption de droits, peuvent ſortir non-ſeulement par les bureaux déſignés pour l'exportation des étoffes, mais encore par tous les ports de Bretagne: l'arrêt du 10 octobre 1744, avoit reſtreint leur ſortie de cette province par les ſeuls bureaux de Saint-Malo, Morlaix, Breſt, Port-Louis & Nantes; mais la ferme-générale a conſenti, par une lettre du 6 ſeptembre 1773, à ce que cette ſortie s'effectuât par tous les ports de cette province.

Obſervez cependant que la ſortie à l'étranger des toiles crues & propres à être blanchies, eſt prohibée par arrêts des 2 ſeptembre 1679 & 5 décembre 1702.

Douane de Lyon ſur les toiles.

A la douane de Lyon, les toiles blanches de lin ou chanvre ſans marque, ou mélangées avec des marchandiſes ſujettes, doivent des droits quoiqu'elles viennent de l'intérieur.

Ils font pour celles de Hollande, de Hainaut, de Aast & de Courtray, par piece de quinze à seize aunes, suivant le tarif de 1632, de. 16 s.

Sur celles de Cambray, Batiste, Saint-Quentin & Beauvais, par piece de quinze aunes. . 15 s.

Sur celles fines de ménage, de Laval, Senlis, Troyes, Picardie, Paris, Rouen, Autun & Auxonne, aussi par piece de quinze aunes, de. . . . . 12 s. 6 d.

Les toiles ci-après payent par quintal; savoir,

Celles grossieres de ménage, de la Flandre Françoise. . . . . 4 l. 8 s.

Celles de marchand, de Rouen & du surplus de la Normandie, suivant le tarif de 1632, ci. . . . . 2 l. 14 s. 3 d.

Celles de Bourgogne, Champagne, Bretagne, Dauphiné & autres provinces, par conséquent de Paris, même tarif. . . . . 2 l. 3 s. 4 d.

Celles de Bresse & du Bugey, aussi d'après le tarif. . . . . 1 l. 12 s. 6 d.

Celles du Beaujolois. . . . . . . 19 s.

Celles du Lyonnois & du Forez. 17 s. 3 d.

Les toiles étoupieres, cordats & burats, payent aussi du quintal; savoir,

Celles du Lyonnois, Forez, Beaujolois & Dauphiné, tarifées sous le nom de *Toiles de Charlieu & Crémieu*. . . . . 8 s. 9 d.

Celles venant des autres provinces. 12 s. 6 d.

Celles d'emballages. . . . . . . 1 l. 5 s.

Celles à voiles. . . . . 2 l. 10 s.

Les toiles jaunes, safranées, de Cholet, acquittent de la piece de vingt aunes. . . . 5 s.

Celles de Laval blanchies à Troyes, Senlis,

Beauvais & ailleurs, la piece de dix-huit à vingt aunes, suivant le tarif de 1632. . . . 3 s.

Douane de Valence.

Les toiles dénommées au 4e. article du tarif de douane de Valence, doivent toutes par quintal en cas de mélange. . . . . 2 l. 1 s. 6 d.

TOILES GAZES.

L'article IV des arrêts & lettres-patentes du 28 octobre 1759, dans la vue de favoriser la fabrication des toiles, a exempté de tous droits de circulation celles de lin, de chanvre, & provenant des manufactures nationales & revêtues de marques. Cette exemption ne comprenoit pas expressément les toiles gazes; elle leur a été appliquée par une décision du 28 septembre 1785, conçue en ces termes:

« Conformément à l'avis des députés du com-
» merce, exempter de tous droits à la circula-
» tion les toiles gazes provenant des manufac-
» tures du royaume & revêtues de marques de
» fabriques. »

TOILES DE COTON BLANCHES.

Venant de l'étranger.

L'article premier de l'arrêt du 10 juillet 1785, défend l'introduction dans le royaume de toute espece de toiles de coton blanches ou écrues, fabriquées dans l'Inde ou chez l'étranger, autres que celles qui proviennent du commerce de la compagnie des Indes, ou des retours à l'Orient des vaiſſeaux des particuliers, jouiſſant de la permiſſion portée en l'article XII de l'arrêt du 14 avril 1785.

Il n'y a été dérogé juſqu'à préſent, qu'en faveur du commerce direct des François établi au Levant. Les négociants de Marſeille ayant adreſſé des repréſentations au conſeil ſur ce qu'ils ſe trouveroient privés de cette branche de commerce, il eſt intervenu le 3 ſeptembre 1785 une déciſion qui, par proviſion, permet l'entrée des toiles de coton blanches provenant de notre commerce au Levant, à la charge que leſdites toiles n'auront de plus grande largeur que cinq huitiemes d'aune.

Droits perceptibles ſur celles étrangeres.

Les toiles de coton venant du commerce de la compagnie des Indes, payeront par quintal, à l'Orient, ſuivant l'article III de l'arrêt du 19 juillet 1760. . . . . 25 l.

Celles du Levant, au bureau de Septemes, d'après la déciſion du conſeil du 3 ſeptembre 1785. . . . . 50 l.

Marques dont elles ſont ſuſceptibles.

Les toiles de coton du commerce de la compagnie des Indes doivent, ſuivant l'article VI des lettres-patentes de 1759, recevoir un plomb dont l'empreinte portera d'un côté le nom du bureau, de l'autre ces mots : *Toiles de coton blanches.*

Celles du Levant doivent être revêtues d'un plomb intitulé : *Toiles de coton blanches du commerce François au Levant.*

La marque à appliquer aux toiles de coton blanches nationales, consiste, suivant l'article premier de l'arrêt du 20 août 1758, dans l'apposition sur chaque piece, soit à l'aiguille ou sur le métier, du nom du fabricant & de celui du lieu de sa demeure, avec un fil de coton ou de lin.

Effet des marques des toiles de coton.

Les toiles de coton du commerce de la compagnie des Indes ou du Levant, qui sont revêtues des plombs des bureaux d'entrée, jouissent de l'exemption de droits à la circulation & à la sortie pour l'étranger : article VI des lettres-patentes du 28 octobre 1759.

Celles fabriquées en France & revêtues des marques prescrites, peuvent circuler dans le royaume en exemption de tous droits : article IV des mêmes lettres-patentes.

Suivant l'article V, elles sont dans le cas d'être transportées à l'étranger, aussi en exemption de droits.

Contravention à la police établie sur ces toiles.

Les toiles de coton trouvées sans les marques ou plombs dont il a été ci-devant parlé, sont dans le cas d'être confisquées avec amende de 500 liv. : article VII des lettres-patentes du 28 octobre 1759, & article V de l'arrêt du 3 juillet 1760.

Elles ne peuvent être entreposées dans les deux lieux de la frontiere du Barrois, Lorraine, Trois-Evêchés & Alsace, à peine de confiscation & de 500 liv. d'amende : arrêt du 22 juin 1768.

Il est également défendu de les entreposer dans les quatre lieues frontieres de l'étranger effectif : article II de l'arrêt du 13 août 1772.

Droits dus en cas de mélange.

L'exemption de droits accordée aux toiles de coton blanches à la circulation, cesse d'avoir son effet lorsque ces toiles sont mêlées parmi des marchandises sujettes : elles doivent alors, suivant le tarif de 1664 ; savoir,

Venant des provinces réputées étrangeres dans les cinq grosses fermes, par piece de dix aunes, ci. . . . . 10 s.

Passant des cinq grosses fermes aux provinces réputées étrangeres, ou à l'étranger, par quintal. . . . . 3 l.

A la douane de Lyon, elles payent, suivant l'ajouté au tarif, par piece de dix aunes. . 6 s.

A la douane de Valence, par assimilation au coton ou à la toile de coton, du quintal, ci . . . . 3 l. 2 s. 3 d.

TOILES DE COTON TEINTES.

D'après l'article II de l'arrêt du 10 juillet 1785, il ne peut en être introduit ni débité aucune dans le royaume sous aucun prétexte, si elle est de fabrique étrangere ; & on doit leur appliquer ce qui est dit des toiles peintes qui ont la même origine, ce réglement comprenant cumulativement les toiles peintes, teintes & imprimées.

Quant à celles des manufactures du royaume, il faut distinguer : toute toile de coton, ou mêlée de fil & coton teint avant la fabrication, telle que les siamoises & autres cotonades, doit jouir de la franchise à la circulation, conformément à l'arrêt du 14 mars 1766 : ce principe a été confirmé par une décision du conseil du 11 septembre 1781, qui porte que les étoffes fabriquées dans le royaume avec du fil & coton teint, doivent jouir de cette faveur.

Si la toile a été teinte, peinte ou imprimée après la fabrication, elle doit les droits : décision du conseil du 13 juin 1761.

Ces droits, excepté pour la douane de Lyon & celle de Valence, sont ceux de la mercerie.

TOILES PEINTES ET IMPRIMÉES.

Venant de l'étranger.

L'article II de l'arrêt du 10 juillet 1785, défend l'entrée dans le royaume, sans aucune réserve, des toiles peintes ou imprimées de fabrique étrangere : il porte qu'elles ne pourront y être introduites ni débitées, sous aucun prétexte ; & que celles desdites toiles peintes ou imprimées qui proviendront du commerce de la compagnie des Indes, seront entreposées à l'Orient, & n'y seront vendues qu'à la charge & condition de passer à l'étranger.

Il n'est fait d'exception par cet arrêt qu'en faveur du commerce de Guinée : l'article XI de ce réglement, porte que les toiles peintes ou imprimées, venant de l'étranger pour la destination du commerce de Guinée, continueront d'être permises, en se conformant pour ce qui les concerne aux dispositions des articles V des lettres-patentes du 5 septembre 1759, & de l'arrêt du conseil du 19 juillet 1760.

Il a été également dérogé à cet arrêt en faveur des toiles peintes fabriquées en Alsace, que cette prohibition devoit naturellement affecter, à raison de la libre communication de cette province avec l'étranger : un arrêt & une décision du conseil, rendus le 24 août 1785, ont permis jusqu'à nouvel ordre l'entrée des toiles peintes des manufactures de cette province, accompagnées des certificats des fabricants, par le bureau de Saint-Dizier où elles acquitteront le droit de 90 liv. du quintal.

Marques des toiles peintes.

Les toiles peintes d'Alsace, les seules qui puissent être introduites dans le royaume, doivent recevoir au bureau de Saint-Dizier, un plomb portant d'un côté ces mots : *Manufacture de toiles peintes d'Alsace*, & de l'autre, *Bureau de Saint-Dizier.*

Les marques des toiles peintes ou imprimées dans le royaume consistent, suivant l'article premier de l'arrêt du 3 juillet 1760, dans le nom du teinturier ou autre fabricant, le lieu de sa demeure, la date de l'année de la fabrication, avec ces mots, *Bon teint*, par rapport à celles qui seront totalement de bon teint, & ceux de *Petit teint*, par rapport à celles qui seront au petit teint, ou mélangées de bon & de petit teint.

Fausses marques ou faux plombs.

Les toiles peintes ou imprimées trouvées dans le royaume sans les marques de fabrique, ou sans les plombs apposés à l'entrée, sont saisissables avec amende de 500 liv. : article VII des lettres-patentes du 28 octobre 1759, & article V de l'arrêt du 3 juillet 1760.

Celles qui ont de fausses marques de fabrique sont dans le même cas, en conséquence de l'article IV de ce dernier arrêt.

Celles qui sont trouvées avec un faux plomb, doivent être confisquées avec 3000 liv. d'amende : article V du même arrêt.

Police de la frontiere.

Suivant l'arrêt du 22 juin 1768, les toiles peintes ou imprimées, ne pouvoient être entreposées dans les deux lieues de la Lorraine, du Barrois, des Trois-Evêchés & de l'Alsace, à peine de confiscation & de 500 liv. d'amende.

L'article II de l'arrêt du 13 août 1772, a défendu de les entreposer dans les quatre lieues frontieres de l'étranger.

Droits sur les toiles peintes à la circulation & à l'exportation.

Les toiles peintes d'Alsace, revêtues du plomb justificatif du payement du droit de 90 liv. par quintal, peuvent aller librement à l'étranger & circuler dans le royaume sans payer aucun droit : c'est le résultat de l'article VI des lettres-patentes du 28 octobre 1759, & du même article VI de l'arrêt du 19 juillet 1760.

Celles des fabriques de France, sont à la vérité exemptes de droits à la destination de l'étranger en vertu de l'article VI de l'arrêt de 1760; mais le même article les assujettit aux droits de circulation, quoiqu'elles soient revêtues des marques prescrites.

Il n'y a d'exception que pour celles de la manufacture royale de Sens : elles peuvent aux termes de l'arrêt du 13 mars 1781, parvenir en franchise de tous droits jusqu'à la premiere destination, pourvu qu'elles aient un plomb portant d'un côté les armes du roi, de l'autre celles de la ville de Sens : cette premiere destination consommée, ces toiles rentrent dans la classe générale & elles deviennent passibles des droits des tarifs par l'étendue desquels elles passent.

Quotité des droits de circulation.

Suivant l'article VI de l'arrêt du 19 juillet 1760, les droits dus sur les toiles peintes ou imprimées dans le royaume & revêtues des marques de de fabrique nationale, sont ceux de la mercerie: ainsi elles doivent par quintal; savoir,

Venant d'une province réputée étrangere dans les cinq grosses fermes. . . . . 4 l.

Passant des cinq grosses fermes aux provinces réputées étrangeres. . . . . 3 l.

A la douane de Lyon où elles sont d'ailleurs nommément comprises au tarif de 1632. 2 l. 3 s. 4 d.

A celle de Valence. . . . . 2 l. 1 s. 6 d.

Celles venant de la principauté d'Orange n'acquittent que sur le même pied, étant traitées comme nationales: c'est ce que la ferme-générale a fait connoître au directeur de Valence le 21 novembre 1764.

Celles en coupons sont saisissables lorsqu'elles sont sans plomb ou sans marque de fabrique; cependant la ferme-générale a consenti par ses lettres des 28 juillet & 4 septembre 1760, que lorsqu'il ne s'agiroit que d'un coupon qui seroit taillé pour faire une robe & qu'il seroit présenté de bonne foi dans un bureau, on lui fît acquitter le double des droits de la mercerie.

TOILES SUJETTES AUX DROITS.

TOILES CIRÉES non-peintes.

A l'entrée & à la sortie des cinq grosses fermes, elles payent, comme omises au tarif de 1664, cinq pour cent de la valeur.

TOILES CIRÉES peintes, teintes ou imprimées, à l'usage des tapisseries.

Comprises au tarif de 1664 dans la classe de la mercerie, sous la dénomination de *gros tapis*, *toiles peintes* & autres ſemblables, elles doivent être traitées comme mercerie, ſur-tout d'après les arrêts des 20 août 1756 & 14 octobre 1778, rendus contradictoirement avec le ſieur Godin & les marchands merciers de Paris : la ferme-générale l'avoit déjà marqué au directeur d'Amiens le 20 janvier 1752.

N'étant pas dénommées dans les arrêts & lettres-patentes de 1743, elles ne jouiſſent point de l'exemption de droits allant à l'étranger.

A la douane de Lyon, les toiles cirées acquittent, ſuivant l'ajouté au tarif, par quintal, ci. . . . . 2 l. 3 ſ. 4 d.

A la douane de Valence, comme mercerie, ci. . . . . 2 l. 1 ſ. 6 d.

TOILES à coiffes de chapeaux. *Voyez* Treillis.

TOILES de fil teint ou peint.

Soit que ce fil ſoit entiérement teint ou peint, ou que les toiles ſoient ſeulement rayées ou marquées de fil de couleur, elles ſont prohibées à toutes les entrées du royaume, à peine de confiſcation & de 3000 liv. d'amende : arrêts des 26 mars 1742 & 24 mars 1744, conformes aux déciſions du conſeil des 31 août & 11 ſeptembre 1741.

Cette défenſe ne devoit pas à la vérité comprendre les toiles teintes en piece, ainſi que le conſeil s'en étoit expliqué : mais l'article II de l'arrêt du 10 juillet 1785 a étendu à ces ſortes de toiles la prohibition portée ſur les autres ; il a ſeulement excepté les toiles bleues rayées, quadrillées ou teintes, venant de l'étranger pour la destination du commerce de Guinée; il a voulu qu'elles continuassent d'être permises, en se conformant, pour ce qui les concerne, aux dispositions des articles V des lettres-patentes du 5 septembre 1759, & de l'arrêt du conseil du 19 juillet 1760.

Par suite, celles de ces toiles trouvées dans le royaume sans être revêtues des marques de fabrique, apposées dans la forme prescrite par l'article premier de l'arrêt du 3 juillet 1760, sont dans le cas de saisie avec amende.

Mêlées de fil de lin ou de toile de coton teint, elles ne jouissent pas de l'exemption des droits à la circulation dans le royaume, quoiqu'elles y aient été fabriquées & qu'elles soient revêtues des marques prescrites; elles y acquittent ceux de la mercerie, suivant les décisions du conseil des 8 février & 29 juin 1761.

TOILES de fil & coton teint.

D'après les décisions du conseil des 14 juin 1760 & 8 février 1761, elles doivent être traitées comme toiles peintes.

TOILES GINGAS. On nomme ainsi des toiles à couleur qui se fabriquent dans plusieurs provinces du royaume, sur-tout dans la Flandre Françoise, & dont la principale destination est pour les colonies.

Celles de fabrique nationale ne doivent aucun droit à la circulation si elles sont faites de fil de lin & de coton, & si elles sont teintes & munies des marques de fabrique ; mais si elles sont tissues de pur fil teint, ou de chanvre sans mélange de coton, elles doivent être assimilées aux toiles de matelas & autres de même espece, & par conséquent assujetties au droit de la mercerie : lettre de la ferme-générale au directeur de Nantes, du 18 octobre 1781.

TOILES à matelas, rayées.

Elles doivent être traitées comme mercerie, suivant la décision du conseil du 8 février 1761, rappelée au directeur d'Amiens par lettre du 10 septembre 1774.

Celles à carreaux, fil & laine, également propres à faire matelas, payent, conformément à une lettre de la ferme-générale au directeur d'Amiens, du 6 mai 1776, écrite à l'occasion de celles de ces toiles venant de Lille, cinq pour cent de la valeur.

Toutes celles fabriquées dans le royaume & revêtues des marques d'origine, passent à l'étranger en exemption de droits.

TOILES DE NANKIN. *Voyez* Nankin.

TOILES d'or & d'argent fin.

Elles sont comprises au tarif de 1664 avec les draps de pareille qualité, & acquittent les mêmes droits.

TOILES DE PAILLE.

Venant des Isles, elles sont admissibles à l'entrée du royaume en payant à leur arrivée dans les cinq grosses fermes cinq pour cent de la valeur : décision du conseil du 29 juin 1759.

Elles doivent le même droit en venant d'une province réputée étrangere dans les cinq grosses fermes, & en passant des cinq grosses fermes dans une province réputée étrangere.

TOILES rayées, de soie.

Venant de l'étranger, elles ne peuvent entrer dans le royaume que par Calais & Saint-Valery, & doivent trente pour cent de la valeur.

Venant des provinces réputées étrangeres dans les cinq grosses fermes, elles payent, suivant le tarif de 1664, la piece de douze aunes. 2 l. 10 s.

Passant des cinq grosses fermes aux provinces réputées étrangeres & à l'étranger, *voyez* Draps de soies, & Etoffes de toutes sortes.

TOILES de soie.

Venant des provinces réputées étrangeres dans les cinq grosses fermes, elles doivent au tarif de 1664, par livre pesant net. . . . 9 l.

Voyez au surplus Draps de soie & Etoffes de toutes sortes ; en observant qu'à la douane de Valence les toiles de soie sont nommément comprises au premier article du tarif.

TOILES de soie & coton des Indes.

Elles sont prohibées par l'édit d'octobre 1726, & ne peuvent être admises dans le royaume, soit qu'elles soient peintes ou non : c'est ce qui a encore été jugé par décision du conseil, du

22 novembre 1766, rendue de l'avis de messieurs les députés du commerce.

TOILES à tamis. *Voyez* Rapatelle.

TOILES teintes à la réserve, doivent être traitées comme toiles peintes ; excepté pour la douane de Lyon, qu'elle payent, par quintal. . . . . 2 l. 14 f. 3 d.

Celles communes du Beaujolois, ne doivent, que . . . . 19 f.

TOILES tissues à jour. *Voyez* Tissus de lin.

TÔLE. *Voyez* Fer en tôle.

TONNINES. C'est le thon apprêté & mis en barils avec des baleines & autres poissons.

Au tarif de 1664, elles doivent par quintal à l'entrée des cinq grosses fermes. . . 1 l.

A la sortie des cinq grosses fermes. . 18 f.

A la douane de Lyon, comme marsouins, venant de l'étranger. . . . . 10 f.

Venant de l'intérieur, avec l'augmentation, ci. . . . . 10 f. 9 d.

A la douane de Valence, comme poisson, ci. . . . . 1 l. 9 d.

ABORD ET CONSOMMATION.

Indépendamment des droits de traites, les tonnines doivent encore, dans les cas prévus par l'ordonnance de 1681, ceux d'abord & de conſommation ; ils ſont par quintal pour l'abord, de. . . . . 1 l.

Pour la conſommation, de. . . . 1 l. 7 ſ.

TONTISSES ; eſpece d'étoffe faite avec de la tonture de drap ou de laine hachée, fixée par un mordant ſur un fond de toile ou de papier de couleur & en différents deſſins ; on nomme celles ſur toile, *tontiſſe*, & celles ſur papier, *papier tontiſſe*.

Le traitement de l'un & de l'autre étant le même, *voyez* Papier tontiſſe.

TONTURE de drap. *Voyez* Hachure de drap.

TORTUES, omiſes au tarif de 1664, elles doivent cinq pour cent de la valeur, à l'entrée & à la ſortie des cinq groſſes fermes.

Pour la douane de Lyon, elles payent au bureau de Septemes, par douzaine. . . 6 ſ.

A la douane de Valence, par aſſimilation à la chair de pâté, du quintal. . . . 1 l. 9 d.

TOURBES, mottes de terre ſervant au chauffage & fort communes en Picardie.

N'étant pas compriſes au tarif de 1664, elles doivent, ſuivant une lettre de la ferme-générale au directeur d'Amiens, du 29 août 1758, cinq pour cent de la valeur.

TOURNE-BROCHES de fer ou d'acier.

Ils ſont dénommés dans l'état des marchandiſes de fer ou d'acier, dont l'entrée dans le royaume est prohibée, par la décision du conseil du 21 octobre 1785.

A la circulation & à la sortie, ils doivent être traités comme quincaillerie, étant compris comme tels dans cet état.

TOURNESOL, plante qui croît dans le Languedoc, & qui préparée sert à la teinture. *Voyez* Orseille.

TOURS à filer.

Omis au tarif de 1664, ils doivent à l'entrée & à la sortie des cinq grosses fermes, cinq pour cent de la valeur.

A la douane de Lyon, cinq pour cent venant de l'étranger, & deux & demi venant de l'intérieur.

A celle de Valence, du quintal. 2 l. 1 f. 6 d.

TOURTES & TOURTEAUX; masses composées de certains grains, fruits ou matieres dont on a exprimé l'huile.

Ils doivent par quintal, suivant une décision du conseil du 12 mars 1782, confirmée par un arrêt du 4 avril suivant; savoir,

A l'entrée des cinq grosses fermes. . . 5 f.

Passant des cinq grosses fermes aux provinces réputées étrangeres. . . . . 3 f.

A l'étranger. . . . . 6 f.

A la douane de Lyon, ils payent de tel endroit qu'ils viennent, par quintal. . . 2 f.

A celle de Valence, de la charge de trois quintaux attendu leur peu de valeur. . 7 f. 3 d.

TONTENAGUE. *Voyez* Zinc.

TRAITS d'argent.

Traités comme argent & or filé, ils doivent à leur paſſage à l'étranger, 3 l. par marc pour droit uniforme.

TRANCHOIRS DE BOIS, eſpece de plats ou d'aſſietes de bois.

Au tarif de 1664, ils doivent, par groſſe compoſée de douze douzaines; ſavoir,

A l'entrée des cinq groſſes fermes. . . 2 ſ.

Sortant des cinq groſſes fermes. . . 8 d.

A la douane de Lyon, par quintal, comme bois travaillé; ſavoir,

Venant de l'étranger. . . . . 4 ſ.

Venant de l'intérieur. . . . . . . 2 ſ. 3 d.

A la douane de Valence, par aſſimilation aux cuillers de bois. . . . . 15 ſ. 8 d.

TRANCHOIRS à cordonnier. *Voyez* Couteaux à cordonnier.

TREILLIS noirs ou blancs, propres à faire des coiffes de chapeaux.

Ils ne peuvent entrer dans le royaume que par Saint-Dizier & Longerai, & ils y doivent, d'après la déciſion du conſeil du 4 mars 1783, par quintal. . . . . 12 l. 10 ſ.

Ils acquittent également les droits de la mercerie à la circulation.

Ils les devroient auſſi à la douane de Valence, quand même ils ne seroient pas nommément compris au 4e. article du tarif.

TRESSES ; espece de cordon plat, plus ou moins large, composé de plusieurs brins de fil d'or, d'argent, de soie, de fleuret ou d'autre matiere, entrelassés les uns dans les autres, en maniere de double natte.

Elles acquittent comme rubans, suivant les especes.

Celles de laine sont même comprises au tarif de 1664, cumulativement avec les cordons de même sorte.

Observez aussi que les tresses bigarrées nommées *boelducs*, de quelque pays étranger qu'elles viennent, doivent à toutes les entrées du royaume, suivant une décision du conseil du 2 avril 1783, par quintal. . . . . 10 l.

TRESSES d'or & d'argent fin ou faux, acquittent comme galons de même espece.

TRICOTS de laine, pour faire vestes & habits.

Ils ne peuvent entrer dans le royaume que par Calais & Saint-Valery, comme toutes les étoffes de laine ; ils y doivent, suivant l'arrêt du 25 octobre 1781, dix pour cent de la valeur.

Venant des provinces réputées étrangeres dans les cinq grosses fermes, & réversiblement, ils payent cinq pour cent de la valeur, comme omis au tarif de 1664.

A la douane de Lyon, deux & demi pour cent, étant omis au tarif de 1632.

A celle de Valence, comme draps, du quintal, ci. . . . . 2 l. 6 ſ. 8 d.

MARQUE D'ORIGINE.

Les tricots travaillés au métier, trouvés dans l'intérieur du royaume dépourvus de marques de fabrique nationale ou ſans le plomb qui juſtifie de leur acquittement au bureau d'entrée, ſont dans le cas de la ſaiſie avec amende ; mais lorſqu'ils ſont à l'aiguille, ils ne ſont point ſujets à cette formalité.

TRIPES ; ſorte d'étoffe veloutée dont le poil fait le côté de l'endroit : il en eſt de différentes eſpeces.

Celles de laine mêlées de ſoie, poil, fil ou autres matieres, ſont du nombre des étoffes qui étant omiſes dans l'arrêt du 20 décembre 1687, & venant des pays étrangers, doivent, trente pour cent de la valeur, ſuivant cet arrêt & celui du 3 juillet 1692 ; & l'entrée dans le royaume en eſt fixée par Calais & Saint-Valery.

Venant des provinces réputées étrangeres dans les cinq groſſes fermes, celles de fil & laine doivent, comme omiſes au tarif de 1664, cinq pour cent de la valeur.

Mais celles de même nature qui ſe fabriquent à Lannoy près Lille en Flandre, payent ſeulement, ſuivant la déciſion du conſeil du 25 juillet 1766, par piece de dix aunes comme pluches 10 ſ.

A la douane de Lyon, celles de velours [illegible]

tent, ſuivant le tarif de 1632, par piece de quinze aunes. . . . . 15 ſ.

Celles fil & laine, par piece. . . 7 ſ. 6 d.

A la douane de Valence, comme les étoffes, ſuivant la matiere dont elles ſont compoſées.

TRIPES de pure ſoie.

S'il en venoit de l'étranger ſous cette dénomination, elles ne pourroient entrer dans le royaume comme les autres étoffes de ſoie, que par Marſeille ou le Pont-de-Beauvoiſin, ſuivant l'arrêt du 18 mai 1720; elles y ſeroient expédiées pour Lyon, où elles acquitteroient les droits impoſés ſur les étoffes de ſoie de même ſorte.

Venant des provinces réputées étrangeres dans les cinq groſſes fermes, elles doivent, au tarif de 1664, par piece de dix aunes. . . . 6 l.

Paſſant des cinq groſſes fermes aux provinces réputées étrangeres, comme draps de ſoie.

A la douane de Lyon elles acquittent, venant de l'intérieur, comme pannes de ſoie de Tours, par livre peſant net. . . . . 9 ſ.

A la douane de Valence, du quintal net. 7 l. 2 ſ.

TRIPES de velours.

A l'entrée des cinq groſſes fermes, elles doivent, au tarif de 1664, la piece de dix aunes, ci. . . . . 3 l. 10 ſ.

Paſſant des cinq groſſes fermes aux provinces réputées étrangeres, d'après le même tarif, par quintal. . . . . 10 l.

Pour celles paſſant à l'étranger, *voyez* Etoffes de toutes ſortes.

A la doüane de Lyon, elles payent, ſuivant le tarif de 1632, par piece de dix à douze aunes, ci. . . . . 15 ſ.

TRIPOLI. Eſpece de crayon ou pierre tendre & blanche, tirant ſur le rouge, & qui ſert à polir les ouvrages des lapidaires, orfevres, miroitiers & ouvriers en cuivre.

Il acquitte à l'entrée & à la ſortie des cinq groſſes fermes, cinq pour cent de la valeur, comme omis au tarif de 1664.

A la douane de Lyon, il doit, par quintal net, ſuivant le tarif de 1632, où il eſt compris dans la claſſe des drogueries ; ſavoir,

Venant de l'étranger. . . . . . . 5 ſ.

Venant de l'intérieur, avec 3 d. d'augmentation. . . . . 2 ſ. 9 d.

TROMPES ou guimbardes.

Suivant la déciſion du conſeil, du 21 avril 1749, elles ſont traitées comme quincaillerie.

Obſervez ſeulement que celle du 21 octobre 1785, veut qu'elles ſoient prohibées lorſqu'elles viennent de l'étranger.

TROUPES. Les vieilles hardes, vieilles tentes, anciens fuſils, équippements & autres uſtenſiles qui ſont à leur uſage, ne payent aucun droit : c'eſt ce qui réſulte d'une lettre du miniſtre, du 6 avril 1762, approbative du conſentement précédemment donné par la ferme-générale à cette exemption.

TROUSSES de paille, tant de froment que d'autre.

A l'entrée des cinq grosses fermes, elle doivent, au tarif de 1664, par cent en nombre. . 3 s.

A la sortie des cinq grosses fermes, cinq pour cent de la valeur, comme omises au même tarif.

Pour la douane de Lyon & celle de Valence, *voyez* Paille.

TRUELLES; elles sont traitées comme quincaillerie: observez seulement que la décision du conseil du 21 octobre 1785, a déclaré qu'elles étoient comprises dans la prohibition portée sur les ouvrages de fer poli venant de l'étranger, par l'article III de l'arrêt du 17 juillet 1785.

TRUFFES noires.

Elles doivent à l'entrée & à la sortie des cinq grosses fermes, cinq pour cent de la valeur, comme omises au tarif de 1664.

A la douane de Lyon, elles acquittent par quintal, si elles sont seches & qu'elles viennent de l'étranger. . . . . 5 l.

Venant de l'intérieur. . . . . 2 l. 10 s.

Fraîches ou même marinées, venant de l'étranger. . . . . 10 s.

Venant de l'intérieur, à cause de l'augmentation. . . . . 10 s. 9 d.

Venant de l'intérieur, toutes ne payent aucun droit de douane de Lyon, quand elles sont à la destination de cette ville: article IV de l'arrêt du 2 octobre 1736.

A la douane de Valence, où elles ſont compriſes au 6e. article du tarif, elles acquittent, du quintal. . . . . 1 l. 9 d.

TRUITES, poiſſon.

Au tarif de 1664, elles doivent par cent en nombre, à l'entrée des cinq groſſes fermes, ci. . . . . 1 l. 5 ſ.

A la ſortie des cinq groſſes fermes. . 2 l.

Pour la douane de Lyon & celle de Valence, *voyez* Poiſſon.

CONSOMMATION.

Les truites de mer ſont ſujettes au droit de conſommation, à raiſon de 13 ſ. 5 d. la piece.

TUILES courbées ou plates.

A l'entrée & à la ſortie des cinq groſſes fermes, elles doivent, au tarif de 1664, par millier en nombre. . . . . 10 ſ.

A la douane de Lyon, de tel endroit qu'elles viennent, par uſage du millier en nombre, ci. . . . . 6 ſ. 6 d.

A la deſtination de Lyon, celles nationales ſont exemptes par un uſage contraire à tout principe.

Elles payent pour la douane de Valence, ſuivant la déciſion du conſeil du 28 ſeptembre 1764, par aſſimilation à la poterie de terre, de la charge de trois quintaux. . . 7 ſ. 3 d.

TURBITH (*Droguerie*); racine médicinale venant des grandes Indes.

A l'entrée des cinq grosses fermes, elle doit, au tarif de 1664, par quintal net . . 30 l.

Sortant des cinq grosses fermes, elle est exempte de droits comme droguerie étrangere.

Pour la douane de Lyon, de tel endroit qu'elle vienne, elle doit, au tarif de 1632, par quintal net. . . . . 7 l. 2 s. 6 d.

A la douane de Valence, comme droguerie, ci. . . . . 3 l. 11 s.

TURCOISE. Etoffe qui se fabrique en Flandres, & qui paye à Amiens pour les droits d'entrée des cinq grosses fermes, par quintal. . . . 4 l.

TUTIE (*Droguerie*), ou spode des Grecs; suie métallique formée en écailles voûtées, ou en gouttieres de plusieurs grandeurs & épaisseurs, dure, grise, chagrinée au-dessus & relevée de quantité de petits grains, gros comme des têtes d'épingles, qui se trouvent attachés à des rouleaux de terre suspendus exprès en-haut des fourneaux des fondeurs en bronze pour recevoir la vapeur du métal. Elle est bonne pour les maladies des yeux & les hémorrhoïdes, & vient d'Orléans & d'Alexandrie.

A l'entrée des cinq grosses fermes, elle doit, au tarif de 1664, par quintal net. . 3 l. 10 s.

Sortant des cinq grosses fermes, cinq pour cent de la valeur, s'il n'est justifié de l'acquittement des droits d'entrée.

Pour la douane de Lyon, elle doit, au tarif de 1632, par quintal net. . . 3 l. 2 s. 6 d.

A celle de Valence, comme droguerie. 3 l. 11 s.

V

V

VACHELIN ; petit fromage fabriqué dans les montagnes de Savoie. Traité comme les autres fromages, il ne payera jusqu'au 30 septembre 1786, que 1 liv. par quintal à l'entrée du royaume : décision du conseil du 5 novembre 1785.

VACHES. Elles doivent à toutes les entrées & à toutes les sorties du royaume 5 s. la piece, suivant l'arrêt du 17 avril 1763, qui les exempte de droits à la circulation.

VAISSELLE d'argent ou d'or. On comprend sous cette dénomination, les couverts d'argent & tout ce qui sert à l'usage de la table & de la cuisine, comme plats, assiettes, salieres & porte-huiliers. On étend cette dénomination aux flambeaux, chandeliers, aiguieres & réchauds, même aux salieres de cristal garnies en argent ; parce que si ces différents ouvrages sont quelquefois destinés au service intérieur des maisons, ils le sont aussi aux usages de la table.

Pour les droits de la vaisselle on en distinguera de trois especes ; celle au poinçon de France & armoiriée, celle au poinçon de France sans armoirie, & celle au poinçon étranger ou sans poinçon. Il sera également fait distinction de celle neuve d'avec celle qui est vieille.

VAISSELLE neuve au poinçon de France & armoiriée.

Revenant de l'étranger, elle est admise à l'entrée du royaume en exemption de tous droits : la ferme-générale a consenti à cette faveur, par lettre au directeur de Lyon, du 13 mai 1784.

Venant d'une province réputée étrangere dans les cinq grosses fermes, elle doit cinq pour cent de la valeur : mais la régie a arrêté le 17 février 1780, que cette valeur ne seroit portée qu'à 30 liv. le marc, & que le droit de cinq pour cent tiendroit lieu de tout autre jusqu'à la premiere destination ; il est même le seul exigible dans quelque province du royaume que se fasse l'enlevement & à telle destination que ce soit.

Elle n'en acquitte aucun, en allant des cinq grosses fermes dans une province réputée étrangere : l'arrêt du 11 décembre 1717, est formel à cet égard.

VAISSELLE neuve au poinçon de France non-armoiriée.

A son retour de l'étranger, elle ne paye à toutes les entrées, qu'un pour cent de la valeur sur l'estimation de 30 liv. le marc ; mais cette faveur consentie par lettre au directeur de Lyon, du 13 mai 1784, est subordonnée, comme pour les étoffes nationales revenant de l'étranger, à la condition que celui qui voudra faire revenir cette vaiſſelle en préviendra la ferme, qui donnera ordre au bureau où la vaiſſelle devra être préſentée, de l'admettre au droit uniqe & modératif. S'il néglige cette précaution, la vaiſſelle doit le droit d'entrée du royaume, & ceux de route.

Venant d'une province réputée étrangere dans les cinq groſſes fermes, elle acquitte à raiſon de cinq pour cent de la valeur : mais d'après l'arrêté du 17 février 1780, la vaiſſelle n'eſt évaluée que 30 liv. le marc, & ce droit tient lieu de tout autre juſqu'à la premiere deſtination.

Paſſant des cinq groſſes fermes dans une province réputée étrangere, elle eſt exempte de droits par l'arrêt du 11 décembre 1717.

VAISSELLE d'argent vieille.

Celle au poinçon de France & armoiriée, ne doit aucun droit en rentrant dans le royaume : lettre au directeur de Lyon, du 13 mai 1784.

Il en doit être de même d'après la déciſion du conſeil, du 14 décembre 1750, de celle au poinçon de France quoique ſans armoirie.

Elle peut également circuler dans le royaume en exemption de tous droits, en conſéquence de la même déciſion relative à l'entrée des cinq groſſes fermes, de l'arrêt du 11 décembre 1717 pour la ſortie deſdites cinq groſſes fermes, & de l'arrêté de la compagnie du 17 février 1780 pour tous les autres droits.

VAISSELLE au poinçon étranger, ou sans poinçon.

Qu'elle soit vieille ou neuve, elle doit à l'entrée des cinq grosses fermes, & en passant des cinq grosses fermes dans une province réputée étrangere, conformément à la décision du conseil du 7 février 1724, cinq pour cent de la valeur.

VAISSELLE à son exportation pour l'étranger.

La sortie de la vaisselle d'argent pour l'étranger, prohibée par l'article III du titre VIII de l'ordonnance de 1687, a été permise par l'article premier de l'arrêt du premier août 1733.

Ainsi, qu'elle soit armoiriée ou non, neuve ou vieille, au poinçon de France ou au poinçon étranger, elle doit en allant à l'étranger; savoir,

Par les cinq grosses fermes, suivant le tarif de 1664, du marc pesant net. . . . 1 l. 10 f.

Par le Dauphiné, du quintal net. . 7 l. 2 f.

Pour celle expédiée de Paris ou de Lyon, *voyez* ci-après.

Douane de Lyon.

Pour la douane de Lyon, la vaisselle d'argent au poinçon de France & armoiriée revenant de l'étranger ne doit aucun droit : lettre au directeur de Lyon, du 13 mai 1784.

Celle neuve au poinçon de France mais sans

armoirie, ne doit que le droit modératif d'un pour cent de la valeur.

Venant de l'intérieur, celle neuve au poinçon de France, même armoiriée, doit au tarif de 1632, par marc pesant net. . . . . . 1 l.

La vieille au même poinçon, ne doit aucun droit.

La vieille ou la neuve avec poinçon étranger ou sans poinçon, doit par marc, d'après le tarif. . . . . 1 l.

Celle neuve au poinçon de France, armoiriée ou non, destinée pour la ville de Lyon, ne paye aucun droit de douane, d'après l'article IV de l'arrêt du 2 octobre 1736.

Mais suivant l'article V, celle au poinçon de Paris ou à tout autre poinçon que de Lyon, qui passe de cette ville dans le Dauphiné, la Provence & le Languedoc, devroit à la sortie de Lyon si elle y étoit déclarée, les droits de sortie du tarif de 1664, & non la douane de Lyon. Ce dernier droit est dû seulement lorsque la vaisselle est expédiée directement des cinq grosses fermes pour le Dauphiné & autres provinces méridionales passant par Lyon, sans être entreposée ou commercée dans cette ville.

Douane de Valence.

La vaisselle d'argent au poinçon de France & armoiriée, revenant de l'étranger, ne doit aucun droit de douane de Valence.

Celle au poinçon de France sans armoiries, acquitte par assimilation au fil d'or ou d'argent le droit de 7 l. 2 ſ. du quintal net, qui eſt beaucoup moindre que celui d'un pour cent.

Celle au poinçon étranger ou ſans poinçon, ou qui ſort du Dauphiné pour l'étranger, paye le même droit.

VAISSELLE d'argent expédiée de Paris pour l'étranger.

Suivant l'article II de l'arrêt du premier août 1733, confirmé par déciſion du conſeil du 31 juillet 1771, la vaiſſelle d'argent fabriquée à Paris & deſtinée à paſſer à l'étranger par les cinq groſſes fermes, ne doit que le tiers du droit de ſortie du tarif de 1664, ce qui fait par marc net. . . . . 10 ſ.

Sortant par Marſeille ou pour Marſeille, elle ne paye que les mêmes droits qui ſeroient dû ſi elle alloit à l'étranger ſans ſortir des cinq groſſes fermes.

Pour jouir de cette modération, les colis contenant cette vaiſſelle, doivent aux termes de l'article IV, être portés au bureau de la douane, & après l'acquittement des droits de ſortie, être cordés, ficelés, plombés, peſés & expédiés par acquit à caution pour en aſſurer la ſortie.

Lorſque cette vaiſſelle eſt accompagnée de ces expéditions, elle ne paye point de droits de douane de Lyon & de Valence, ni de foraine: ſans ces expéditions, elle ne jouiroit pas de cette exemption quand même elle viendroit de Paris.

Expédiée de Paris pour les colonies Françoises.

La modération des droits accordée à la vaisselle d'argent expédiée de Paris pour l'étranger, a été étendue à celle expédiée de la même ville pour les colonies Françoises : arrêt du conseil du 24 mai 1765.

Expédiée de Lyon pour l'étranger.

La vaisselle d'or ou d'argent allant de Lyon à Marseille, devroit naturellement la douane de Valence & la foraine : mais l'article premier d'un arrêt du 26 août 1760, a disposé qu'elle ne payeroit hors les temps de foires qu'un droit de six pour cent de sa valeur, qui tiendroit lieu de tous les droits de route ; & l'article II a modéré ce droit à celui de deux pour cent en temps de foire.

Pour jouir de cette modération, cette vaisselle doit aux termes de l'article III, être présentée au bureau de la douane de Lyon, & déclarée par quantité, qualité & valeur.

La visite faite & le droit acquitté, les ballots sont plombés & expédiés par acquit à caution à destination de Marseille, où ladite vaisselle doit être portée au bureau du poids & casse, & l'acquit à caution déchargé par les commis dudit bureau.

VAISSELLE d'argent rompue, & hors d'état de servir.

Elle doit, suivant la décision du conseil du 4 août 1746, être traitée comme argent en masse ou lingots ; elle est par conséquent exempte de droits.

VAISSELLE d'étain.

Elle doit être traitée comme étain ouvré ; j'observerai seulement, que suivant l'arrêt du 25 juin 1715, celle qui porte les armes des ecclésiastiques, gentilshommes & autres particuliers non-marchands en gros ni en détail de la province de Bretagne, est exempte de droits en allant des cinq grosses fermes dans ladite province.

VAISSELLE de faïence. *Voyez* Faïence.

VAISSELLE de terre.

A l'entrée des cinq grosses fermes, elle doit, comme pots & plats de terre, par douzaine, ci. . . . . 2 s.

Sortant des cinq grosses fermes, suivant la décision du conseil du 24 septembre 1750, relative à la vaisselle de terre de la manufacture établie au fauboug Saint-Antoine à Paris, aussi par douzaine. . . . . 8 d.

Pour la douane de Lyon, elle paye, suivant l'arrêt du 30 janvier 1778, par quintal. 2 s. 3 d.

A la douane de Valence, comme terraille commune, par charge de trois quintaux. 7 s. 3 d.

VANILLE (*Droguerie*) : graine ou semence d'une odeur agréable qui, avec la gousse qui la contient, eſt le principal ingrédient dont on ſe ſert pour donner du goût & de la force au chocolat, & ſert à parfumer le tabac. Les meilleures gouſſes ſont celles dont la graine eſt noire & luiſante.

A l'entrée des cinq groſſes fermes, elle doit, comme omiſe au tarif de 1664, cinq pour cent de la valeur.

Elle eſt exempte de droits à la ſortie des cinq groſſes fermes, attendu qu'elle eſt droguerie étrangere.

Omiſe au tarif de 1632, elle doit la douane de Lyon, à raiſon de cinq pour cent de la valeur lorſqu'elle vient de l'étranger, & de deux & demi venant de l'intérieur; & cette valeur a été fixée par une lettre de la ferme-générale au directeur de Lyon, du 21 février 1724, à cinquante francs par livre peſant.

A la douane de Valence, elle paye du quintal net, comme droguerie. . . . . 3 l. 11 ſ.

Droit additionnel.

Indépendamment du droit exigible à l'entrée du royaume ſur la vanille, ſuivant la province par laquelle elle eſt introduite, elle a encore à payer d'après l'arrêt du 12 mai 1693, un droit additionel qui eſt par livre peſant net, de. 3 l.

Ce droit eſt exigible au net, d'après une lettre du miniſtre des finances, du 24 juillet 1708: elle porte que s'il avoit été fait mention de la vanille au tarif de 1664, elle auroit été miſe au rang de la droguerie, étant une drogue qui entre dans la composition du chocolat, & qui mêlée à d'autres drogues sert encore à diverses autres compositions ; elle veut en conséquence qu'elle soit traitée comme droguerie.

VANS à vanner.

Au tarif de 1664, ils doivent par douzaine ; savoir, entrant dans les cinq grosses fermes. 6 s.

Sortant des cinq grosses fermes. . . . 12 s.

A la douane de Lyon, suivant l'ajouté au tarif, par douzaine. . . . . 1 s.

A la douane de Valence, par assimilation au bois à faire boîtes de sapin, du quintal. 15 s. 8 d.

VEAUX. Ils doivent uniformément à toutes les entrées & à toutes les sorties du royaume, 1 s. 6 d. de la piece, suivant l'arrêt du 17 avril 1763, qui les exempte de droits à la circulation.

VELOURS ; étoffe couverte à l'endroit d'un poil épais, court, serré & très-doux, dont l'envers est une espece de tissu extrêmement fort & pressé. Il y a des velours de coton, des velours de gueux, & des velours de soie.

Avant de traiter séparément de chaque espece, j'observerai que tous ceux fabriqués dans le royaume peuvent aller à l'étranger en exemption de droits, en remplissant les formalités prescrites par les arrêts de 1743.

VELOURS de coton.

Venant de l'étranger, il ne peut aux termes de l'arrêt du 2 mai 1773, entrer dans le royaume que par Calais & Saint-Valery : il y doit trente pour cent de la valeur sur l'estimation de 770 liv. du quintal, ce qui fait par cent pesant. 230 l.

Ceux des fabriques du royaume, jouissent de l'exemption des droits à la circulation, comme étoffes de coton ou mêlées de fil & coton, en conséquence de l'arrêt du 14 mars 1766.

Cette faveur étant subordonnée à la condition qu'ils ne seront pas mêlés avec des marchandises sujettes, ils doivent en cas de mélange; savoir, en passant des cinq grosses fermes aux provinces réputées étrangeres, suivant les décisions du conseil des 27 février 1725 & 27 février 1753, du quintal. . . . . 10 l.

A la douane de Lyon, suivant une lettre de la ferme-générale du 18 août 1755, par piece de dix aunes. . . . . 15 s.

A celle de Valence, comme coton ou toiles de coton bleue, du quintal. . . . 3 l. 2 s. 3 d.

Marques des velours de coton.

Ces velours devant être revêtus des marques de fabrique s'ils sont originaires du royaume, ou des plombs du bureau de Calais ou Saint-Valery, lorsqu'ils sont venus de l'étranger, ceux trouvés dans le royaume sans plomb de ces bureaux ou sans marque de fabrique nationale, sont dans le cas de la confiscation avec amende de 3000 liv. conformément à l'arrêt du 2 mai 1773.

VELOURS de gueux : on nomme ainsi des étoffes fabriquées de fil & coton teints.

Venant de l'étranger, ils ſont prohibés à toutes les entrées du royaume, par l'arrêt du 22 novembre 1689, & la déciſion du conſeil du 25 décembre 1739.

Afin de diſtinguer ceux fabriqués à Héricourt en Franche-Comté, frontiere de l'Alſace, de ceux de l'étranger qui ſont prohibés, un arrêt du 7 octobre 1741, a ordonné que ces premiers fuſſent marqués aux deux bouts d'un plomb apposé au ſortir du métier, où d'un côté ſera marqué le nom du lieu de la fabrique, de l'autre celui du fabricant.

Venant des provinces réputées étrangeres dans les cinq groſſes fermes, & réverſiblement, ils doivent comme omis au tarif de 1664, cinq pour cent de la valeur, lorſqu'ils ſont teints après la fabrication ou qu'ils ſont mêlés avec des marchandiſes ſujettes, autrement ils ſont exempts de droits, en vertu de l'arrêt du 14 mars 1766.

Ceux des fabriques du Beaujolois ſont réputés toilerie, d'après la déciſion du conſeil du 29 avril 1754: ils ſeroient conſéquemment exempts de droits à la circulation, lors même que l'arrêt de 1766 ne les auroit pas affranchis.

A la douane de Lyon, les velours de gueux mélangés avec des marchandiſes ſujettes, ou teints après la fabrication, doivent en venant d'ailleurs que du Beaujolois, comme toiles de Rouen, par quintal. . . . . 2 l. 14 ſ.

Ceux du Beaujolois étant réputés toileries, & n'étant pas teints après la fabrication, payent ſeulement par quintal en cas de mélange, comme toiles du même pays. . . . . 19 ſ.

A la douane de Valence, ils acquittent, comme toile de coton bleue, du quintal. 3 l. 2 ſ. 3 d.

Velours de pure ſoie ou en dorure.

Ils ne peuvent comme les draps de ſoie & ceux d'or ou d'argent, entrer dans le royaume que par Marſeille & le Pont-de-Beauvoiſin pour être conduits à Lyon : ils y doivent par livre peſant net, indépendamment du droit de 1 l. 10 ſ. auſſi par livre impoſé par l'article premier de l'arrêt du 15 mai 1760 ; ſavoir, ceux unis, couleur cramoiſi, pourpre & ponceau, venant de Gênes, 2 l. 10 ſ. de premier droit, ſuivant le tarif de 1632, 8 ſ. de mandement, & 1 l. 18 ſ. 8 d. pour l'augmentation de 1722, au total. . . . . 4 l. 16 ſ. 8 d.

Venant de tout autre pays étranger, d'ancien droit 2 l. 10 ſ., d'augmentation 1 l. 13 ſ. 4 d., ce qui fait. . . . . 4 l. 3 ſ. 4 d.

Le velours uni, ceriſe, roſe, incarnat, venant de Gênes, paye 2 l. 5 ſ. de premier droit, 8 ſ. pour mandement, & 1 l. 15 ſ. 4 d. d'augmentation ; au total. . . . . . . 4 l. 8 ſ. 4 d.

Des autres pays étrangers, 2 l. 5 ſ. d'ancien droit, & 1 l. 10 ſ. d'augmentation ; en tout, ci. . . . . 3 l. 15 ſ.

Le velours uni de couleur ordinaire, venant de Gênes, paye, ſuivant le tarif de 1632, d'ancien droit 1 l. 10 ſ., de mandement 9 ſ. 9 d., & d'augmentation 1 l. 6 ſ. 6 d. ; ce qui fait, ci. . . . . 3 l. 6 d. 3 d.

Des autres pays étrangers, d'ancien droit

1 l. 16 s. suivant le tarif de 1632, & d'augmentation 1 l. 4 s.; au total. . . . . 3 l.

VELOURS de soie à ramage ou ciselé.

Celui cramoisi, pourpre & ponceau, paye venant de Gênes 2 l. 10 s. d'ancien droit, suivant le tarif de 1632, & 8 s. de mandement; au total. . . . . 2 l. 18 s.

Vevant des autres pays étrangers, d'après le même tarif. . . . . 2 l. 10 s.

Violet, cerise, rose, incarnat, venant de Gênes, de premier droit 2 l. 5 s., de mandement 8 s.; en total. . . . . 2 l. 13 s.

Des autres pays étrangers. . . . . 2 l. 5 s.

Couleur ordinaire, venant de Gênes, de premier droit 1 l. 16 s., de mandement 3 s. 9 d.; total. . . . . 1 l. 19 s. 9 d.

Des autres pays étrangers. . . . 1 l. 16 s.

Venant des provinces réputées étrangeres dans les cinq grosses fermes, & passant des cinq grosses fermes aux provinces réputées étrangeres ou à l'étranger, ils sont traités comme draps d'or & d'argent fin avec lesquels ils sont compris au tarif de 1664.

A la douane de Lyon, ceux venant de l'intérieur, doivent de la livre pesant net; savoir,

Ceux en couleur fine, au tarif de 1632. 15 s.

Ceux en couleur ordinaire, d'après l'arrêt du premier mai 1755. . . . . 12 s.

Venant d'Avignon, ils payent avec l'augmentation de moitié, de l'arrêt du 21 juin 1757, aussi par livre pesant net; savoir,

Ceux en couleur fine. . . . . 1 l. 2 ſ. 6 d.
Ceux couleur ordinaire. . . . . . 18 ſ.

VELOURS en dorure.

Ils payent par livre peſant net ; ſavoir, ceux ſans ramage venant de Gênes, 2 l. 15 ſ. d'ancien droit, 18 ſ. de mandement, & 2 l. 8 ſ. 8 d. d'augmentation ; au total. . . . 6 l. 1 ſ. 8 d.

Venant des autres pays étrangers, 2 l. 15 ſ. d'ancien droit, & 1 l. 16 ſ. 8 d. d'augmentation ; en tout. . . . . 4 l. 11 ſ. 8 d.

Ceux en dorure à ramage, venant de Gênes, ci. . . . . 3 l. 13 ſ.

Des autres pays étrangers. . . . 2 l. 15 ſ.

Tout velours en dorure de France à ramage ou ſans ramage, paye. . . . . . 1 l. 10 ſ.

Venant d'Avignon à cauſe de l'augmentation de moitié. . . . . 2 l. 5 ſ.

La douane de Valence eſt par quintal net, ſur tous les velours de ſoie en dorure ou ſans dorure ; ſavoir, lorſqu'ils viennent de l'étranger à cauſe de l'augmentation de l'arrêt de 1722, ci. . . . . 11 l. 16 ſ. 8 d.

Venant d'Avignon, de. . . . . 10 l. 13 ſ.

De France, de. . . . . . . 7 l. 2 ſ.

On finira par obſerver que lorſque du velours a deux faces, & que le côté de l'une eſt de couleur fine, l'autre de couleur ordinaire, il doit les droits comme couleur fine : c'eſt le réſultat d'une déciſion du conſeil, du premier novembre 1729.

Du velour venant par Marſeille, a à payer, indépendamment des droits de douane de Lyon

& de Valence, celui de table de mer, qui est par livre pesant net pour ceux en dorure, de. ci. . . . . 2 s. 5 d.

A l'entrée & à la sortie des cinq grosses fermes, ils sont traités comme draps d'or & d'argent fins avec lesquels ils sont compris au tarif de 1664.

VELOURS soie & coton de la manufacture de M. Perret, transférée à Neuville.

Suivant un arrêt & des lettres-patentes, du 20 août 1782, ils sont exempts de droits à la premiere destination, à condition que les caisses qui les contiendront seront plombées, & que toute piece sera revêtue à chaque bout d'une marque imprimée portant ces mots : *Manufacture royale de Neuville en Franc-Lyonnois*, & d'un plomb portant d'un côté les armes du roi, & de l'autre ces mots : *Manufacture royale de Neuville-l'Archevêque, de François Perret.*

VELOURS d'Utrecht.

Ils doivent être traités comme tripes de velours, d'après une lettre de la ferme-générale au directeur de Lille, du 25 juin 1770.

Ceux des manufactures de Sens, jouissent des mêmes faveurs que les velours de coton : arrêt du 10 juin 1759.

VENDANGES. Suivant les arrêts des premier décembre 1722, 22 décembre 1725, 15 janvier & 5 février 1726, elles doivent les droits à raison de trois tonneaux de vendange pour deux tonneaux de vin : ce qui fait par tonneaux de vendange danges dont le vin eſt impoſé à l'entrée des cinq groſſes fermes, à 5 liv. par tonneau. 3 l. 6 ſ 8 d.

Paſſant des cinq groſſes fermes aux provinces réputées étrangeres & à l'étranger, elles acquittent, à proportion des droits réglés pour les vins, auſſi ſur le pied de trois tonneaux de vendange pour deux de vin : arrêt du premier décembre 1722.

A la douane de Lyon, elles doivent, dans la proportion réglée par l'arrêt de 1722, pour trois ânées. . . . . 10 ſ.

A la douane de Valence, la vendange doit par benne. . . . . 1 ſ.

Subvention.

Indépendamment des droits de traites perceptibles ſur les vendanges, elles acquittent la ſubvention par doublement dans les cas exprimés ſous ce mot : elle s'éleve par tonneau, ſuivant l'article IV du titre de ce droit de l'ordonnance de 1680, à. . . . . 3 l. 12 ſ.

Jauge & courtage.

Les vendanges doivent auſſi le droit de jauge & courtage, à raiſon de trois muids pour deux de vin, ou de trois ânées pour deux.

VERD diſtillé (*Droguerie*). Verd de gris criſtalliſé, autrement nommé *criſtal de verdet* : il eſt clair, tranſparent & à-peu-près comme le ſucre candi ; il en vient de Hollande & on en fait en France ; il a une main-d'œuvre de plus que le verdet ou le verd-de-gris, en ce qu'il est mis en espece de cristallisation comme le vitriol.

Entrant dans les cinq grosses fermes, il doit, au tarif de 1664, par quintal net. 12 l. 10 s.

Sortant des cinq grosses fermes, cinq pour cent de la valeur comme omis au tarif, à moins qu'il ne soit justifié de l'acquittement du droit d'entrée.

Comme il entre dans la composition des remedes, & qu'il est d'un prix supérieur au verd-de-gris nommément tarifé, il doit à la douane de Lyon, suivant une lettre de la ferme-générale au directeur de cette ville du 20 mars 1752, de tel endroit qu'il vienne, comme droguerie, omise au tarif, par quintal net. . 5 l. 2 s. 6 d.

A la douane de Valence, il acquitte comme verdet. . . . . 3 l. 11 s.

VERDET distillé & cristallisé, fabriqué en Dauphiné.

Fabrique privilégiée.

Celui de la manufacture des sieurs Lamorliere & Bernard, établie à Grenoble, ne devoit suivant un arrêt du 15 juin 1755, prorogé par décision du conseil du 8 juillet 1773, que 3 l. 10 s. par quintal à la premiere destination soit pour l'étranger ou pour telle province du royaume que ce fût : un arrêt du 23 mars 1784, a étendu la même faveur, pendant le terme de six années, à tout verdet distillé & cristallisé fabriqué dans la province du Dauphiné.

Un autre arrêt du 12 juin 1785, en laissant subsister ce droit unique sur cette espece de verdet lorſqu'il ſera conſommé dans le royaume, a voulu que, juſqu'à ce qu'il en fût autrement ordonné, il ne payât lorſqu'il feroit exporté pour l'étranger, pour tous droits de traite depuis le lieu de l'enlevement juſqu'à la ſortie du royaume, que 1 l. par quintal.

Cette faveur étant ſubordonnée par ledit arrêt, à la condition que ce verdet ſera accompagné d'un certificat des fabricants, viſé par le directeur des fermes à Grenoble, le défaut de ce certificat viſé dans la forme voulue, rend ce verdet paſſible des droits ordinaires à la ſortie du royaume.

VERDET gris ou verd (*Droguerie*), eſt une rouille, de cuivre de couleur verte; il eſt en poudre ou en pain, & vient dans des ſacs de peaux ou en tonneaux.

A l'entrée des cinq groſſes fermes, il doit, au tarif de 1664, par quintal net. . 2 l. 10 ſ.

Sortant des cinq groſſes fermes, d'après le même tarif, où il eſt compris à la ſortie quoique étant dans la claſſe de la droguerie à l'entrée, par quintal brut. . . . . 2 l. 10 ſ.

Pour la douane de Lyon, il paye, ſuivant le tarif de 1632, par quintal net; ſavoir,

Venant de l'étranger. . . . . . 8 ſ. 4 d.

Venant de l'intérieur, avec l'augmentation de 1725. . . . . 9 ſ. 9 d.

A la douane de Valence, où il eſt compris au 2e. article du tarif. . . . . . . 3 l. 11 ſ.

VERD de montagne ou Hongrie (*Droguerie*); eſpece de poudre verdâtre en petits grains comme du ſable: il ſert aux peintres.

A l'entrée des cinq grosses fermes, il doit, au tarif de 1664, par quintal net. . . 4 l.

Sortant des cinq grosses fermes, cinq pour cent de la valeur s'il ne justifie de l'acquittement des droits d'entrée.

A la douane de Lyon, il est assimilé au verd de vessie; il paye en conséquence par quintal net, de tel endroit qu'il vienne. 1 l. 1 s. 6 d.

A la douane de Valence, il acquitte par assimilation au verdet. . . . . 3 l. 11 s.

VERD de vessie ou de lierre (*Droguerie*). On le nomme ainsi, parce qu'on le conserve dans des vessies; il sert à la peinture.

A l'entrée des cinq grosses fermes, il doit, au tarif de 1664, par quintal net. . . 3 l.

Sortant des cinq grosses fermes, cinq pour cent de la valeur, s'il ne justifie de l'acquittement des droits d'entrée.

A la douane de Lyon, suivant le tarif de 1632, de tel endroit qu'il vienne, par quintal net, ci. . . . . 1 l. 1 s. 6 d.

Pour la douane de Valence, comme droguerie, ci . . . . 3 l. 11 s.

VERGES OU VERGETTES à étendre, *voyez* Brosses.

VERJUS.

Au tarif de 1664, il doit par tonneau; savoir,

A l'entrée des cinq grosses fermes. . . 5 l.

A la sortie des cinq grosses fermes. 1 l. 4 s.

A la douane de Lyon, comme omis au tarif,

cinq pour cent de la valeur venant de l'étranger, & deux & demi venant de l'intérieur.

A la douane de Valence, par assimilation au vin, de l'ânée. . . . . 12 s.

VERMICELLI; espece de pâte faite en Italie de farine de riz: elle a la ressemblance de petits vers blanchâtres.

A l'entrée & à la sortie des cinq grosses fermes, il paye cinq pour cent de la valeur, comme omis au tarif de 1664.

Pour la douane de Lyon, il doit par quintal, au tarif de 1632; savoir,

Venant de l'étranger. . . . . . . 6 s.

Venant de l'intérieur, à cause de l'augmentation de 1725. . . . . 6 s. 6 d.

A la douane de Valence, aussi du quintal, comme viande de pâte. . . . . 1 l. 9 d.

VERMILLON OU CINABRE, de couleur rougeâtre, très-vive & très-belle.

A l'entrée des cinq grosses fermes, il doit, au tarif de 1664, par quintal. . . . 5 l.

Sortant des cinq grosses fermes, cinq pour cent de la valeur, comme omis au même tarif.

Pour la douane de Lyon, il paye, de tel endroit qu'il vienne, suivant le tarif de 1632, où il est compris dans la classe des drogueries, par quintal net. . . . . . . 2 l. 11 s. 6 d.

A la douane de Valence, par assimilation à la terre d'ombre. . . . . . . 3 l. 11 s.

VERNIS; liqueur oléagineuse, luisante & visqueuse.

Venant de l'étranger, il acquitte à toutes les entrées du royaume, ſuivant les arrêts & lettres-patentes du 4 novembre 1772, les mêmes droits que ceux impoſés ſur les eaux-de-vie triples & ſur l'eſprit de vin pur.

Venant des provinces réputées étrangeres dans les cinq groſſes fermes, il doit, au tarif de 1664, par quintal. . . . . 4 l.

A la ſortie des cinq groſſes fermes, cinq pour cent de la valeur, comme omis au même tarif.

Pour la douane de Lyon, de tel endroit qu'il vienne, ſuivant le tarif de 1632, où il eſt compris au chapitre des drogueries, par quintal net, ci. . . . . 15 ſ.

A la douane de Valence, par aſſimilation à l'eau-de-vie compoſée, auſſi du quintal net, ci. . . . . 3 l. 11 ſ.

VERNIS. Maſtic des manufactures de Nantes.

Il doit être traité dans tous les cas comme brai gras : déciſion du conſeil du 28 février 1765.

VERNIS de terre.

A l'entrée & à la ſortie des cinq groſſes fermes, il doit cinq pour cent de la valeur comme omis au tarif de 1664.

A la douane de Lyon, de tel endroit qu'il vienne, du quintal. . . . . 5 ſ.

Il n'y a d'exemption que pour celui de la fonderie de M. Blumeinſtein ſituée à Saint-Julien-Molin-Molette en Forez : il ne doit, ſuivant une déciſion du conſeil du 16 ſeptembre 1747, que 2 ſ. pour tous droits lorſqu'il eſt deſtiné pour le Lyonnois ; & il eſt exempt de la moitié des droits à la deſtination du Languedoc, de la Provence & du Dauphiné, à la charge d'être marqué aux armes dudit ſieur Blumeinſtein.

VERRES ET OUVRAGES DE VERRERIE.

Sous la dénomination de verres, on entend toutes ſortes de verres coulés ou travaillés ; ſous le titre d'ouvrages de verrerie fins, criſtallins ou communs, on comprend les aiguieres & pots à l'eau, aſſortiments pour l'office, baſſins, bénitiers, bouquetiers, bouteilles de chaſſe, burettes, carafes, compotiers, croix & chandeliers d'égliſe, coupes, cuvetes, déjeûners, hochets pour les dents, douçes, drageoires, écritoires, enfilades, falots, flacons de toutes ſortes, flambeaux, girandoles, gobelets, gueridons, huiliers, jattes, lampes, lanternes, luſtres, pendeloques à luſtres, fioles à ſel, pintons, plateaux, plombs de toilette, pots pour les glaces, rafraîchiſſoirs, rouleaux, ſalieres, ſceaux de table & autres, ſoucoupes, tabagies, taſſes, verres de montres, & généralement tous autres ouvrages de verrerie.

DISTINCTION DES VERRES.

On diſtingue les ouvrages de verrerie, en verres aſſortis, & verres d'aſſortiment. Les premiers ſont des verres à patte, avec environ un huitieme de gobelet, qui occupent beaucoup d'eſpace, parce qu'ils ne peuvent être mis les uns dans les autres, mais ſeulement côte à côte.

Les verres d'aſſortiment ſont des gobelets, taſſes, plats, pots, coupes, ſoucoupes, ſalieres, bénitiers, huiliers, gondoles, &c.

Quoique les droits de ces verres ſoient égaux, comme une charrette chargée de verres aſſortis peſe beaucoup moins qu'une charrette de verres d'aſſortiment à dimenſions égales, il a été ordonné par l'arrêt du 15 août 1752, ſous peine de confiſcation des verres & voitures & de 300 liv. d'amende, aux voituriers de mettre leurs verres dans des caiſſes ſéparées, ſans aucun mélange de qualité, & de déclarer le poids deſdites caiſſes.

POIDS PROPORTIONNEL DES VERRES.

Avant d'indiquer les droits dus ſur les différentes eſpeces de verre & ouvrages de verrerie, ſuivant les pays d'où ils viennent, on obſervera que les verres étant tranſportés en garenne dans des charrettes, ou en caiſſe & caiſſetins, il a fallu fixer les dimenſions des charrettes, caiſſes & caiſſetins ſervant à conduire leſdites marchandiſes : tel a été l'objet de l'arrêt du 27 décembre 1746, dont les articles III & IV ont réglé le poids ſur les dimenſions des voitures, caiſſes & caiſſetins, ſuivant l'état qui en ſera préſenté à la fin de cet article.

L'article V a prévu les cas où les longueurs des charrettes ou chariots, employés à la conduite deſdites marchandiſes, excéderoient ou ſeroient moindres que celles preſcrites par l'article premier.

L'article VII défend aux verriers d'Alſace &

de Franche-Comté, de se servir de charrettes ou chariots quant à la hauteur seulement, & de caisses & caissetins, autres que ceux dont les dimensions seront désignées dans ledit état, à peine d'acquitter les droits sur le pied de 30 liv. le quintal brut sans aucune réduction.

Observez également que si les longueurs des charrettes & chariots excedent les mesures désignées dans cet état, l'excédant doit être payé à raison de 10 livres pesant par pied cube de verres assortis, & de 30 liv. de verres d'assortiment.

VERRES venant de l'étranger.

Une décision du conseil du 22 juin 1785, rendue sur les représentations des entrepreneurs de la manufacture de verres & cristaux établie à Saint-Cloud, avoit défendu l'entrée des verres & cristaux venant d'Angleterre : cette prohibition a été étendue à tous cristaux & verres de tel pays étranger qu'ils viennent, par l'article III de l'arrêt du 17 juillet 1785, qui en défend l'entrée, à peine de confiscation & de 10000 liv. d'amende.

Un arrêt du 9 du même mois de juillet avoit, il est vrai, ordonné que les verres à vitre avec boudine ou sans boudine, payeroient à toutes les entrées du royaume 12 liv. par charretée de quatre paniers ; mais ces dispositions ont été abrogées par l'article III de celui du 17 du même mois : & le conseil a décidé, le 2 août suivant, que ce premier arrêt n'auroit point d'exécution.

VERRES venant des provinces réputées étrangeres dans les cinq grosses fermes.

Aux termes de l'article premier du 27 décembre 1746, les verres à boire à patte ou sans patte, gobelets, tasses, coupes, soucoupes, plats, pots, aiguieres, huiliers & autres ouvrages de verreries généralement quelconques, sans distinction de qualité, doivent, s'ils sont sur des charrettes ou chariots chargés en grenier, par quintal. 3 l. 10 s.

Lorsqu'ils sont conduits dans des caisses & caissetins, ils acquittent seulement, d'après l'article II du même arrêt, par quintal. . . 3 l.

Cet arrêt désigne spécialement ceux de Franche-Comté : mais ses dispositions s'étendent aux ouvrages de verre venant des autres provinces réputées étrangeres dans les cinq grosses fermes.

Ceux coulés en table sans boudine, façon de verres blancs, cristallins, propres pour les grandes estampes & peintures en pastel, acquittent, suivant l'article XI de l'arrêt du 31 décembre 1743, qui désigne nommément ceux de Franche-Comté, par quintal. . . . . 1 l.

Les verres à vitre, suivant l'arrêt du 21 août 1744, où ils sont désignés sous le nom de *verres à vitre communs soufflés*, sans boudine & non coulés en table, doivent, par quintal. . . . . 7 s.

Observez seulement que suivant l'article VI de l'arrêt du 27 décembre 1746, toutes ces différentes especes de verres destinés pour Lyon, au lieu de ne payer que le quart du droit d'entrée des cinq grosses fermes, & de prendre acquit à caution pour aller acquitter à Lyon le droit de douane de Lyon, payent le droit en entier au premier bureau, & sont par-là dispensés de celui de douane de Lyon.

On ne doit cependant pas conclure que ces droits de 3 l. 10 s., 3 l., 1 l. & 7 s., exemptent de tous autres jusqu'à la premiere destination. Ces droits en effet, représentent seulement celui d'entrée du tarif de 1664 ; avec cette différence que, comme on vient de le dire ci-dessus, au lieu d'acquitter le quart des droits de ce tarif ou des droits fixés par les arrêts de 1744 & 1746 qu'ils représentent, ces droits tiennent lieu des droits d'entrée du tarif de 1664 & de la douane de Lyon : c'est ce qui se trouve clairement énoncé dans les articles VI & VIII de l'arrêt de 1746. Ainsi, ces verres doivent encore la douane de Valence, lorsqu'ils passent par son étendue.

VERRES venant d'Alsace dans les cinq grosses fermes.

L'arrêt du 27 décembre 1746, concernant les ouvrages de verrerie, & celui du 31 décembre 1743, pour les verres à estampes & peintures en pastel, comprennent les verres d'Alsace avec ceux de Franche-Comté ; ainsi, ils doivent être traités de la même maniere. Il en est de même des verres à vitres, quoique l'arrêt du 21 août 1744 n'en parle pas nommément, l'article VI de celui de 1746 & son préambule les mettent dans la même classe que ceux de Franche-Comté ; mais on exige qu'ils passent par certains bureaux,

& qu'ils ſoient accompagnés de certificats en bonne forme juſtificatifs de leur origine.

Ces bureaux ſont, ſuivant l'article III de l'arrêt du 31 décembre 1743, ceux de Reneve, Auxonne, Faybillot, Bourbonne, Liffol-le-Petit, Longepierre, Cuiſeaux, Saint-Dizier, Vitry, Sainte-Ménéhould, Juſſey, Jougues, Vauvillers, Luxeuil & Ronchamp.

Ces certificats coupés ſur ſouche, délivrés par le directeur des fermes à Strasbourg aux ſyndics des verreries, conformément aux articles premier & ſecond du même arrêt, doivent ſuivant l'article VIII, être laiſſés par les voituriers & conducteurs dans ceux des bureaux de leur route indiqués par l'article III.

Lorſqu'il eſt queſtion de verres en charrettes, chariots, caiſſes ou caiſſetins, ces certificats doivent ſpécifier outre le poids brut des verres, les quantités & qualités des différentes eſpeces deſdits verres contenus dans chaque charrette, chariot, ou caiſſe & caiſſetin, pour connoître ſi ce ſont des verres aſſortis ou des verres d'aſſortiment : article VII de l'arrêt du 27 décembre 1746.

Faute de ces certificats preſcrits par le même article du même arrêt, les verres ſeroient traités comme s'ils venoient de l'étranger effectif, tant en conformité dudit article VII de l'arrêt de 1746, que d'après l'article V de l'arrêt du 31 décembre 1743.

Dans la regle générale, les marchandiſes qui viennent d'Alſace pour être embarquées à la deſtination des iſles Françoiſes de l'Amérique, ſont traitées comme celles qui viennent des pays étrangers avec lesquels ces provinces communiquent librement : ils doivent en conséquence les droits aux termes de l'article X des lettres-patentes du mois d'avril 1717. Cependant la modération de droits dont jouissent les ouvrages de verrerie des manufactures d'Alsace à l'entrée du royaume, a paru à la ferme générale un motif d'exception en leur faveur. Elle a consenti à faire rembourser les droits acquittés sur une partie de verre en table venue de la verrerie de Saint-Quirin, dont l'embarquement pour les Isles étoit justifié : lettre au directeur de Lyon, du 3 mars 1785.

VERRES venant de Franche-Comté dans les cinq grosses fermes.

On a vu les droits dont ces verres sont susceptibles : il reste à observer que pour ne payer que ces droits, ils doivent comme ceux d'Alsace & sous les mêmes peines, être accompagnés de certificats d'origine.

VERRES venant de Lorraine dans les cinq grosses fermes.

On en distingue de deux sortes ; ceux venant des verreries non-privilégiées, & ceux tirés des verreries privilégiées.

Verreries non-privilégiées.

Les verres à boire & autres ouvrages de verreries non-privilégiées de Lorraine, doivent, suivant les arrêts & lettres-patentes des 21 août & 30 octobre 1759, qui ont dérogé à cet égard à celui du 27 décembre 1746, par quintal. 7 l.

Ceux blancs coulés en table sans boudine, pour estampes & peintures en pastel, d'après une décision du conseil du 17 mars 1770, par quintal. . . . . 2 l.

Ceux à vitres par suite de la même décision, aussi par quintal. . . . . 14 s.

Verreries privilégiées de Lorraine.

Les verres & ouvrages des verreries privilégiées de Lorraine, ne doivent que les droits exigibles sur ceux des verreries d'Alsace & de Franche-Comté.

Cette modération a été accordée à la verrerie de Saint-Louis, en vertu d'un arrêt du 10 mars 1772; à celle de Portieu, par une décision du conseil du 8 juin 1773; à celle de la Planchette, par autre décision du 3 juillet suivant; enfin à celle de Claire-Fontaine, par décision du 25 janvier 1775.

Pour jouir de cette faveur, les verres qui proviennent de ces verreries ne peuvent entrer; savoir, ceux de Claire-Fontaine que par Bourbonne-les-Bains, aux termes d'une décision du conseil du 23 mars 1753; ceux de Portieu que par Liffol-le-Petit, & les autres par Saint-Dizier, Faybillot, Vauvilliers & Corre.

Ceux destinés pour les isles Françoises d'Amérique, ne doivent aucun droit.

VERRES venant des Trois-Evêchés dans les cinq grosses fermes.

Il existe également des verreries privilégiées dans les Trois-Evêchés ; savoir, celles de Baccarra & Vannes dont les ouvrages peuvent entrer par Saint-Dizier, Liffol-le-Petit & Jussey, en ne payant que les droits dus sur ceux venant des provinces réputées étrangeres.

La premiere de ces verreries appartenant à M. l'Evêque de Metz, a obtenu cet avantage, par une décision du conseil du 12 avril 1766, sous la seule condition que les verres qui en proviendroient seroient accompagnés d'un certificat du directeur.

Cette faveur a été étendue par un arrêt du 5 juin de la même année, à la verrerie de Vannes appartenant à madame la comtesse de Rheims.

Le directeur des fermes à Strasbourg, doit remettre aux inspecteurs de ces deux verreries les mêmes certificats que ceux prescrits pour les verreries d'Alsace.

Ceux destinés pour les isles Françoises de l'Amérique ne payent aucun droit.

VERRES à la sortie des cinq grosses fermes.

En passant des cinq grosses fermes aux provinces réputées étrangeres, ou à l'étranger, les verres, tasses, coupes & bassins de cristal, sont traités comme mercerie au tarif de 1664.

D'après le même tarif, les verres de toute autre sorte pour boire, acquittent par quintal, ci. . . . . 1 l.

Les verres blancs sont dans le même cas, suivant une décision du conseil du 8 décembre 1759.

Il en est de même de ceux en tuyaux de barometre.

Ceux à vitre, doivent en conséquence du même tarif de 1664, par charretée de quatre paniers. . . . . 3 l.

S'ils sont transportés en caisses, suivant l'arrêt & les lettres-patentes du 19 janvier 1745, par quintal. . . . . 10 s. 6 d.

La substitution du droit de 10 s. 6 d. par quintal à celui de 3 l. par quatre paniers, qui pesent communément cent livres chacun, ayant pour cause celle que les verres doivent être transportés en caisses, on doit continuer à percevoir le droit du tarif de 1664, sur les verres en paniers.

L'arrêt de 1745 ne comprenant que les verres en caisses provenant de Franche-Comté, on pouvoit se refuser à traiter de la même maniere ceux allant des autres provinces réputées étrangeres dans les cinq-grosses fermes; mais la ferme-générale qui s'empresse toujours de procurer au commerce les facilités qui dépendent d'elle, a consenti, par sa lettre du 11 mars de la même année, à ce que les verres à vitre communs sortant des cinq grosses fermes, de tel endroit qu'ils vinssent, ne payassent que le même droit.

Il reste à observer que si les verres sont transportés

portés en charrettes, chariots, caiſſes & caiſſetins, ils payent les droits de ſortie ſur le pied des dimenſions détaillées par l'arrêt du 27 décembre 1746, ſuivant l'état qui en eſt préſenté pour le droit d'entrée.

Douane de Lyon ſur les VERRES.

Les verres de toutes ſortes venant de l'étranger ou des provinces réputées étrangeres, avec acquit du premier bureau portant deſtination pour Lyon, ne doivent aucun droit de douane de Lyon, comme il a déjà été dit : ce ſont les diſpoſitions de l'article VI de l'arrêt du 27 décembre 1746.

Venant dans l'étendue de cette douane ſans acquit de payement, ils payent du quintal; ſavoir, ceux blancs ou de criſtal, d'après l'ajouté au tarif, y compris 6 ſ. 6 d. d'augmentation. 4 l. 6 ſ. 6 d.

On comprend parmi ceux-ci ceux de la nouvelle manufacture de Saint Cloud, qui ſont d'une très-belle qualité : lettre de la ferme-générale du 20 octobre 1785.

Les verres à vitre & à boire communs autres que ceux ci-après, payent par uſage. . 10 ſ. 9 d.

Tous ceux des verreries de Givors & autres du Lyonnois, payoient indiſtinctement le même droit; mais la ferme-générale a conſenti par ſa lettre au directeur de Lyon, du 14 juillet 1757, à ce que les verres à vitre de ces verreries qui ne ſeroient mélangés avec aucun autre, n'acquittaſſent ainſi que ceux des verreries d'Alſace & de Franche-Comté, par quintal, que. . 7 ſ.

Ceux autres que cristallins venant du Dauphiné, ne payent, suivant le tarif de 1632, par charrette à un cheval, que. . . . . 12 s.

Ce qui porte le droit, si la charrette est attelée de deux chevaux, à. . . . . . . 1 l. 4 s.

Et en proportion plus haut, lorsqu'il y a un plus grand nombre de chevaux.

VERRES pour la douane de Valence.

Les verres acquittent à la douane de Valence, par quintal; savoir, ceux étrangers compris au 2e. article du tarif, sous le nom de *verre de Venise*. . . . . 3 l. 2 s. 3 d.

Les autres, même ceux cristallins de la manufacture de Saint-Cloud, suivant une lettre de la ferme-générale, du 20 octobre 1785, comme verres désignés au 7e. article. . . . 15 s. 8 d.

Avant cette lettre, plusieurs des préposés de la régie chargés de la perception de la douane de Valence, exigeoient sur les verres cristallins venant de l'intérieur le droit de 2 l. 1 s. 6 d. du quintal, imposé par l'article IV sur les bouteilles à mettre eau-de-senteur; d'autres les traitoient comme verres de Venise: mais la ferme-générale a pensé que, vu la nature de ce tarif, les verres cristallins venant du royaume devoient seulement les droits du 7e. article qui désigne nominativement les verres, & non ceux du second article qui ne sont applicables qu'aux verres étrangers.

ÉTAT de ce que doivent les ouvrages de Verrerie à proportion des Voitures qui les contiennent & de la nature des ouvrages.

DIMENSIONS des Voitures à proportion de leur largeur qui doit être entre les deux essieux; savoir, de quatre pieds pour la grande voie, trois pieds & demi pour la moyenne, & trois pieds pour la petite.	QUALITÉS des VERRES.	DISTINCTION des VOITURES.	POIDS qu'elles sont censées contenir.	DROITS A PERCEVOIR sur les Verres. Venant d'Alsace, Franche-Comté, & provinces réputées étranges.	DROITS A PERCEVOIR sur les Verres. Venant de l'étranger.
VOITURES. Six pieds de longueur sur trois de hauteur. . . .	Verres à pattes assortis.	Grande voie.	720 liv.	25 l. 4 s. d.	144 liv.
		Moyenne.	630	22 1	126
		Petite.	540	18 18	108
Sept pieds sur trois. . .	Verres d'assortiment.	Grande.	2160	75 12	432
		Moyenne.	1890	66 3	378
		Petite.	1620	56 14	324
	Verres assortis. - - -	Grande.	840	29 8	168
		Moyenne.	735	25 14 6	147
		Petite.	630	22 1	126
Huit pieds sur trois. . .	Verres d'assortiment.	Grande.	2520	88 4	504
		Moyenne.	2205	77 3 6	441
		Petite.	1890	66 3	378
Neuf pieds sur trois. . .	Verres assortis. - - -	Grande.	960	33 12	192
		Moyenne.	840	29 8	168
		Petite.	720	25 4	144

DIMENSIONS des Voitures à proportion de leur largeur qui doit être entre les deux essieux ; savoir, de quatre pieds pour la grande voie, trois & demi pour la moyenne, & trois pour la petite.	QUALITÉS des VERRES.	DISTINCTION des VOITURES.	POIDS qu'elles sont censées contenir.	DROITS A PERCEVOIR sur les Verres. Venant d'Alsace, de Franche-Comté & provinces réputées étrangeres.			Venant de l'étranger.	
VOITURES.	Verres d'assortiment.	Grande voie.	2880	100 l.	16 f.	d.	576 l.	f.
		Moyenne.	2520	88	4		504	
		Petite.	2160	75	12		432	
	Verres assortis. - - -	Grande.	1080	37	16		216	
		Moyenne.	945	33	1	6	189	
		Petite.	810	28	7		162	
	Verres d'assortiment.	Grande.	3240	113	8		648	
		Moyenne.	2835	99	4	6	567	
		Petite.	2430	85	1		486	
	Verres assortis. - - -	Grande.	1200	42			240	
Dix pieds sur trois. . .		Moyenne.	1050	36	15		210	
		Petite.	900	31	10		180	
	Verres d'assortiment.	Grande.	3600	126			720	
Onze pieds sur trois. . .		Moyenne.	3150	110	5		630	
		Petite.	2700	94	10		540	
	Verres assortis. - - -	Grande.	1958	68	10	6	391	12
Douze pieds sur trois. . .		Moyenne.	1713	59	19		342	12
		Petite.	1469	51	8	2	293	16
	Verres d'assortiment.	Grande.	5874	205	11	9	1174	16
		Moyenne.	5139	179	17	3	1027	16
		Petite.	4407	154	4	10	881	8

DIMENSIONS des Voitures à proportion de leur largeur entre les deux essieux ; savoir, de quatre pieds pour la grande voie, trois pieds & demi pour la moyenne, & trois pieds pour la petite.	QUALITÉS des VERRES.	DISTINCTION des VOITURES.	POIDS qu'elles sont censées contenir.	DROITS A PERCEVOIR sur les Verres. Venant d'Alsace, Franche-Comté, & provinces réputées étrangeres.	DROITS A PERCEVOIR sur les Verres. Venant de l'étranger.
VOITURES. Treize pieds sur trois.	Verres à pattes assortis.	Grande voie.	2136 liv.	74 l. 15 s. 2 d.	427 l. 4 s.
		Moyenne.	1869	65 8 2	373 16
		Petite.	1602	56 1 4	320 8
	Verres d'assortiment.	Grande.	6408	224 5 6	1281 12
		Moyenne.	5607	196 4 10	1121 8
		Petite.	4806	168 4 2	961 4
Quatorze pieds sur trois.	Verres assortis.	Grande.	2314	80 19 8	462 16
		Moyenne.	2025	70 17 6	405
		Petite.	1736	60 15 2	347 4
Quinze pieds sur trois.	Verres assortis.	Grande.	2492	87 4 4	498 8
		Moyenne.	2180	76 6	436
		Petite.	1869	65 8 3	373 16
Seize pieds sur trois.	Verres assortis.	Grande.	2670	93 9	534
		Moyenne.	2336	81 15 2	467 4
		Petite.	2003	70 2	400 12
	Verres assortis.	Grande.	2848	99 13 6	569 12
		Moyenne.	2892	87 4 4	498 8
		Petite.	2136	74 15 2	427 4
Dix-sept pieds sur trois.	Verres assortis.	Grande.	3026	105 18 2	605 4
		Moyenne.	2649	92 14 3	529 12
		Petite.	2272	79 10 4	454 8

DIMENSIONS des Voitures à proportion de leur largeur entre les deux eſſieux; ſavoir, de quatre pieds pour la grande voie, trois pieds & demi pour la moyenne, & trois pieds pour la petite.	QUALITÉS des VERRES.	DISTINCTION des VOITURES.	POIDS qu'elles ſont cenſées contenir.	DROITS A PERCEVOIR ſur les Verres. Venant d'Alſace, Franche-Comté, & provinces réputées étrangeres.	Venant de l'étranger.
Dix-huit pieds ſur trois. . .	Verres aſſortis. ---	Grande voie.	3204	112 l. 2 ſ. 8 d.	640 l. 16 ſ.
		Moyenne.	2803	98 2	560 12
		Petite.	2403	84 2	480 12
Les grandes caiſſes de ſept pieds de longueur ſur quatre pieds dix pouces de hauteur & largeur, remplies de Verres à pattes aſſortis, cenſées peſer.			1895	56 17	379
Les mêmes en Verres d'aſſortiment.			5368	161 9	1073 12
Celles de ſept pieds & demi de longueur, deux & demi de hauteur & largeur, Verres aſſortis.			655	19 13	163 12
Les mêmes de Verres d'aſſortiment.			1851	55 10 7	370 4
Les moyennes de cinq pieds de longueur ſur trois & demi de largeur, & quatre & demi de hauteur, aſſortis.			1040	31 4	208
Les mêmes Verres d'aſſortiment			2947	88 8 2	589 8
Les grands caiſſetins de quatre pieds & demi de long ſur trois de large, & trois pieds deux pouces de hauteur, aſſortiment.			1697	50 18 2	339 8
Les petits de quatre pieds de long, deux pieds deux pouces de large & deux pieds trois pouces de hauteur, *idem*.			774	23 4 4	154 16
Le pouce commun des chariots & charrettes au-deſſous de onze pieds, chargées de Verres à pattes aſſortis, eſt cenſé peſer. . .			9	6 3	1 16
De Verres d'aſſortiment.			27	1 2	5 8
Celui des charrettes de onze pieds & au-deſſus, Verres à pattes aſſortis.			13	9	2 12
De Verres d'aſſortiment.			39	1 7	7 16

VERRES en bouteilles. *Voyez* Bouteilles.

VERRES des verreries de Givors, Pierre-Bénite & Serin. *Voyez* Ouvrages de verrerie.

VERRE rompu. *Voyez* Groisil. En y ajoutant qu'un arrêt du 9 juillet 1785, a assujetti le groisil ou verre cassé aux mêmes prohibitions à la sortie pour l'étranger & aux mêmes formalités auxquelles les cendres, salins & potasses ont été assujettis par les arrêts des 10 février 1780 & 26 avril 1781, & sous les peines y portées, tant pour l'exportation hors du royaume que pour le transport dans les quatre lieues frontieres de l'étranger.

VERRE de composition.

Suivant une décision du conseil du 7 février 1763, il doit à l'entrée & à la sortie des cinq grosses fermes, cinq pour cent de la valeur comme omis au tarif de 1664.

A la douane de Lyon, le même droit venant de l'étranger, & deux & demi venant de l'intérieur.

A celle de Valence, par assimilation aux bouteilles à mettre eau-de-senteur, du quintal, ci. . . . . 2 l. 1 s. 6 d.

VERRES étamés. *Voyez* Glaces & Miroirs.

VERRES à glaces, doivent être traités comme mercerie, d'après une décision du conseil du 29 février 1768.

VERROTERIE. *Voyez* Raſſades.

VERROUIL.

Suivant l'article V de l'arrêt du 2 avril 1701, ils doivent être traités comme quincaillerie de fer : obſervez ſeulement que ceux venant de l'étranger ſont prohibés par la déciſion du conſeil du 21 octobre 1785.

VESTINS ; étant dans la claſſe de la mercerie au chapitre des droits d'entrée du tarif de 1664, ils doivent en acquitter les droits, excepté à la ſortie des cinq groſſes fermes pour une province réputée étrangere, qu'ils payent cinq pour cent de la valeur, comme omis au même tarif.

VIANDE de boucherie.

Elle doit à l'entrée & à la ſortie des cinq groſſes fermes, cinq pour cent de la valeur, comme omiſe au tarif de 1664 : lettre de la ferme-générale au directeur d'Amiens, du 8 janvier 1778.

VIANDE de pâte. *Voyez* Vermicelli.

VIEILLES BOTTES ou BOTTINES.

A l'entrée des cinq groſſes fermes, elles doivent, au tarif de 1664, par douzaine de paires, ci. . . . . 10 ſ.

Sortant des cinq groſſes fermes, cinq pour cent de la valeur, comme omiſes au même tarif.

A la douane de Lyon, le même droit venant de l'étranger, & deux & demi venant de l'intérieur.

A celle de Valence, par assimilation au cuir, du quintal. . . . . 15 s. 8 d.

VIEILLES VOITURES. *Voyez* Voitures vieilles.

VIEUX BOULETS de canon, vieux fer & vieilles marmites. *Voyez* Fer vieux.

VIEUX CLOUX ; compris au tarif de 1664, cumulativement avec *caboches*, *voyez* ce mot.

VIEUX GALONS.

Dans la stricte rigueur, ils ne doivent être considérés comme matiere premiere exempte de droits, par la décision du conseil du 19 juillet 1756, qu'autant qu'ils sont brûlés. Les autres étant dans le cas d'être encore employés & de faire un objet de commerce, ne sauroient participer à cette exemption ; cependant quand ils sont usés, la ferme-générale ne désapprouve pas que les commis les fassent jouir de l'exemption, quoiqu'ils ne soient point brûlés.

VIEUX HABITS.

Ceux de soldats & autres de friperie de fabrique étrangere sont prohibés à toutes les entrées du royaume, à peine de confiscation & de 3000 liv. d'amende, par arrêt du 11 mars 1732, & par l'ordre du ministre du 6 avril suivant.

Venant des provinces réputées étrangeres dans les cinq grosses fermes, ils doivent, suivant une lettre de la ferme-générale au directeur d'Amiens, comme vieux manteaux, par quintal . 2 l. 10 s.

Il s'agiſſoit de vieux habits venus de Saint-Omer en Picardie ; il fut marqué que ſi, indépendamment du certificat des maire & échevins de Saint-Omer, dont on étoit dans l'uſage de les faire accompagner pour prouver leur fabrique nationale, cette origine étoit reconnue, on ne devoit pas leur faire payer cinq pour cent, mais 2 l. 10 ſ. du quintal, comme vieux manteaux.

A la ſortie des cinq groſſes fermes, ils doivent, au tarif de 1664 où ils ſont compris ſous le mot *friperie*, par quintal. . . . . . 3 l. 10 ſ.

L'exportation à l'étranger, de ceux à l'uſage des troupes eſt défendue.

A la douane de Lyon, les vieux habits de friperie, payent en venant de l'intérieur, deux & demi pour cent de la valeur.

A la douane de Valence, comme le drap dont ils ſont compoſés, par quintal. . 2 l. 6 ſ. 8 d.

Vieux linge. On comprend ſous ce titre les drapeaux, drilles & pattes, rognures de peaux, parchemins & autres matieres ſemblables propres à la fabrication du papier ou de la colle.

Venant de l'étranger, ils doivent à toutes les entrées du royaume, ſuivant l'article XIII de l'arrêt du 21 août 1771, par quintal. . 2 ſ.

D'après l'article XII du même arrêt, ils ſont exempts à la circulation.

L'article premier en prohibe la ſortie pour l'étranger, à peine de confiſcation des matieres, des équipages ſervant à leur tranſport, & de 3000 liv. d'amende.

L'article IV en défend l'entrepôt dans les quatre

lieues frontieres, soit de l'étranger, soit des côtes maritimes, & déclare saisissables les quantités trouvées dans cette étendue, lorsqu'elles s'élevent à cinquante livres pesant.

L'Alsace, la Lorraine, les Trois-Evêchés, Marseille, Bayonne & Dunkerque, sont dans cet objet considérés comme étranger effectif, d'après l'article II. On peut y ajouter l'Orient.

L'article VII désigne les ports par lesquels ces matieres pourront être embarquées & débarquées en passant d'une province à une autre du royaume. Ce sont, en Picardie, ceux de Boulogne & Calais; en Normandie, les ports du Havre, Rouen & Caen; en Bretagne, Nantes & Saint-Malo; dans l'Aunis, la Rochelle; en Guienne, Bordeaux; en Languedoc, Agde & Cette; & en Provence, Toulon: on a ajouté le port de Rochefort, par un autre arrêt du 25 novembre 1774.

Tout transit par emprunt de passage sur l'étranger, ou par les ports de Bayonne, Marseille & Dunkerque, est interdit pour ces matieres, par l'article VI.

Enfin, la connoissance des contestations relatives à cet arrêt, appartient suivant l'article XIV à MM. les intendants, sauf l'appel au conseil.

VIEUX MANTEAUX.

Venant des provinces réputées étrangeres dans les cinq grosses fermes, ils doivent, au tarif de 1664, par quintal. . . . . . . 2 l. 10 s.

Pour le surplus, *voyez* Vieux habits.

VIEUX MEUBLES. *Voyez* Meubles.

VIEUX OING.

Il ne peut être assimilé au lard ni aux autres chairs salées : il n'est en conséquence assujetti, en venant de l'étranger dans le royaume, qu'aux droits des tarifs qui ont lieu dans les provinces par lesquelles il est introduit : lettre de la ferme-générale au directeur de Saint-Malo, du 10 mars 1779.

Ainsi, il doit par quintal, au tarif de 1664 ; savoir,

A l'entrée des cinq grosses fermes. . 1 l. 5 f.

Sortant des cinq grosses fermes. . . . 1 l.

Pour la douane de Lyon comme graisse ; savoir, venant de l'étranger. . . . . 10 f.

De l'intérieur, à cause de l'augmentation, ci. . . . . 10 f. 9 d.

Pour la douane de Valence, aussi comme graisse. . . . . 1 l. 9 d.

VIEUX SOULIERS.

Ils doivent, au tarif de 1664, par douzaine de paires ; savoir,

A l'entrée des cinq grosses fermes. . . 2 f.

Sortant des cinq grosses fermes. . . . 6 d.

Pour la douane de Lyon ; savoir, à Septemes lorsqu'ils viennent de Marseille, par quintal. 8 f.

A Lyon, lorsqu'ils viennent de l'étranger, cinq pour cent de la valeur, de l'intérieur deux & demi.

A la douane de Valence, comme cuir, par quintal. . . . . 15 f. 8 d.

VIF-ARGENT. *Voyez* Argent-vif.

VINS.

Avant de faire connoître la quotité des droits dont ils sont susceptibles, & qui, aux termes d'une décision du conseil du 6 octobre 1740, doivent être perçus sans aucune déduction, déchet ou coulage, j'observerai que ceux venant d'Angleterre ayant été nommément prohibés par l'arrêt du 6 septembre 1701, cette prohibition a donné lieu à la décision du conseil du 26 février 1752, aux termes de laquelle du vin venant de Dunkerque, ne peut être admis dans le royaume qu'autant qu'il est accompagné d'un certificat des officiers de la chambre de commerce de cette ville, qui justifie qu'il y a été amené par des bâtiments autres que d'Angleterre.

Au tarif de 1664, les vins d'Espagne, Canaries, Madere & autres pays étrangers, excepté ceux ci-après, doivent, à l'entrée des cinq grosses fermes, par pipe ou botte. . . . . 10 l.

La pipe ou botte contenant un demi tonneau, & le tonneau trois muids de cent quarante-quatre pots chacun, mesure de Paris, le muid de ces sortes de vins paye . . . . 6 l. 13 s. 4 d.

Les vins de Rancio, Chypres, Capelinto, Alicante, Barcelonne, Xerès, Pakaret, Malaga, Catalogne, Fayal, Lisbonne, Italie, Gênes & autres lieux, sont sujets aux mêmes droits.

D'après le même tarif, le vin muscat, doit seulement, par pipe ou botte. . . . . 8 l.

Ce qui fait par muid. . . . 5 l. 6 s. 8 d.

Celui de Frontignan est dans le même cas,

en conſéquence de la déciſion du conſeil, du 26 juin 1724.

Le vin du comté de Lorraine & autres pays étrangers, entrant dans les cinq groſſes fermes, doit au même tarif de 1664, par queue qui contient moitié d'un tonneau. . . . . . 3 l.

Ceux de l'Iſle-de-Rhé ne doivent, ſuivant le même tarif, que 3 liv. par tonneau, à condition qu'ils ſeront accompagnés d'une expédition du bureau des fermes qui aſſure l'origine deſdits vins; les certificats des ſyndics ne peuvent y ſuppléer.

Pour ceux entrant par mer dans les ports de Boulogne, Calais & Etaples, *voyez* page 229 de ce volume.

Ceux du comté Nantois en entrant par terre dans les paroiſſes de Torfou, Montaigu, Rouſſay, le Romage & autres lieux dépendants du Bas-Poitou & de l'Anjou, acquittent, d'après l'arrêt du 2 mai 1752, pour droits d'entrée, de ſubvention par doublement & de jauge & courtage, par tonneau contenant trois muids, ci. . . . . 18 l. 13 ſ. 6 d.

Ceux qui y ſont tranſportés par la riviere de Loire, payent ſeulement, ſuivant le même arrêt, ci. . . . . 7 l. 15 ſ. 9 d.

VINS de Gaſcogne, Gaillac & Cognac.

Venant dans les cinq groſſes fermes, ils doivent en conſéquence du tarif de 1664, 5 l. par tonneau, ce qui fait par muid. . 1 l. 13 ſ. 4 d.

Celui du Forez acquitte le même droit, d'après une déciſion du conſeil, du 25 novembre 1768.

Elle comprend aussi les vins de Cahors, Bordeaux, Bayonne, Saintes, Rochefort, Marseille, la Provence, le Languedoc & le Roussillon, à l'exception du vin muscat.

VIN du cru du Dauphiné, du Languedoc & de la Provence, destinés pour Paris.

Ce vin quoiqu'il emprunte le passage de Lyon, est exempt des droits tant de la douane de Lyon, que d'entrée du tarif de 1664, à la charge qu'il sera déclare à son arrivée à Lyon & qu'il y sera pris acquit à caution : article III de l'arrêt du 2 octobre 1736, arrêts des 6 août 1737 & 24 janvier 1741, & décision du conseil du premier décembre 1739.

VINS sortant des cinq grosses fermes.

Tout vin passant des cinq grosses fermes dans une province réputée étrangere ou à l'étranger, doit, suivant le tarif de 1664, par tonneau, qui fait trois muids mesure de Paris formant cent huit septier ; savoir, en sortant par d'autres provinces que celles ci-après. . . . . 12 l.

Ce qui fait par muid de trente six septiers. 4 l.

Sortant par les provinces de Champagne & de Bourgogne. . . . . 10 l.

Ce qui fait pour le muid. . . 3 l. 6 s. 8 d.

Et par muid, poinçon ou demi - queue de Bourgogne, qui ne contient que trente septiers, ci. . . . . 2 l. 15 s. 6 d. deux tiers.

Par les provinces d'Anjou, le Maine, Thouars & châtellenie de Chantoceaux, par tonneau, ci. . . . . 16 l.

Ce qui fait par muid, mesure de Paris, ci. . . . . 5 l. 6 s. 8 d.

Ceux de Chantoceaux, jouissent d'un avantage indiqué page 227.

Ce qui concerne les vins sortant par les généralités de Champagne & Picardie, se trouve ci-après.

On voit, à la page 230, ce qui a rapport aux vins passant par la ville & banlieue de Rouen.

VINS sortant des cinq grosses fermes par la Champagne & la Picardie.

Le vin sortant des généralités d'Amiens, Soissons & Châlons, pour entrer dans les pays étrangers ou dans les provinces exemptes d'aides, doit par muid mesure de Paris, suivant l'article premier du même titre des droits de sortie de l'ordonnance de 1681, y compris les droits du tarif de 1664, & ceux de subvention par doublement. . . . . 13 l. 10 s.

Ce qui fait pour la demi-queue de Bourgogne. . . . . 11 l. 5 s.

L'article III fixe la sortie des vins de ces trois généralités, par les bureaux de Torcy, Sédan, Donchery, Mezieres & autres lieux le long de la Meuse, jusqu'à Verdun, & par ceux établis dans les villes des généralités d'Amiens & Soissons, où le droit de 13 l. 10 s. doit être payé avant l'enlevement, l'enlévement, à peine de confiscation & de 500 l. d'amende.

Ceux sortant de la généralité d'Amiens par Ardres & Calais, sont exempts de ce droit : article II du même titre & arrêts des 8 novembre 1723, 25 avril 1724 & 6 mars 1725.

Ceux arrivés à Etaples, Calais & Boulogne sont dans le même cas, comme on le voit, page 229.

VINS du cru des élections de Langres, Chaumont, &c.

Les vins du cru de ces élections, de celles de Bar-sur-Aube & Joinville, & ceux du cru du territoire de Saint-Dizier, dépendant de l'élection de Vitry, ne payent pas non plus le droit de 13 l. 10 s.; ils doivent seulement, conformément à l'arrêt du 13 mars 1722, en passant aux provinces réputées étrangeres ou à l'étranger, ceux ci-après, savoir,

Ceux du cru des élections de Chaumont, Bar-sur-Aube, Joinville & territoire de Saint-Dizier, par muid, jauge de Paris. . . . 6 l.

Ceux de l'élection de Langres. . . . . 3 l.

Ce qui fait pour les premiers par piece, jauge de Champagne. . . . . 4 l.

Pour les autres. . . . . 2 l.

Pour jouir de ces modérations, les voituriers & autres conducteurs des vins doivent, suivant l'arrêt du 6 janvier 1690 & celui de 1722, rapporter des certificats du lieu de l'enlévement signés des curés ou des juges des lieux, avec la quittance du payement du droit de gros, & les receveurs sont tenus de roanner les pieces.

VINS pour Sédan.

Les vins du royaume destinés pour la consommation de Sédan & des villages qui en dépendent, ne doivent, d'après les arrêts des 6 mai 1681 & 29 novembre 1695, dont les dispositions ont été confirmées par l'article XII des lettres-patentes du mois de mai 1779, par piece, jauge de Champagne, que. . . 2 l. 7 s. 3 d.

Les autres vaisseaux payent à proportion, en conséquence du même article XII.

Les receveurs doivent accompagner les acquits de payement d'acquits à caution, tant pour assurer la destination des vins que le surplus de la perception qui seroit due à la sortie de cette souveraineté pour l'étranger, au bureau de supplément établi à Sédan, conformément au même article XII.

Police des quatre lieues pour les VINS.

Pour éviter les versements frauduleux des vins des provinces des cinq grosses fermes dans celles réputées étrangeres ou à l'étranger, ceux passant dans les quatre lieues des cinq grosses fermes frontieres des provinces réputées étrangeres ou de l'étranger, doivent être expédiés par acquits à caution. Ces expéditions sont déchargées dans les bureaux de l'arrondissement duquel dépendent les lieux de destination.

La déclaration doit en être faite au lieu de l'enlevement s'il y a bureau, sinon au plus prochain de la route; & il est défendu aux habitants de ces frontieres d'en tenir chez eux une plus grande quantité que celle nécessaire à leur consommation annuelle : arrêts & lettres-patentes des 4 & 14 août 1722, 14 juin 1746 & 12 août 1747.

VINS qui jouissent d'une grande modération de droits en sortant des cinq grosses fermes.

Un arrêt du 5 août 1665, a modéré à 8 l. 10 s. par tonneau, les droits de sortie des cinq grosses fermes sur les vins de la châtellenie de Chantoceaux.

Une décision du conseil du 19 mars 1746, a également modéré les droits de sortie des vins du Bugey allant aux provinces réputées étrangeres ou à l'étranger, à 5 s. par ânée composée de cent huit pintes mesure de Paris.

Cette faveur a été étendue aux vins de Bresse, par arrêt du premier octobre 1753.

Elle est au reste subordonnée à la condition qu'il sera justifié de l'origine de ces vins, par certificats en bonne forme.

VINS de Languedoc & de Provence passant à l'étranger.

Les vins du Languedoc passant à l'étranger par les ports de Cette, Agde, la Nouvelle & Aigues-mortes, ont obtenu la modération d'un tiers des droits de sortie pour un an, par arrêt du 30 novembre 1742, dont les dispositions ont été renouvelées d'année en année.

Ceux de Provence également destinés pour l'étranger, jouissent de la même modération, & peuvent sortir par tous les ports où il y a bureau, & il doit en être usé à leur égard pour le droit de fret de la même maniere que pour ceux du Languedoc : arrêt du 5 mai 1769, & décision du conseil du 27 octobre suivant.

VINS exempts à la sortie des cinq grosses fermes.

Les vins passant du Bourbonnois qui est situé dans les cinq grosses fermes, dans l'Auvergne & la Marche, provinces réputées étrangeres, sont exempts des droits de sortie du tarif de 1664, en vertu de la déclaration du roi, du 18 avril 1667, rappelée au receveur de Vichi par lettre de la ferme-générale du 10 juillet 1775.

Ceux passant des cinq grosses fermes à Lyon, sont également affranchis de ce droit par l'article premier de l'arrêt du 2 octobre 1736.

Les vins destinés pour les colonies Françoises sont aussi exempts des droits de sortie & de tous autres de route, conformément à l'article III des lettres-patentes d'avril 1717 : il existe seulement une exception pour ceux d'Anjou & autres de la riviere de Loire ; ils doivent les droits de sortie ordinaires nonobstant cette destination : c'est le résultat de l'arrêt & des lettres-patentes des 10 & 22 mai 1723, qui ont dérogé à cet égard à l'article III des lettres-patentes de 1717.

VINS relativement au Boulonnois & au Calaisis.

Les vins de Bordeaux & autres entrant par mer dans les ports de Calais, Boulogne & Etaples, doivent sans distinction d'origine & pour quelque destination que ce puisse être, conformément aux arrêts des 8 novembre 1723, 25 avril 1724 & 6 mars 1725, par tonneau de trois muids; savoir, 5 l. pour droit d'entrée du tarif de 1664, 2 l. 2 s. pour les anciens & nouveaux cinq sous de l'ordonnance de 1680, & 12 l. 13 s. 6 d. pour les droits de 9 l. 18 s. établis par la même ordonnance; en tout. . . . 19 l. 15 s. 6 d.

En réduisant le tonneau au muid, mesure de Paris, cela fait 1 l. 13 s. 4 d. pour le tarif, 14 s. d'anciens & nouveaux cinq sous, & 4 l. 4 s. 6 d. de droit de 9 l. 18 s.; au total. . 6 l. 11 s. 10 d.

On excepte seulement les vins d'Espagne, ceux muscats & autres de liqueurs : ils ne payent que les droits ordinaires d'entrée, conformément aux articles 237 & 235 des baux de Carlier & de Forceville, qui les dispensent du droit de 9 l. 18 s. par tonneau.

D'après les arrêts des 8 novembre 1723, 25 avril 1724 & 6 mars 1725, & les articles 237 & 240 du bail de Carlier, les vins de Bordeaux & autres, excepté ceux muscats & de liqueurs, qui ont acquitté en arrivant par mer à Calais, Boulogne ou Etaples, le droit de 19 l. 15 s. 6 d. par tonneau & pour lesquels on rapporte les expéditions, sont dispensés du droit de 13 l. 10 s. par muid porté par l'article premier du titre des droits de sortie de l'ordonnance de 1681, & de ceux de sortie du tarif de 1664; en passant de là par mer au pays conquis ou hors le royaume, ils ne payent par tonneau, que le droit local, de. . . . . 2 l. 5 s.

Par-là, les vins entreposés à Calais pour l'Angleterre & autres pays étrangers, & qui y vont par mer, se trouvent avoir acquitté par tonneau, ci. . . . . 22 l. 6 d.

S'ils sortoient par terre, ils devroient le droit de. . . . . 13 l. 10 s.

Il n'y a d'exception qu'en faveur des vins de Bordeaux; ces vins sortant de Calais par terre ou par les canaux, ne payent, d'après la décision du conseil du 4 août 1724, par tonneau, que. . . . . 2 l. 5 s.

Ils jouissent du même avantage, en passant de Boulogne aux provinces réputées étrangeres, en vertu d'une autre décision du 24 du même mois.

VINS sortant de Rouen.

Les vins sortant de la ville & banlieue de Rouen, tant pour les pays étrangers que pour la province de Normandie, doivent pour les droits de Massicault, portés par la déclaration de 1638, & les augmentations qui y sont relatives, 12 l. par chaque tonneau de trois muids, indépendamment du droit ordinaire du tarif de 1664, & qui est aussi de 12 l. Ce droit est exigible en temps de foire, comme hors de foire, & celui de jauge & courtage, suivant la déclaration du 10 octobre 1689.

Ceux qui ne ſont que traverſer en paſſe-debout la ville & banlieue de Rouen pour l'étranger, ne payent pas le droit de Maſſicault; ils doivent ſeulement, ſuivant l'arrêt du 24 décembre 1737, par tonneau. . . . . 12 l.

Les vins qui après avoir été expoſés en vente ſortent de Rouen & de ſa banlieue pour être tranſportés dans les cinq groſſes fermes, ne doivent pas le droit de traites, d'après le même arrêt; ils payent ſeulement par tonneau, pour droit de Maſſicault. . . . . 12 l.

Douane de Lyon ſur les VINS.

A la douane de Lyon, les vins acquittent à l'eſtimation. L'évaluation en a été fixée de maniere que tout vin paye par ânée compoſée de quatre-vingt huit pots; ſavoir, venant de l'étranger. . . . . 1 l. 10 ſ.

Le muſcat venant de l'intérieur, par déciſion du conſeil, du 4 août 1761. . . . 1 l. 4 ſ.

Le vin de Bourgogne ou de Champagne, & le vin étranger venant du royaume. . . 15 ſ.

D'Orange, du Comtat ou de Mâcon. 10 ſ.

Le vin cuit. . . . . 15 ſ.

Le vin de tout autre endroit du royaume que de ceux ci-devant. . . . . 5 ſ.

Mais ceux du cru du Lyonnois, du Forez & du Beaujolois, ſont exempts de ce droit à la deſtination de Lyon : arrêt du 2 octobre 1736, article II.

Douane de Valence sur le VIN.

A la douane de Valence, les vins de toutes sortes doivent, excepté ceux de Piémont dont il sera parlé ci-après, par ânée conformément au chapitre XIII de l'article VIII du tarif. 12 s.

Ce qui fait par baral. . . . . 4 s.

Par une exception particuliere, les vins de Piémont venant par le Briançonnois ou pour passer dans d'autres lieux du Dauphiné, doivent au premier bureau de la douane de Valence, 3 liv. par chacune charge, au lieu des droits portés par le tarif de cette douane : ce sont les dispositions de l'arrêt du 18 juin 1715.

Elles sont fondées sur ce que, malgré la bonne qualité des vins du cru de l'élection de Gap, les habitants du Briançonnois tiroient du Piémont & du terroir de la communauté de Chaumont cédés au roi de Sicile, les vins nécessaires à leur consommation, ce qui faisoit un tort considérable aux propriétaires des vignobles de l'election de Gap.

Mais comme des habitants du Briançonnois avoient des vignes dans la communauté de Chaumont, le même arrêt a voulu qu'ils en pussent tirer les vins provenant de leur cru, en payant seulement les droits ordinaires de la douane de Valence, à la charge de justifier de la propriété des vignes qu'ils feront façonner dans ledit terrerritoire, de déclarer dans le bureau de Briançon la quantité de vin qu'ils y auront recueilli & de prendre un passavant des commis dudit bureau pour le transport dudit vin à Briançon, le tout sans abus, à peine de déchéance.

Les vins passant du Dauphiné en Dauphiné, en empruntant le pays de franchise qui est considéré comme Lyonnois, devroient à la rigueur deux fois le droit de douane de Valence; savoir, en sortant du Dauphiné pour entrer dans le pays de franchise, & en passant de ce pays en Dauphiné: mais la ferme-générale a bien voulu consentir que lorsque ces vins seroient conduits pour le compte des propriétaires & accompagnés de certificats justifiant qu'ils sont de leur cru & destinés pour leur consommation, il ne fût payé aucun droit; elle a également ordonné de ne percevoir qu'une fois le droit de douane de Valence pour ceux de ces vins qui auroient été vendus à un habitant du Dauphiné.

Les commis de la plupart des bureaux du Dauphiné ayant peu de connoissance des opérations de la jauge percevoient le droit à raison du poids: pour déterminer sur quel pied se feroit cette perception, il fut fait des épreuves; il en résulta que le baral de Valence composé de 27 pots & demi du poids de trois livres trois quarts chacun, formoit celui de cent deux livres cinq huitieme poids de Valence, ce qui réduit au poids de marc faisoit quatre-vingt trois livres; mais la ferme-générale consentit à ce que la perception se fit à raison de cent livres pesant pour un baral, ce qui fait pour le redevable une bonification de onze livres par ânée: & cette faveur annoncée par lettre de M. Ferrand, fermier-général, du 16 décembre 1751, a été confirmée par une lettre de la compagnie au directeur de Valence, du 12 juillet 1781. Ainsi, les commis ont l'option de percevoir ou 4 s. par baral de vin, ou 4 s. par cent livres pesant brut poids de marc.

Subvention sur les VINS.

Indépendamment des droits de traites, les vins sont sujets à celui de subvention par doublement dans les cas dont il a été parlé au mot *subvention:* il est de 2 l. 14 s. par muid mesure de Paris.

Les vins passant des généralités d'Amiens, Soissons & Châlons en Champagne, aux provinces réputées étrangeres ou à l'étranger, sont exempts de ce droit, en acquittant ceux imposés par l'ordonnance de juillet 1681, article premier du titre des droits de sortie sur les vins, le droit de subvention étant compris dans ceux de sortie comme il a été dit à l'article qui les concernoit.

Les vins de la province de Bourgogne en sont également dispensés.

Jauge & Courtage.

Les vins sont également sujets au droit de jauge & courtage dans les cas qui sont indiqués sous ce mot : & ce droit est de 15 s. par muid, suivant les déclarations du roi, des 9 décembre 1687 & 10 octobre 1689.

VINS GATÉS.

Ceux du cru du Lyonnois, du Forez & du Beaujolois pour la consommation des habitants de Lyon, sont exempts du droit de douane de çette ville, en vertu d'un arrêt du 26 avril 1774.

VINAIGRE. A l'entrée des cinq grosses fermes, il doit, au tarif de 1664, par tonneau. . 3 l.

Dans cette proportion le muid de trente-six septiers, paye. . . . . 1 l.

A la sortie des cinq grosses fermes, même tarif, aussi par tonneau. . . . . 1 l.

Ce qui fait par muid. . . . . . 6 s. 8 d.

Et par poinçon ou demi-queue de Bourgogne contenant trente septiers. . . 5 s. 6 d. & demi.

Pour la douane de Lyon, le vinaigre doit, par ânée. . . . . 2 s. 6 d.

Venant du Lyonnois, du Beaujolois & du Forez à la destination de Lyon, il est exempt par l'arrêt du 26 avril 1774.

A la douane de Valence, il paye, par assimilation au vin, 4 s. du baral ou 12 s. l'ânée.

VINAIGRE de cidre, doit le même droit que celui de vin : décision du conseil du 7 août 1767.

VITRIOL (*Droguerie*); espece de sel fossille, ou de minéral; il y en a de blanc, de bleu & de verd.

A l'entrée des cinq grosses fermes, le verd qui est le plus commun, acquitte, comme couperose verte, par quintal. . . . . 12 s.

Le Romain & celui de Chypre, qui est bleu, au tarif de 1664, du quintal net. . . 7 l. 10 s.

Venant indirectement du Levant, ils doivent

indépendamment du tarif de la province par laquelle ils entrent, vingt pour cent de la valeur sur l'estimation de 74 l. le quintal brut, fixée par l'état annexé à l'arrêt du 22 décembre 1750.

A la sortie des cinq grosses fermes, cinq pour cent de la valeur, si on ne justifie pas de l'acquittement du droit d'entrée.

A la douane de Lyon, il doit par quintal net, suivant le tarif de 1632 ; savoir,

Venant de l'étranger. . . . . 6 s. 8 d.

Venant de l'intérieur, y compris 9 d. d'augmentation. . . . . 5 s.

Pour la douane de Valence, comme droguerie, ci. . . . . 3 l. 11 s.

VOIDE en branches ; drogue propre à teindre en bleu, espece de pastel qui croît en Normandie.

A l'entrée & à la sortie des cinq grosses fermes, elle doit, au tarif de 1664, par cent de bottes. 4 s.

Si elle n'est pas en branches, elle paye à l'entrée des cinq grosses fermes cinq pour cent comme omise au tarif de 1664, & à la sortie suivant ce tarif, y compris 12 s. pour la traite domaniale, par cuvée du poids de huit cent livres, ci . . . . 4 l. 12 s.

VOITURES NEUVES.

Omises au tarif de 1664, elles doivent à l'entrée & à la sortie des cinq grosses fermes, cinq pour cent de la valeur.

A la douane de Lyon, le même droit venant de l'étranger, & la moitié venant de l'intérieur.

Elles étoient assujetties aux droits, quand

même elles ſeroient attelées : c'eſt ce qui a été jugé par arrêt de la cour des aides de Paris, du 24 janvier 1785, rendu ſur une ſaiſie faite le 23 mars 1784 à Torcy, d'une charrue neuve attelée de deux chevaux, le tout venant de l'étranger.

Il en doit être de même des voitures neuves ſervant à en tranſporter d'autres.

VOITURES VIEILLES.

La ferme-générale a conſenti par ſa lettre du 6 octobre 1757 au directeur d'Amiens, à ce qu'elles fuſſent exemptes de droits.

VOLAILLE.

Omiſe au chapitre des droits d'entrée du tarif de 1664, elle doit, à l'entrée des cinq groſſes fermes, ſuivant une lettre de la ferme-générale au directeur d'Amiens, du 8 janvier 1778, cinq pour cent de la valeur.

Sortant des cinq groſſes fermes, au tarif de 1664, par douzaine. . : . . . . . 5 ſ.

A la douane de Lyon, cinq pour cent de la valeur, venant de l'étranger, & deux & demi venant de l'intérieur.

Mais elle ne paye aucun droit à la deſtination de la ville de Lyon, par un uſage ancien.

Spécialement dénommée au 6e. article du tarif de la douane de Valence, elle acquitte, du quintal. . . . . 1 l. 9 d.

VRILLES.

Celles montées doivent les droits comme mercerie, & celles non-montées comme quincaillerie; d'après le tarif de 1664, & la décision du conseil du 21 janvier 1743.

Observez seulement que les unes & les autres lorsqu'elles viennent de l'étranger sont prohibées, par la décision du conseil du 21 octobre 1785.

USBLAT, *voyez* Colle de poisson.

VULNÉRAIRE de Suisse.

Il doit les droits d'entrée & de sortie des cinq grosses fermes, & ceux de douane de Lyon à l'estimation, & il est d'usage assez général de l'évaluer à 10 l. le quintal : lettre de la ferme-générale au directeur de Lyon, du 4 décembre 1780.

A la douane de Valence, il acquitte comme droguerie, du quintal net. . . . 3 l. 11 s.

Y

YEUX D'ÉCREVISSE. Voyez *Oculi cancri*.

Z

ZÉDORIA ou ZÉDOUARD. *Voyez* Citouart.

ZING, toutenague ou ſpiaute, demi-métal. Son principal uſage eſt d'entrer dans la compoſition du cuivre jaune.

A l'entrée & à la ſortie des cinq groſſes fermes, il doit cinq pour cent de la valeur, comme omis au tarif de 1664 : lettre de la ferme-générale au directeur de Lyon, du 14 octobre 1779.

Celui provenant du commerce des François dans l'Inde, ne doit que trois pour cent de la valeur ; & lorſqu'il eſt deſtiné pour Lyon, il n'acquitte au bureau de l'Orient que le quart de ce droit, en aſſurant par acquit à caution le payement, à Lyon de celui de douane.

Ce droit, de tel endroit que le zing vienne, eſt, ſuivant l'ajouté au tarif, par quintal, de, ci. . . . . 1 l. 5 ſ.

Pour la douane de Valence, il acquitte à cauſe de ſa nature métallique, du quintal, ci. . . . . 15 ſ. 8 d.

ÉTAT DES MARCHANDISES sujettes à des droits uniformes à toutes les entrées du royaume permises.

On y désigne, aux mots Mercerie & Quincaillerie, *les ouvrages en acier & en fer prohibés par l'article III de l'arrêt du 17 juillet 1785, & par la décision du conseil du 18 octobre suivant; l'état annexé à la décision du 21 du même mois d'octobre, & qui comprend ces ouvrages, étant parvenu après l'impression. On y trouve également, & par le même motif, plusieurs décisions récentes qui n'ont pu être insérées dans le corps du recueil.*

A

ACIER non-ouvré, même celui venant d'Angleterre dont l'entrée est permise par décision du conseil du 21 octobre 1785.

Acier ouvré.

Agneaux.

Agneaux.

Agréments en ſoie ou dorure, entrant par Lyon ſeulement.

Aigre de vitriol.

Aiguilles à coudre.

Aiguilles de montres.

Airain.

Alênes.

Alquifou.

Amidon.

Ancres de vaiſſeaux.

Anneaux de cuivre ou de fer.

Argent faux filé.

Argent faux trait.

Armes blanches, avant la prohibition portée contre elles par l'état annexé à la déciſion du conſeil du 28 octobre 1785, qui comprend les ouvrages d'acier dont l'entrée dans le royaume eſt défendue par l'article III de l'arrêt du 17 juillet 1785.

Avoine.

B

Baleines coupées.

Baleines en fanons.

Baleines en pointes.

Bas de coton.

Bas de filoſelle.

Bas de laine.

Bas de peau.

Bas poil d'Inde.

Bas de ſoie.

Batterie de cuivre.

Baſins de coton venant par la compagnie des

Indes, la seule voie qui soit permise depuis la prohibition portée sur les basins étrangers, par l'arrêt du 10 juillet 1785.

Beches.

Bétail.

Beurre. Les droits d'entrée du royaume en ont été réduits au tiers, jusqu'au 30 septembre 1786, par décision du conseil du 21 octobre 1785.

Ceux d'Angleterre jouissent de la même faveur jusqu'au premier mai 1786, en vertu d'une autre décision du conseil rendue le 17 novembre 1785, sur les représentations de M. l'intendant de Bretagne : à cette époque, ils rentreront dans la prohibition générale portée par l'arrêt du 17 juillet précédent, contre toutes les marchandises Angloises.

Au reste, cette prohibition ne change rien à une troisieme décision du conseil, du 4 octobre de la même année, qui a permis jusqu'à nouvel ordre l'entrepôt des beurres salés d'Irlande à la destination des colonies : circulaire du 21 novembre 1785.

Biere, venant d'Angleterre seulement.

Bleds.

Bœufs.

Bois feuillard.

Bois de teinture moulu.

Boîtes de sapin peintes.

Boîtes pour montres.

Boîtes pour pendules.

Bombasins.

Bonnets de laine,

Bottes neuves.

Bottines neuves.

Boucs.

Bouteilles de grès.

Boutons de crin.

Boutons de fil & laine.

Boutons de poil de chevre faits à l'aiguille.

Boutons de rocaille & verre.

Brebis.

Brides.

Broches à rôtir & à cordonnier, dont l'entrée a été permise par décision du conseil, du 21 octobre 1785, en payant 25 liv. du quintal.

Brosses.

Buffles.

Burail de Zurich, avant la décision du conseil du 24 septembre 1785, qui a jugé qu'il étoit prohibé.

C

Cacao, pour le droit augmentatif seulement.

Cadrans de montres ou d'horloges.

Cadres vernis.

Café.

Canepin.

Canevas.

Cannes ou bâtons vernis.

Caparaçons.

Carcasses en fil de fer.

Carrelets, dont l'entrée a été permise par décision du conseil, du 21 octobre 1785, en payant 25 liv. par quintal.

Cartes géographiques.

Caſſes ou gamelles de fer.
Ceinturons de peau.
Cendres de varec.
Chairs ſalées.
Chamois.
Chanvre prêt à filer.
Chapeaux de caſtor.
Chapeaux demi-caſtor.
Chapeaux de vigogne.
Chapeaux de feutre.
Chapeaux de cuir.
Chapes de boucles de fer & acier poli, dont l'entrée eſt permiſe par déciſion du conſeil, du 20 ſeptembre 1785, en payant les droits de la mercerie.
Chemiſes neuves.
Chevaux d'Angleterre.
Chevres.
Chocolat, pour le droit additionnel ſeulement.
Cire blanche.
Cloches à mettre ſur les couches.
Cloux de fer.
Cochons.
Coquilles de nacre de perle.
Cornes rondes ou plates, venant d'Angleterre ſeulement.
Cors-de-chaſſe.
Coton filé.
Couperoſe verte, même d'Angleterre impoſée à 2 liv. du quintal, par arrêt du 8 ſeptembre 1785.
Coutis.
Couvertures de laine.

Crêpes & crépons, avant la prohibition portée ſur ces eſpeces de gazes par la déciſion du conſeil du 24 ſeptembre 1785, qui a jugé qu'ils étoient compris dans la défenſe d'introduire dans le royaume les gazes étrangeres.

Cuirs de bœufs & vaches tannés, corroyés & tous autres de même eſpece.

Cuirs dorés.

Cuirs de rouſſi.

Cuivre ouvré.

Cuivre non-ouvré, même celui d'Angleterre dont l'entrée a été permiſe par une déciſion du conſeil du 21 octobre 1785.

Culottes de peau.

D

Dentelles de fil.

Dentelles de ſoie.

Dents d'Eléphant d'Angleterre, ſeulement.

Deſſins ſur papier.

Draps de coton & autres étoffes de laine, poil & autres matieres qui ne peuvent entrer que par Calais & Saint-Valery, ſeulement.

Draps de ſoie, par Lyon & Valenciennes, ſeulement.

E

Emportes-pieces, qui, ſuivant la déciſion du conſeil du 21 octobre 1785, doivent 25 liv. par quintal.

Epingles.

Eſprit de vitriol.

Eſtampes.

Etain non-ouvré venant d'Angleterre.

Etain ouvré, venant de tout autre pays étranger que d'Angleterre, quant au droit de marque ſeulement.

Etoffes de ſoie qui entrent par Lyon & Valenciennes ſeulement.

Etoffes de laine, poil & autres matieres qui n'entrent que par Calais & Saint-Valery.

F

Faïence.

Fanons de baleine.

Farine.

Faucilles, faulx & volants, dont l'entrée eſt permiſe par la déciſion du conſeil du 21 octobre 1785, en payant 12 l. 10 ſ. par quintal.

Fer-blanc.

Fer-noir.

Fer en tôle.

Fer en batterie.

Feves.

Fil de chanvre & de lin.

Fil de fer.

Forces à tondre, petites ou groſſes, dont l'entrée a eté permiſe par déciſion du conſeil, du 21 octobre 1785, en payant 12 l. 10 ſ. par quintal.

Fourrages, qui ne payeront que 6 d. par millier peſant, juſqu'au premier avril 1786, en vertu d'une déciſion du conſeil du 5 novembre 1785.

Fromages dont les droit ont été réduits au tiers juſqu'au 30 ſeptembre 1786, par déciſion du conſeil du 5 novembre 1785.

G

Ganſes propres à treſſer les cheveux.
Gants de cuir ou peau.
Garance.
Gardes d'épées, de cuivre poli.
Geniſſes.
Graines graſſes.
Grains.
Graiſſe de baleine.

Groiſil, dont l'exportation à l'étranger a été défendue par l'arrêt du 9 juillet 1785, qui défend d'en tranſporter ou faire des entrepôts dans les quatre lieues des limites de l'étranger.

H

Habillements neufs de laine, & autre étoffe ſemblable.

Harengs blancs & ſaurs.
Harnois de cuir.
Horloges de bois.
Huile de baleine.
Huile de vitriol.

I

Jambons.
Images.

L

Laines filées d'Angleterre ſeulement.
Laiton.
Légumes.
Limes, dont l'entrée a été permiſe par déci-

ſion du conſeil du 21 octobre 1785, en payant 12 l. 10 ſ. par quintal.

Lin peigné ou façonné.

Linge de table.

Linge vieux.

M

Maïs, autrement bled de Turquie.

Maquereaux.

Mercerie de toute ſorte, à l'exception de celles de fer ou acier prohibés par l'article III de l'arrêt du 17 juillet 1785, & par la déciſion du conſeil du 18 octobre ſuivant, dont l'état eſt à la ſuite de celle du 21 du même mois d'octobre.

Elle conſiſte, ſuivant cet état, en armes blanches, comme épées, ſabres & lames, boucles pour ſouliers, briquets, ciſeaux fins & communs, cloux à cordonniers & à ſelliers, couteaux de toutes ſortes & à cordonniers dits tranchoirs, dés, éperons, fourchettes, lames, gardes d'épées & dagues, tire-bouchons de fer, acier ou cuivre avec mêches d'acier & vrilles montées.

Méteil.

Meules à taillandiers, d'Angleterre ſeulement.

Montres d'or, d'argent & autres.

Morue ſeche.

Morue verte.

Mouſſeline de la compagnie des Indes ſeulement.

Moutons.

N

Nacre de perle travaillée.

O

Outils d'horlogerie.
Ouvrages de cuir.
Ouvrages de toile.

P

Papier blanc.
Papier gris.
Papier doré & argenté.
Papier gravé, déssiné, imprimé, peint.
Papier marbré.
Papier tontisse.
Parapluie.
Parchemin.

Peaux de chamois, ou de chevreaux & moutons, habillées en blanc, jaune & autres couleurs façon de chamois.

Peaux de chevres apprêtées.
Peaux de veaux apprêtées & tannées.
Peaux de veaux passées en couleur.
Peaux de loups-cerviers.
Pelisses en fourrure, couvertes d'étoffe.

Pelure de cacao, pour le droit additionnel seulement.

Pendules.
Pierres étamées pour les broderies.
Pierres fausses non-montées.
Pipes à tabac.

Plomb non-ouvré, même venant d'Angleterre suivant la décision du conseil du 30 août 1785, qui en a permi l'introduction.

Plomb ouvré, venant de tout autre pays étranger.

Plumes à écrire.

Poids de marc, de cuivre.

Poil de vache, venant d'Angleterre ſeulement.

Porcelaine.

Poterie de grès.

Poudre à poudrer.

Pouzzolanes : arrêt du 23 août 1783, dont l'exécution ſurſiſe par déciſion du conſeil du 20 août 1784, a été ordonnée au mois de ſeptembre 1785 par M. le contrôleur-général, ſuivant une lettre de M. de Colonia, du 30 du même mois de ſeptembre.

Q

Quincaillerie de cuivre.

Quincaillerie de fer & d'acier : il faut en excepter celle ci-après, qui eſt prohibée par l'article III de l'arrêt du 17 juillet 1785, & la déciſion du conſeil du 18 octobre ſuivant, dont l'état eſt à la ſuite de celle du 21 du même mois d'octobre.

Elle conſiſte ſuivant cet état, en agraſes, bêches, briquets ſur leſquels la lime n'a pas paſſé, chaînes, chandeliers, chaufferettes, chenets, chevilles moyennes & petites, cloux moyens & petits, compas, couvercles, écumoires, épines à cordonniers, étrilles, fers à cheval, fers à fermer ſacs, fers à piquets, fers à friſer, fers à repaſſer le linge, fers de robinets, fers de vilbrequins, fiches de fer, fourchettes de fer, grils, lampes, léchefrites, marteaux ordinaires, mors à brides, mouchettes, pelles, pincettes, pioches, poêles à frire, rechauds, ſcies, ſerpes, ſerrures, targettes, tenailles, tournebroches, trompes ou guimbardes, truelles, verroux & vrilles non-montées.

R

Redingottes de toile cirée.
Rubans de fil écru ou blanc.
Rubans de fil teint.
Rubans de gros fil ou de fil d'étoupe.
Rubans de laine.
Rubans de soie, par Lyon seulement.

S

Saumon salé.
Savon en pain ou en table.
Savon noir, verd & liquide.
Sculpture en petits ouvrages de bois.
Seigle.
Selles de cuir.
Sel d'epsum, de gemme & de glaubert.
Serrures de toutes sortes.
Soies filées & non-filées, pour le droit de la ville de Lyon seulement.
Soies de porc.
Sorbec, pour le droit additionnel seulement.
Souliers de cuir.
Stokfiche.
Sucre brut ou mouscouade.
Sucre en cassonade.
Sucre raffiné.
Suif, venant d'Angleterre seulement.

T

Tabatieres de carton.

Tableaux.

Talons de cuir.

Tapis.

Tapisseries.

Tasses de terre de pipe.

Taureaux.

Thé.

Toile blanche ou écrue de chanvre, par les bureaux ouverts à cette introduction.

Toile cirée peinte.

Toile de coton de la compagnie des Indes & du Levant, qui ne peut entrer que par l'Orient & Septemes.

Toiles peintes d'Alsace seulement, qui ne peuvent entrer que par Saint-Dizier.

Tontisses.

Treillis.

V

Vaches.

Vanille, pour le droit additionnel seulement.

Veaux.

Verre cassé.

Vieux linge.

ETAT DES MARCHANDISES *sujettes à des droits uniformes à toutes les sorties du royaume.*

A

Agneaux.
Aiguilles.
Alênes.
Alumelles de couteaux.
Amidon.
Anneaux de cuivre ou de fer.
Avoine.

B

Bassins de verre.
Batterie de cuivre.
Bétail.
Bijouterie.
Biscuit de mer.
Bled.
Blondes de soie.
Bœufs.
Bois feuillard.
Bois de teinture.
Bombes & boulets sortant avec passeport.
Boucs.
Boutons d'or & d'argent fin.
Boutons de soie.
Brai sec.
Brebis.

C

Camomille.

Cartes géographiques.

Chairs ſalées.

Chardons à drapier, quand ils ne ſont pas prohibés.

Chenevis.

Chevres.

Cochons.

Coton en laine.

Coton filé.

Couperoſe verte.

Cuirs de bœufs & de vaches avec le poil.

Cuivre ouvré.

Cuivre non-ouvré.

D

Dentelles d'or & d'argent fin ou faux.

Dentelles de fil ou de ſoie.

E

Eſtampes.

F

Farine.

Fer en barres.

Fer en gueuſe.

Fer en tôle.

Feves.

Fil d'or & d'argent fin trait.

Franges d'or ou d'argent fin ou faux.

Fromages.

G

Galons d'or ou d'argent, fin ou faux.

Gaze en or.

Geniſſes.

Graines.

Grains, quand la ſortie en eſt permiſe,

H

Habillements de pelleterie.
Huiles de vitriol de fabrique nationale.

I

Images.

L

Laines non-filées.
Laines filées.
Légumes.

M

Maïs.
Mercerie.
Méteil.
Moutons.

N

Navette.

O

Orge.

P

Paillettes & paillons.
Papier doré, argenté, uni, ou à fleurs.
Papier gravé, dessiné, ou imprimé.
Papier marbré.
Papier tontisse.
Parures de pelleterie.
Passements.
Peaux d'agneaux & de moutons en laine.
Peaux de boucs, de chevres, chevreaux & cabris, en poil.
Peaux de veaux, en poil.
Peaux de lapins & lievres.

Peignes d'ivoire qui passant à l'étranger, doivent être traités comme mercerie, d'après l'arrêt du 20 septembre 1701.

Pierres à fusil.

Poil de chevre ou chevreau, non-filé.

Poil de lapin & de lievre.

Poudre à poudrer.

Q

Quincaillerie de toute sorte.

R

Rabette.

Résine.

Riz.

Rubans.

S

Sarrasin.

Seigle.

T

Taureaux.

Térébenthine.

Tontisse.

V

Vaches.

Veaux.

Vieux fer.

TABLEAUX

TABLEAUX DE CALCULS

Pour faciliter la perception des Droits d'entrée sur certaines Marchandises.

Sur l'Eau-de-vie venant dans les cinq grosses fermes, à raison de 1 liv. 13 s. 4 d. le muid de cent quarante-quatre pots mesure de Paris.

ENTRÉE à 1 liv. 13 s. 4 d. le muid de 144 pots mesure de Paris.

Mesures.	Livres.	Sous	Den.	Mesures.	Livres.	Sous	Den.
1 pot. .	.		2 7/9	17 . .		3	11 2/9
2 . .			5 5/9	18 . .		4	2
3 . .			8 3/9	19 . .		4	4 7/9
4 . .			11 1/9	20 . .		4	7 5/9
5 . .		1	1 8/9	21 . .		4	10 3/9
6 . .		1	4 6/9	22 . .		5	1 1/9
7 . .		1	7 4/9	23 . .		5	3 8/9
8 . .		1	10 2/9	24 . .		5	6 6/9
9 . .		2	1	25 . .		5	9 4/9
10 . .		2	3 7/9	26 . .		6	2/9
11 . .		2	6 5/9	27 . .		6	3
12 . .		2	9 3/9	28 . .		6	5 7/9
13 . .		3	1/9	29 . .		6	8 5/9
14 . .		3	2 8/9	30 . .		6	11 3/9
15 . .		3	5 6/9	31 . .		7	2 1/9
16 . .		3	8 4/9	32 . .		7	4 8/9

Suite du Tarif ſur les Eaux-de-vie.

Entrée à 1 l. 13 ſ. 4 d. le muid de 144 pots meſure de Paris.

Meſures.	Livres.	Sous	Den.	Meſures.	Livres.	Sous	Den.
33 pot.		7	7 $\frac{6}{9}$	3 Muids.	5		
34 . .		7	10 $\frac{4}{9}$	4 . .	6	13	4
35 . .		8	1 $\frac{2}{9}$	5 . .	8	6	8
36 *ou* $\frac{1}{4}$.		8	4	10 . .	16	13	4
72 *ou* $\frac{1}{2}$ M.		16	8	20 . .	33	6	8
108 *ou* $\frac{3}{4}$.	1	5		30 . .	50		
144 *ou* M.	1	13	4	40 . .	66	13	4
2 Muids	3	6	8	. . .			

Sur l'Eſprit de Vin, à raiſon de 5 liv. le muid.

Entrée à 5 lives.

Meſures.	Livres.	Sous	Den.	Meſures.	Livres.	Sous	Den.
1 pot.			8 $\frac{3}{9}$	20 . .		13	10 $\frac{6}{9}$
2 . .		1	4 $\frac{6}{9}$	25 .		17	4 $\frac{3}{9}$
3 . .		2	1	30 . .	1		10
4 . .		2	9 $\frac{3}{9}$	35 . .	1	4	3 $\frac{6}{9}$
5 . .		3	5 $\frac{6}{9}$	36 *ou* $\frac{1}{4}$.	1	5	
6 . .		4	2	72 *ou* $\frac{1}{2}$ M.	2	10	
7 . .		4	10 $\frac{3}{9}$	108 *ou* $\frac{3}{4}$.	3	15	
8 . .		5	6 $\frac{6}{9}$	144 *ou* M.	5		
9 . .		6	3	2 . .	10		
10 . .		6	11 3	3 . .	15		
11 . .		7	7 $\frac{6}{9}$	4 . .	20		
12 . .		8	4	5 . .	25		
13 . .		9	$\frac{3}{9}$	10 . .	50		
14 . .		8	6 $\frac{6}{9}$	15 . .	75		
15 . .		10	5	20 . .	100		

Sur les Huiles & Graisses de Baleines & autres poissons, à toutes les entrées, à 12 l. par barique de 500 pesant.

Poids.	Liv.	Sous	Den.	Poids.	Liv.	Sous	Den.
$\frac{1}{4}$			1 $\frac{11}{25}$	150	3	12	
$\frac{1}{2}$			2 $\frac{22}{25}$	300	7	4	
$\frac{3}{4}$			4 $\frac{8}{25}$	400	9	12	
1 l.			5 $\frac{10}{25}$	500	12		
2			11 $\frac{13}{25}$	1000	24		
3		1	5 $\frac{7}{25}$	2000	48		
4		1	11 $\frac{1}{25}$	4000	96		
5		2	4 $\frac{20}{25}$	5000	120		
10		4	9 $\frac{15}{25}$	6000	144		
12 $\frac{1}{2}$		6		7000	168		
25		12		8000	192		
37 $\frac{1}{2}$		18		10000	240		
50	1	4		12000	288		
62 $\frac{1}{2}$	1	10		14000	336		
75	1	16		16000	384		
87 $\frac{1}{2}$	2	2		20000	480		
100	2	8		25000	600		
112 $\frac{1}{2}$	2	14		30000	720		
125	3			40000	960		
137 $\frac{1}{2}$	3	6					

Sur les Huiles de Poiſſon venant des villes Anſéatiques, à 7 liv. 10 ſ. de la barique du poids de 520 livres.

Poids.	Livres.	Sous	Den.	Poids.	Livres.	Sous	Den.
1 liv.			3 $\frac{6}{13}$	137 $\frac{1}{2}$	1	19	7 $\frac{25}{26}$
2			6 $\frac{12}{13}$	150	2	3	3 $\frac{2}{13}$
4		1	1 $\frac{11}{13}$	200	2	17	8 $\frac{4}{13}$
5		1	5 $\frac{4}{13}$	400	5	15	4 $\frac{8}{13}$
10		2	10 $\frac{8}{13}$	500	7	4	2 $\frac{10}{13}$
12 $\frac{1}{2}$		3	7 $\frac{7}{26}$	520	7	10	
25		7	2 $\frac{7}{13}$	1000	14	8	5 $\frac{7}{13}$
37 $\frac{1}{2}$		10	9 $\frac{21}{26}$	2000	28	16	11 $\frac{1}{13}$
50		14	5 $\frac{1}{13}$	4000	57	13	10 $\frac{2}{13}$
62 $\frac{1}{2}$		18	1 $\frac{7}{26}$	8000	115	7	8 $\frac{4}{13}$
75	1.	1	7 $\frac{8}{13}$	16000	230	15	4 $\frac{8}{13}$
87 $\frac{1}{2}$	1	5	2 $\frac{23}{26}$	20000	288	9	2 $\frac{10}{13}$
100	1	8	10 $\frac{2}{13}$	30000	432	13	10 $\frac{2}{13}$
112 $\frac{1}{2}$	1	12	5 $\frac{11}{26}$	40000	576	18	5 $\frac{7}{13}$
125	1	16	$\frac{9}{13}$	80000	1153	16	11 $\frac{1}{13}$

Sur les Morues qui payent 12 sous pour cent en nombre, compte marchand.

Nombre.	Livres.	Sous	Den.	Nombre.	Livres.	Sous	Den.
Poisson.				Poissons.			
1			$1\frac{1}{11}$	130		11	$9\frac{9}{11}$
2			$2\frac{2}{11}$	132		12	
3			$3\frac{3}{11}$	200		18	$2\frac{2}{11}$
4			$4\frac{4}{11}$	300	1	7	$3\frac{3}{11}$
5			$5\frac{5}{11}$	400	1	16	$4\frac{4}{11}$
10			$10\frac{10}{11}$	500	2	5	$5\frac{5}{11}$
20		1	$9\frac{9}{11}$	1000	4	10	$10\frac{10}{11}$
30		2	$8\frac{8}{11}$	2000	9	1	$9\frac{9}{11}$
40		3	$7\frac{7}{11}$	4000	18	3	$7\frac{7}{11}$
50		4	$6\frac{6}{11}$	5000	22	14	$6\frac{6}{11}$
100		9	$1\frac{1}{11}$	10000	45	9	$1\frac{1}{11}$
120		10	$10\frac{10}{11}$				

Sur les Morues qui ne payent que 4 sous du cent en nombre, compte marchand.

Nombre.	Livres.	Sous	Den.	Nombre.	Livres.	Sous	Den.
Poisson.				Poissons.			
1			$\frac{4}{11}$	130		3	$11\frac{3}{11}$
2			$\frac{8}{11}$	132		4	
3			$1\frac{1}{11}$	200		6	$\frac{8}{11}$
4			$1\frac{5}{11}$	300		9	$1\frac{1}{11}$
5			$1\frac{9}{11}$	400		12	$1\frac{5}{11}$
10			$3\frac{7}{11}$	500		15	$1\frac{9}{11}$
20			$7\frac{3}{11}$	1000	1	10	$3\frac{7}{11}$
30			$10\frac{10}{11}$	2000	3		$7\frac{3}{11}$
40		1	$2\frac{6}{11}$	4000	6	1	$2\frac{6}{11}$
50		1	$6\frac{2}{11}$	5000	7	11	$6\frac{2}{11}$
100		3	$\frac{4}{11}$	10000	15	3	$\frac{4}{11}$
120		3	$7\frac{7}{11}$				

Sur les Morues qui payent 3 livres du cent en nombre, compte ordinaire.

A 3 liv. le cent en nombre, compte ordinaire.	Livres.	Sous.	Deniers.	Fract.
1 poisson. .			7	$\frac{1}{5}$
2		1	2	$\frac{2}{5}$
3		1	9	$\frac{3}{5}$
4		2	4	$\frac{4}{5}$
5		3		
10		6		
20		12		
25		15		
30		18		
35	1	1		
40	1	4		
50	1	10		
60	1	16		
80	2	8		
100	3			
200	6			
300	9			
400	12			
500	15			
1000	30			
1500	45			
2000	60			
3000	90			
4000	120			
5000	150			

Sur les Morues qui payent 3 liv. le cent en nombre, compte marchand.

A 3 l. le 100 compte marchand, de 132 poissons.	Livres.	Sous.	Deniers.	Fract.
1 poisson. .			5	$\frac{5}{11}$
2			10	$\frac{10}{11}$
3		1	4	$\frac{4}{11}$
4		1	9	$\frac{9}{11}$
5		2	3	$\frac{3}{11}$
10		4	6	$\frac{6}{11}$
20		9	1	$\frac{1}{11}$
25		11	4	$\frac{4}{11}$
30		13	7	$\frac{7}{11}$
35		15	10	$\frac{10}{11}$
40		18	2	$\frac{2}{11}$
50	1	2	8	$\frac{8}{11}$
60	1	7	3	$\frac{3}{11}$
80	1	16	4	$\frac{4}{11}$
100	2	5	5	$\frac{5}{11}$
132 compte march.	3			
264 ou 200 idem.	6			
528 ou 400 idem.	12			
1056 ou 800 . .	24			
1320 ou 1000 . .	30			
2640 ou 2000 . .	60			
5280 ou 4000 . .	120			

TABLEAU de calcul des Droits sur le Vin entrant dans les cinq grosses fermes.

Sur celui qui paye 5 l. du tonneau, ou 1 l. 13 s. 4 den. du muid.

Nombre.	Liv.	Sous	Den.	Nombre.	Liv.	Sous	Den.
1 pot.			2 7/9	72 ou 1/2 m.		16	8
2 . .			5 5/9	108 ou 3/4.	1	5	
3 . .			8 8/9	144 ou m	1	13	4
4 . .			11 1/9	2 m.	3	6	8
5 . .		1	1 8/9	3 . .	5		
6 . .		1	4 6/9	4 . .	6	13	4
7 . .		1	7 4/9	5 . .	8	6	8
8 . .		1	10 2/9	6 . .	10		
9 . .		2	1	7 . .	11	13	4
10 . .		2	3 7/9	8 . .	13	6	8
11 . .		2	6 5/9	9 . .	15		
12 . .		2	9 2/9	10 . .	16	13	4
13 . .		3	1/9	11 . .	18	6	8
14 . .		3	2 8/[illegible]	12 . .	20		
15 . .		3	5 6/9	13 . .	21	13	4
16 . .		3	8 4/9	14 . .	23	6	8
17 . .		3	11 2/9	15 . .	25		
18 . .		4	2	20 . .	33	6	8
20 . .		4	7 5/[illegible]	30 . .	50		
30 . .		6	11 3/[illegible]	40 . .	66	13	4
31 . .		7	2 1/9	50 . .	83	6	8
32 . .		7	4 8/9	100. .	166	13	4
33 . .		7	7 6/9	200. .	333	6	8
36 ou 1/4 .		8	4				

Sur celui qui doit 20 livres du tonneau, ou 6 liv. 13 sous 4 den. du muid.

Nombre.	Liv.	Sous	Den.	Nombre.	Livres.	Sous	Den.
1 pot.			11 $\frac{1}{9}$	72 *ou* $\frac{1}{2}$ m.	3	6	8
2 . .		1	10 $\frac{2}{9}$	108 *ou* $\frac{3}{4}$.	5		
3 . .		2	9 $\frac{3}{9}$	144 *ou* m.	6	13	4
4 . .		3	8 $\frac{4}{9}$	2 m. .	13	6	8
5 . .		4	7 $\frac{5}{9}$	3 . .	20		
6 . .		5	6 $\frac{6}{9}$	4 . .	26	13	4
7 . .		6	5 $\frac{7}{9}$	5 . .	33	6	8
8 . .		7	4 $\frac{8}{9}$	6 . .	40		
9 . .		8	4	7 . .	46	13	4
10 . .		9	3 $\frac{1}{9}$	8 . .	53	6	8
11 . .		10	2 $\frac{2}{9}$	9 . .	60		
12 . .		11	1 $\frac{3}{9}$	10 . .	66	13	4
13 . .		12	$\frac{4}{9}$	11 . .	73	6	8
14 . .		12	11 $\frac{5}{9}$	12 . .	80		
15 . .		13	10 $\frac{6}{9}$	13 . .	86	13	4
16 . .		14	9 $\frac{7}{9}$	14 . .	93	6	8
17 . .		15	8 $\frac{8}{9}$	15 . .	100		
18 . .		16	8	20 . .	133	6	8
20 . .		18	6 $\frac{2}{9}$	30 . .	200		
30 . .	1	7	9 $\frac{3}{9}$	40 . .	266	13	4
31 . .	1	8	8 $\frac{4}{9}$	50 . .	333	6	8
32 . .	1	9	7 $\frac{5}{9}$	100 . .	666	13	4
33 . .	1	10	6 $\frac{6}{9}$	200 . .	1333	6	8
36 *ou* $\frac{1}{4}$.	1	13	4				

Sur celui qui acquitte 16 liv. du tonneau, ou 5 liv. 6 sous 8 den. du muid.

Nombre.	Liv.	Sous	Den.	Nombre.	Livres.	Sous	Den.
1 pot. .			8 $\frac{8}{9}$	72 *ou* $\frac{1}{2}$ m.	2	13	4
2 . .		1	5 $\frac{7}{9}$	108 *ou* $\frac{3}{4}$.	4		
3 . .		2	2 $\frac{6}{9}$	144 *ou* m.	5	6	8
4 . .		2	11 $\frac{5}{9}$	2 m. .	10	13	4
5 . .		3	8 $\frac{4}{9}$	3 . .	16		
6 . .		4	5 $\frac{3}{9}$	4 . .	21	6	8
7 . .		5	2 $\frac{2}{9}$	5 . .	26	13	4
8 . .		5	11 $\frac{1}{9}$	6 . .	32		
9 . .		6	8	7 . .	37	6	8
10 . .		7	4 $\frac{8}{9}$	8 . .	42	13	4
11 . .		8	1 $\frac{7}{9}$	9 . .	48		
12 . .		8	10 $\frac{6}{9}$	10 . .	53	6	8
13 . .		9	7 $\frac{5}{9}$	11 . .	58	13	4
14 . .		10	4 $\frac{4}{9}$	12 . .	64		
15 . .		11	1 $\frac{3}{9}$	13 . .	69	6	8
16 . .		11	10 $\frac{2}{9}$	14 . .	75	13	4
17 . .		12	7 $\frac{1}{9}$	15 . .	81		
18 . .		13	4	20 . .	106	13	4
20 . .		14	9 $\frac{7}{9}$	30 . .	160		
30 . .	1	2	2 $\frac{6}{9}$	40 . .	213	6	8
31 . .	1	2	11 $\frac{5}{9}$	50 . .	266	13	4
32 . .	1	3	8 $\frac{4}{9}$	100 . .	533	6	8
33 . .	1	4	5 $\frac{3}{9}$	200 . .	1066	13	4
36 *ou* $\frac{1}{4}$.	1	6	8				

Sur celui qui paye 6 liv. du tonneau ou 2 liv. le muid.

Nombre.	Liv.	Sous	Den.	Nombre.	Livres.	Sous	Den.
1 pot. .			3 ⅓	72 *ou* ½ m.	1		
2 . .			6 ⅔	108 *ou* ¾ .	1	10	
3 . .			10	144 *ou* m.	2		
4 . .		1	1 ⅓	2 m. .	4		
5 . .		1	4 ⅔	3 . .	6		
6 . .		1	8	4 . .	8		
7 . .		1	11 ⅓	5 . .	10		
8 . .		2	2 ⅔	6 . .	12		
9 . .		2	6	7 . .	14		
10 . .		2	9 ⅓	8 . .	16		
11 . .		3	⅔	9 . .	18		
12 . .		3	4	10 . .	20		
13 . .		3	7 ⅓	11 . .	22		
14 . .		3	10 ⅔	12 . .	24		
15 . .		4	2	13 . .	26		
16 . .		4	5 ⅓	14 . .	28		
17 . .		4	8 ⅔	15 . .	30		
18 . .		5		20 . .	40		
20 . .		5	6 ⅔	30 . .	60		
30 . .		8	4	40 . .	80		
31 . .		8	7 ⅓	50 . .	100		
32 . .		8	10 ⅔	100 . .	200		
33 . .		9	2	200 . .	400		
36 *ou* ¼ .		10		400 . .	800		

TABLEAU des Droits de Douane de Valence pour les sept premiers Articles du Tarif, avec la distinction du brut & du net, suivant que les Marchandises doivent ou au brut ou au net, d'après les principes établis aux Observations préliminaires, pag. 28.

PREMIER ARTICLE.

Au brut. Une livre payera 1 sou 3 deniers.				*Au net.* Une livre payera 1 sou 5 deniers.			
Poids.	Liv.	Sous.	Den.	Poids.	Liv.	Sous.	Den.
1 liv. . .		1	3	1 liv. .		1	5
2 . .		2	6	2 . .		2	10
3 . .		3	9	3 . .		4	3
4 . .		5		4 . .		5	8
5 . .		6	3	5 . .		7	1
6 . .		7	6	6 . .		8	6
7 . .		8	9	7 . .		9	11
8 . .		10		8 . .		11	4
9 . .		11	3	9 . .		12	9
10 . .		12	5	10 . .		14	2
15 . .		18	8	15 . .	1	1	4
20 . .	1	4	10	20 . .	1	8	5
25 . .	1	11	1	25 . .	1	15	6
30 . .	1	17	3	30 . .	2	2	7
35 . .	2	3	6	35 . .	2	9	8
40 . .	2	9	8	40 . .	2	16	10
45 . .	2	15	11	45 . .	3	3	11
50 . .	3	2	1	50 . .	3	11	
55 . .	3	8	3	55 . .	3	18	1
60 . .	3	14	7	60 . .	4	5	3
65 . .	4		9	65 . .	4	12	4
70 . .	4	6	11	70 . .	4	19	5

SUITE DU PREMIER ARTICLE.

AU BRUT. — 75 livres payeront 4 l. 13 f. 2 den.

AU NET. — 75 livres payeront 5 l. 6 f. 6 den.

Poids.	Liv.	Sous.	Den.	Poids.	Liv.	Sous.	Den.
75 liv. . .	4	13	2	75 liv. .	5	6	6
80 . .	4	19	5	80 . .	5	13	8
85 . .	5	5	7	85 . .	6		9
90 . .	5	11	10	90 . .	6	7	10
95 . .	5	18		95 . .	6	14	11
1 quint.	6	4	3	1 quint.	7	2	
2 . .	12	8	6	2 . .	14	4	
3 . .	18	12	9	3 . .	21	6	
4 . .	24	17		4 . .	28	8	
5 . .	31	1	3	5 . .	35	10	
6 . .	37	5	6	6 . .	42	12	
7 . .	43	9	9	7 . .	49	14	
8 . .	49	14		8 . .	56	16	
9 . .	55	18	3	9 . .	63	18	
10 . .	62	2	6	10 . .	71		
11 . .	68	6	9	11 . .	78	2	
12 . .	74	11		12 . .	85	4	
13 . .	80	15	3	13 . .	92	6	
14 . .	86	19	6	14 . .	99	8	
15 . .	93	3	9	15 . .	106	10	
16 . .	99	8		16 . .	113	12	
17 . .	105	12	3	17 . .	120	14	
18 . .	111	16	6	18 . .	127	16	
19 . .	118		9	19 . .	134	18	
20 . .	124	5		20 . .	142		

SECOND ARTICLE.

AU BRUT. Une livre payera huit deniers. *AU NET.* Une livre payera neuf deniers.

Poids.	Liv.	Sous.	Den.	Poids.	Liv.	Sous.	Den.
1 liv. . .			8	1 liv. . .			9
2 . .		1	3	2 . .		1	5
3 . .		1	11	3 . .		2	2
4 . .		2	6	4 . .		2	10
5 . .		3	1	5 . .		3	7
6 . .		3	9	6 . .		4	4
7 . .		4	4	7 . .		5	1
8 . .		5		8 . .		5	8
9 . .		5	8	9 . .		6	5
10 . .		6	3	10 . .		7	1
15 . .		9	4	15 . .		10	8
20 . .		12	6	20 . .		14	3
25 . .		15	7	25 . .		17	9
30 . .		18	8	30 . .	1	1	4
35 . .	1	1	10	35 . .	1	4	10
40 . .	1	4	11	40 . .	1	8	5
45 . .	1	8	1	45 . .	1	12	
50 . .	1	11	2	50 . .	1	15	6
55 . .	1	14	3	55 . .	1	19	1
60 . .	1	17	5	60 . .	2	2	8
65 . .	2		6	65 . .	2	6	3
70 . .	2	3	7	70 . .	2	9	9
75 . .	2	6	8	75 . .	2	13	3
80 . .	2	9	10	80 . .	2	16	10
85 . .	2	13	1	85 . .	3		5
90 . .	2	16		90 . .	3	3	11
95 . .	2	19	2	95 . .	3	7	6

SUITE DU SECOND ARTICLE.

AU BRUT. Un quintal payera 3 l. 2 f. 3 d.

AU NET. Un quintal payera 3 l. 11 f.

Poids.	Liv.	Sous.	Den.	Poids.	Liv.	Sous.	Den.
1 quint.	3	2	3	1 quint.	3	11	
2 . .	6	4	6	2 . .	7	2	
3 . .	9	6	9	3 . .	10	13	
4 . .	12	9		4 . .	14	4	
5 . .	15	11	3	5 . .	17	15	
6 . .	18	13	6	6 . .	21	6	
7 . .	21	15	9	7 . .	24	17	
8 . .	24	18		8 . .	28	8	
9 . .	28		3	9 . .	31	19	
10 . .	31	2	6	10 . .	35	10	
11 . .	34	4	9	11 . .	39	1	
12 . .	37	7		12 . .	42	12	
13 . .	40	9	3	13 . .	46	3	
14 . .	43	11	6	14 . .	49	14	
15 . .	46	13	9	15 . .	53	5	
16 . .	49	16		16 . .	56	16	
17 . .	52	18	3	17 . .	60	7	
18 . .	56		6	18 . .	63	18	
19 . .	59	2	9	19 . .	67	9	
20 . .	62	5		20 . .	71		

TROISIEME ARTICLE.

AU BRUT. Une livre payera six deniers.				*AU NET.* Une livre payera sept deniers.			
Poids.	Liv.	Sous.	Den.	Poids.	Liv.	Sous.	Den.
1 liv. . .			6	1 liv. . .			7
2 . .			11	2 . .		1	2
3 . .		1	4	3 . .		1	8
4 . .		1	10	4 . .		2	3
5 . .		2	4	5 . .		2	8
6 . .		2	9	6 . .		3	
7 . .		3	2	7 . .		3	7
8 . .		3	8	8 . .		4	6
9 . .		4	2	9 . .		4	10
10 . .		4	8	10 . .		5	4
15 . .		7		15 . .		8	
20 . .		9	4	20 . .		10	7
25 . .		11	8	25 . .		13	3
30 . .		14		30 . .		15	11
35 . .		16	4	35 . .		18	7
40 . .		18	8	40 . .	1	1	2
45 . .	1	1		45 . .	1	3	10
50 . .	1	3	4	50 . .	1	6	7
55 . .	1	5	8	55 . .	1	9	3
60 . .	1	8		60 . .	1	11	10
65 . .	1	10	4	65 . .	1	14	6
70 . .	1	12	8	70 . .	1	17	1
75 . .	1	15		75 . .	1	19	10
80 . .	1	17	4	80 . .	2	2	6
85 . .	1	19	8	85 . .	2	5	2
90 . .	2	2		90 . .	2	7	8
95 . .	2	4	4	95 . .	2	10	5

SUITE

SUITE DU TROISIEME ARTICLE.

AU BRUT. Un quintal payera 2 l. 6 ſ. 8 d. — *AU NET.* Un quintal payera 2 l. 13 ſ. 2 d.

Poids.	Liv.	Sous.	Den.	Poids.	Liv.	Sous.	Den.
1 quint.	2	6	8	1 quint.	2	13	2
2 . .	4	13	4	2 . .	5	6	4
3 . .	7			3 . .	7	19	6
4 . .	9	6	8	4 . .	10	12	8
5 . .	11	13	4	5 . .	13	5	10
6 . .	14			6 . .	15	19	
7 . .	16	6	8	7 . .	18	12	2
8 . .	18	13	4	8 . .	21	5	4
9 . .	21			9 . .	23	18	6
10 . .	23	6	8	10 . .	26	11	8
11 . .	25	13	4	11 . .	29	4	10
12 . .	28			12 . .	31	18	
13 . .	30	6	8	13 . .	34	11	2
14 . .	32	13	4	14 . .	37	4	4
15 . .	35			15 . .	39	17	6
16 . .	37	6	8	16 . .	42	10	8
17 . .	39	13	4	17 . .	45	3	10
18 . .	42			18 . .	47	17	
19 . .	44	6	8	19 . .	50	10	2
20 . .	46	13	4	20 . .	53	3	4

QUATRIEME ARTICLE.

Au brut, Une livre payera cinq den.				*Au net.* Une livre payera six den.			
Poids.	Liv.	Sous	Den.	Poids.	Liv.	Sous	Den.
1 liv. .			5	1 liv. .			6
2 . .			10	2 . .		1	
3 . .		1	2	3 . .		1	6
4 . .		1	8	4 . .		1	11
5 . .		2	1	5 . .		2	4
6 . .		2	5	6 . .		3	
7 . .		2	9	7 . .		3	6
8 . .		3	2	8 . .		3	10
9 . .		3	6	9 . .		4	4
10 . .		4	2	10 . .		4	8
15 . .		6	3	15 . .		7	
20 . .		8	4	20 . .		9	5
25 . .		10	4	25 . .		11	10
30 . .		12	5	30 . .		14	1
35 . .		14	6	35 . .		16	5
40 . .		16	7	40 . .		18	10
45 . .		18	8	45 . .	1	1	2
50 . .	1		9	50 . .	1	3	7
55 . .	1	2	10	55 . .	1	5	11
60 . .	1	4	10	60 . .	1	8	2
65 . .	1	6	11	65 . .	1	10	6
70 . .	1	9		70 . .	1	12	10
75 . .	1	11	1	75 . .	1	15	5
80 . .	1	13	2	80 . .	1	17	9
85 . .	1	15	3	85 . .	2		1
90 . .	1	17	4	90 . .	2	2	4
95 . .	1	19	5	95 . .	2	4	9

SUITE DU QUATRIEME ARTICLE.

AU BRUT. — Un quintal payera 2 l. 1 s. 6 d.

AU NET. — Un quintal payera 2 l. 7 s. 3 d.

Poids.	Liv.	Sous	Den.	Poids.	Liv.	Sous	Den.
1 quint.	2	1	6	1 quint.	2	7	3
2 . .	4	3		2 . .	4	14	6
3 . .	6	4	6	3 . .	7	1	9
4 . .	8	6		4 . .	9	9	
5 . .	10	7	6	5 . .	11	16	3
6 . .	12	9		6 . .	14	3	6
7 . .	14	10	6	7 . .	16	10	9
8 . .	16	12		8 . .	18	18	
9 . .	18	13	6	9 . .	21	5	3
10 . .	20	15		10 . .	23	12	6
11 . .	22	16	6	11 . .	25	19	9
12 . .	24	18		12 . .	28	7	
13 . .	26	19	6	13 . .	30	14	3
14 . .	29	1		14 . .	33	1	6
15 . .	31	2	6	15 . .	35	8	9
16 . .	33	4		16 . .	37	16	
17 . .	35	5	6	17 . .	40	3	3
18 . .	37	7		18 . .	42	10	6
19 . .	39	8	6	19 . .	44	17	9
20 . .	41	10		20 . .	47	5	

CINQUIEME ARTICLE.

AU BRUT. — Une livre payera quatre den.

AU NET. — Une livre payera cinq den.

Poids.	Liv.	Sous	Den.	Poids.	Liv.	Sous	Den.
1 liv. .			4	1 liv. .			5
2 . .			8	2 . .			9
3 . .		1		3 . .		1	1
4 . .		1	4	4 . .		1	6
5 . .		1	7	5 . .		1	10
6 . .		2		6 . .		2	3
7 . .		2	4	7 . .		2	7
8 . .		2	8	8 . .		3	
9 . .		2	11	9 . .		3	5
10 . .		3	2	10 . .		3	9
15 . .		4	9	15 . .		5	7
20 . .		6	3	20 . .		7	5
25 . .		7	9	25 . .		9	3
30 . .		9	5	30 . .		11	2
35 . .		11		35 . .		13	
40 . .		12	7	40 . .		14	10
45 . .		14		45 . .		16	8
50 . .		15	6	50 . .		18	6
55 . .		17	1	55 . .	1		4
60 . .		18	8	60 . .	1	2	4
65 . .	1		3	65 . .	1	4	2
70 . .	1	1	9	70 . .	1	6	
75 . .	1	3	3	75 . .	1	7	9
80 . .	1	4	10	80 . .	1	9	7
85 . .	1	6	4	85 . .	1	11	5
90 . .	1	7	10	90 . .	1	13	4
95 . .	1	9	5	95 . .	1	15	2

SUITE DU CINQUIEME ARTICLE.

AU BRUT. Un quintal payera 1 l. 11 f.

AU NET. Un quintal payera 1 l. 17 f.

Poids.	Liv.	Sous.	Den.	Poids.	Liv.	Sous.	Den.
1 quint.	1	11		1 quint.	1	17	
2 . .	3	2		2 . .	3	14	
3 . .	4	13		3 . .	5	11	
4 . .	6	4		4 . .	7	8	
5 . .	7	15		5 . .	9	5	
6 . .	9	6		6 . .	11	2	
7 . .	10	17		7 . .	12	19	
8 . .	12	8		8 . .	14	16	
9 . .	13	19		9 . .	16	13	
10 . .	15	10		10 . .	18	10	
11 . .	17	1		11 . .	20	7	
12 . .	18	12		12 . .	22	4	
13 . .	20	3		13 . .	24	1	
14 . .	21	14		14 . .	25	18	
15 . .	23	5		15 . .	27	15	
16 . .	24	16		16 . .	29	12	
17 . .	26	7		17 . .	31	9	
18 . .	27	18		18 . .	33	6	
19 . .	29	9		19 . .	35	3	
20 . .	31			20 . .	37	.	

SIXIEME ARTICLE.

AU BRUT. Une livre payera quatre deniers. *AU NET.* Une livre payera quatre deniers.

Poids.	Liv.	Sous.	Den.	Poids.	Liv.	Sous.	Den.
1 liv. . .			4	1 liv. . .			4
2 . .			6	2 . .			6
3 . .			8	3 . .			9
4 . .			10	4 . .			11
5 . .		1		5 . .		1	2
6 . .		1	3	6 . .		1	6
7 . .		1	6	7 . .		1	9
8 . .		1	8	8 . .		1	11
9 . .		1	10	9 . .		2	2
10 . .		2		10 . .		2	5
15 . .		3	2	15 . .		3	7
20 . .		4	2	20 . .		4	9
25 . .		5	2	25 . .		5	11
30 . .		6	3	30 . .		7	2
35 . .		7	4	35 . .		8	4
40 . .		8	4	40 . .		9	6
45 . .		9	4	45 . .		10	8
50 . .		10	4	50 . .		11	10
55 . .		11	5	55 . .		13	
60 . .		12	6	60 . .		14	3
65 . .		13	7	65 . .		15	5
70 . .		14	7	70 . .		16	7
75 . .		15	6	75 . .		17	9
80 . .		16	7	80 . .		19	
85 . .		17	7	85 . .	1		2
90 . .		18	8	90 . .	1	1	4
95 . .		19	9	95 . .	1	2	6

SUITE DU SIXIEME ARTICLE.

AU BRUT. — *AU NET.*

Un quintal payera 1 l. 9 den. — Un quintal payera 1 l. 3 s. 8 d.

Poids.	Liv.	Sous.	Den.	Poids.	Liv.	Sous.	Den.
1 quint.	1		9	1 quint.	1	3	8
2 . .	2	1	6	2 . .	2	7	4
3 . .	3	2	3	3 . .	3	11	
4 . .	4	3		4 . .	4	14	8
5 . .	5	3	9	5 . .	5	18	4
6 . .	6	4	6	6 . .	7	2	
7 . .	7	5	3	7 . .	8	5	8
8 . .	8	6		8 . .	9	9	4
9 . .	9	6	9	9 . .	10	13	
10 . .	10	7	6	10 . .	11	16	8
11 . .	11	8	3	11 . .	13		4
12 . .	12	9		12 . .	14	4	
13 . .	13	9	9	13 . .	15	7	8
14 . .	14	10	6	14 . .	16	11	4
15 . .	15	11	3	15 . .	17	15	
16 . .	16	12		16 . .	18	18	8
17 . .	17	12	9	17 . .	20	2	4
18 . .	18	13	6	18 . .	21	6	
19 . .	19	14	3	19 . .	22	9	8
20 . .	20	15		20 . .	23	13	4

SEPTIEME ARTICLE.

Au brut. Une livre payera deux deniers. — *Au net.* Une livre payera trois deniers.

Poids.	Liv.	Sous.	Den.	Poids.	Liv.	Sous.	Den.
1 liv. . .			2	1 liv. . .			3
2 . .			5	2 . .			4
3 . .			6	3 . .			7
4 . .			8	4 . .			9
5 . .			10	5 . .			11
6 . .			11	6 . .		1	1
7 . .		1	1	7 . .		1	4
8 . .		1	3	8 . .		1	6
9 . .		1	5	9 . .		1	8
10 . .		1	7	10 . .		1	9
15 . .		2	5	15 . .		2	8
20 . .		3	2	20 . .		3	6
25 . .		3	11	25 . .		4	4
30 . .		4	9	30 . .		5	2
35 . .		5	6	35 . .		6	
40 . .		6	3	40 . .		6	10
45 . .		7	1	45 . .		7	8
50 . .		7	10	50 . .		8	9
55 . .		8	8	55 . .		9	7
60 . .		9	5	60 . .		10	5
65 . .		10	3	65 . .		11	3
70 . .		11		70 . .		12	1
75 . .		11	9	75 . .		13	1
80 . .		12	6	80 . .		14	
85 . .		13	4	85 . .		14	11
90 . .		14	1	90 . .		15	9
95 . .		14	10	95 . .		16	7

SUITE DU SEPTIEME ARTICLE.

AU BRUT.				*AU NET.*			
Un quintal payera 15 ſ. 8 den.				Un quintal payera 17 ſ. 6 den.			
Poids.	Liv.	Sous.	Den.	Poids.	Liv.	Sous.	Den.
1 quint.		15	8	1 quint.		17	6
2 . .	1	11	4	2 . .	1	15	
3 . .	2	7		3 . .	2	12	6
4 . .	3	2	8	4 . .	3	10	
5 . .	3	18	4	5 . .	4	7	6
6 . .	4	14		6 . .	5	5	
7 . .	5	9	8	7 . .	6	2	6
8 . .	6	5	4	8 . .	7		
9 . .	7	1		9 . .	7	17	6
10 . .	7	16	8	10 . .	8	15	
11 . .	8	12	4	11 . .	9	12	6
12 . .	9	8		12 . .	10	10	
13 . .	10	3	8	13 . .	11	7	6
14 . .	10	19	4	14 . .	12	5	
15 . .	11	15		15 . .	13	2	6
16 . .	12	10	8	16 . .	14		
17 . .	13	6	4	17 . .	14	17	6
18 . .	14	2		18 . .	15	15	
19 . .	14	17	8	19 . .	16	12	6
20 . .	15	13	4	20 . .	17	10	

TABLEAUX de calculs pour faciliter la perception des droits d'Abord & de Consommation.

Sur les Harengs blancs & saurs, à 1 liv. 6 den. par baril pour le droit d'Abord, & à 1 liv. 7 sous pour celui de Consommation.

CONSOMMATION.				ABORD.		
Nombre des Barils ou Leths.	Liv.	Sous	Den.	Liv.	Sous	Deniers.
1/16 de baril. . .		1	8 1/4		1	3 1/8
1/8		3	4 1/2		2	6 3/4
1/4		6	9		5	1 1/2
1/2		13	6		10	3
3/4	1		3		15	5
1 baril. . . .	1	7		1		6
2	2	14		2	1	
3	4	1		3	1	6
4	5	8		4	2	
5	6	15		5	2	6
6	8	2		6	3	
7	9	9		7	3	6
8	10	16		8	4	
9	12	3		9	4	6
10	13	10		10	5	
11	14	17		11	5	6

Suite du Tarif sur les Harengs blancs & saurs, à 1 l. 6 s. par baril pour le droit d'Abord, & à 1 l. 7 s. pour celui de Consommation.

	Consommation.			Abord.		
Nombre des Barils ou Leths.	Liv.	Sous	Den.	Liv.	Sous	Den.
12 barils ou 1 leth.	16	4		12	6	
2 leths ou 24 bar.	32	8		24	12	
3 leths ou 36 bar.	48	12		36	18	
4 l. ou 48 b. . .	64	16		49	4	
5 l. ou 60 b. . .	81			61	10	
6 l. ou 72 b. . .	97	4		73	16	
7 l. ou 84 b. . .	113	8		86	2	
8 l. ou 96 b. . .	129	12		98	8	
9 l. ou 108 b. .	145	16		110	14	
10 l. ou 120 b. .	162			123		
11 l. ou 132 b. .	178	4		135	6	
12 l. ou 144 b. .	194	8		147	12	
13 l. ou 156 b. .	210	12		159	18	
14 l. ou 168 b. .	226	16		172	4	
15 l. ou 180 b. .	243			184	10	
16 l. ou 192 b. .	259	4		196		
17 l. ou 204 b. .	275	8		209	2	

D'abord & de Consommation sur les Huitres à raison de 1 l. 6 s. 11 d. le millier en nombre compte marchand, qui est de 1320, suivant la décision du conseil du 23 juillet 1743.

Nombre.	Livres.	Sous.	Deniers.
100 Huitres. . .		2	½
200		4	1
300		6	1 ½
400		8	2
500		10	2 ½
1000	1		5
1300	1	6	7 ½
1320	1	6	11
2000	2		10
3000	3	1	3
4000	4	1	8
8000	8	3	4
10000	10	4	2
16000	16	6	8
20000	20	8	4
30000	30	12	6
50000	51		10
100000	102	1	8

De Consommation sur les Maquereaux, à raison de 1 l. 13 s. 7 den. par baril.

Consommation.	Livres.	Sous.	Deniers.
$\frac{1}{4}$ de baril.		8	4 $\frac{3}{4}$
$\frac{1}{2}$		16	9 $\frac{1}{2}$
$\frac{3}{4}$	1	5	2 $\frac{1}{4}$
1 baril.	1	13	7
2	3	7	2
3	5		9
4	6	14	4
5	8	7	11
6	10	1	6
7	11	5	1
8	13	8	8
9	15	2	3
10	16	15	10
11	18	9	5
12 barils ou 1 leth. .	20	3	
2 leths.	40	6	
4	80	12	
6	120	18	
8	161	4	
10	201	10	
15	302	5	
16	322	8	
18	362	14	
20	403		
30	604	10	
40	806		

De Consommation sur les Morues, sur le pied de 4 liv. 8 den. par cent en nombre, compte marchand.

Consommation à 4 liv. 8 den.	Livres.	Sous.	Den.
1 Poisson ou $\frac{1}{2}$ poignée.			7 $\frac{1}{3}$
2		1	2 $\frac{2}{3}$
3		1	10
4		2	5 $\frac{1}{3}$
5		3	$\frac{2}{3}$
10		6	1 $\frac{1}{3}$
12		7	4
15		9	2
18		11	
19		11	7 $\frac{1}{3}$
20		12	2 $\frac{2}{3}$
21		12	10
25		15	3 $\frac{1}{3}$
50	1	10	6 $\frac{2}{3}$
66	2		4
88	2	13	9 $\frac{1}{3}$
100	3	1	1 $\frac{1}{3}$
132 ou 100 compte md.	4		8
264 ou 200 idem. .	8	1	4
396 ou 300 . . .	12	2	
528 ou 400 . . .	16	2	8
660 ou 500 . . .	20	3	4
792 ou 600 . . .	24	4	
924 ou 700 . . .	28	4	8
1056 ou 800 . . .	32	5	4
1188 ou 900 . . .	36	6	
1320 ou 1000 . . .	40	6	8
2640 ou 2000 . . .	80	13	4

De Consommation sur les Morues, sur le pied de 1 liv. 14 sous du cent en nombre, compte marchand.

Consommation à 1 liv. 14 sous.	Livres.	Sous.	Den.
1 Poisson ou $\frac{1}{2}$ poignée.			3 $\frac{1}{11}$
2			6 $\frac{2}{11}$
3			9 $\frac{3}{11}$
4		1	$\frac{4}{11}$
5		1	3 $\frac{5}{11}$
10		2	6 $\frac{10}{11}$
12		3	1 $\frac{1}{11}$
15		3	10 $\frac{4}{11}$
18		4	7 $\frac{7}{11}$
19		4	10 $\frac{8}{11}$
20		5	1 $\frac{9}{11}$
21		5	4 $\frac{10}{11}$
25		6	5 $\frac{3}{11}$
50		12	10 $\frac{6}{11}$
66		17	
88	1	2	8
100	1	5	9 $\frac{1}{11}$
132 ou 100 compte md.	1	14	
264 ou 200 idem. . .	3	8	
396 ou 300 . . .	5	2	
528 ou 400 . . .	6	16	
660 ou 500 . . .	8	10	
792 ou 600 . . .	10	4	
924 ou 700 . . .	11	18	
1056 ou 800 . . .	13	12	
1188 ou 900 . . .	15	6	
1320 ou 1000 . . .	17		
2640 ou 2000 . . .	34		

D'Abord sur les Morues à raison de 3 l. 7 s. 3 d. du cent en nombre, compte marchand.

Nombre.	Livres.	Sous.	Den.
1 Poisson ou ½ poignée.			6 $\frac{5}{44}$
2		1	$\frac{10}{44}$
3		1	6 $\frac{15}{44}$
4		2	$\frac{20}{44}$
5		2	6 $\frac{25}{44}$
10		5	1 $\frac{6}{44}$
20		10	2 $\frac{12}{44}$
40	1		4 $\frac{24}{44}$
60	1	10	6 $\frac{36}{44}$
80	2		9 $\frac{4}{44}$
100	2	10	11 $\frac{16}{44}$
132 ou 100 compte md.	3	7	3
264 ou 200 idem. . .	6	14	6
396 ou 300 . . .	10	1	9
528 ou 400 . . .	13	9	
660 ou 500 . . .	16	16	3
792 ou 600 . . .	20	3	6
924 ou 700 . . .	23	10	9
1056 ou 800 . . .	26	18	
1188 ou 900 . . .	30	5	3
1320 ou 1000 . . .	33	12	6
2640 ou 2000 . . .	67	5	

TABLEAU

***Tableau** de calcul du droit d'Abord sur les Saumons venant de l'étranger, à raison de 2 liv. le baril, poids de cinq cents livres.*

Poids.	Livres.	Sous.	Deniers.	Fract.
$\frac{1}{4}$ . .				$\frac{6}{25}$
$\frac{1}{2}$ . .				$\frac{12}{25}$
$\frac{3}{4}$ . .				$\frac{18}{25}$
1 livre. .				$\frac{24}{25}$
2 . .			1	$\frac{23}{25}$
3 . .			2	$\frac{22}{25}$
4 . .			3	$\frac{21}{25}$
5 . .			4	$\frac{20}{25}$
10 . .			9	$\frac{15}{25}$
20 . .		1	7	$\frac{5}{25}$
25 . .		1		
30 . .		2	4	$\frac{20}{25}$
31 $\frac{1}{4}$ ou $\frac{1}{8}$ de baril.		2	5	$\frac{1}{25}$
40 . .		3	2	$\frac{10}{25}$
50 . .		4		
62 $\frac{1}{2}$ . .		5		
100 . .		8		
125 ou $\frac{1}{4}$ de baril.		10		
200 . .		16		
250 ou $\frac{1}{2}$ de baril.	1			
300 . .	1	4		
400 . .	1	12		
500 ou baril. .	2			
1000 . .	4			

Suite du Tableau du droit d'Abord sur les Saumons venant de l'étranger, à raison de 2 liv. le baril, poids de cinq cents livres.

Poids.	Livres.	Sous.	Deniers.	Fract.
2000 . .	8			
3000 . .	12			
4000 . .	16			
5000 . .	20			
6000 ou 12 b. ou 1 l.	24			
12000 ou 24 b. ou 2 l.	48			
18000 ou 36 b. ou 3 l.	52			
24000 ou 48 b. ou 4 l.	96			
36000 ou 60 b. ou 5 l.	144			
42000 ou 84 b. ou 7 l.	164			

De Consommation sur les mêmes Saumons, à raison de 3 l. 7 s. 3 d. par baril du poids de cinq cents liv.

Poids.	Livres.	Sous.	Deniers.	Fract.
1 livre. .			1	$\frac{307}{500}$
2 . .			3	$\frac{114}{500}$
3 . .			4	$\frac{421}{500}$
4 . .			6	$\frac{228}{500}$
5 . .			8	$\frac{35}{500}$
10 . .		1	4	$\frac{70}{500}$
20 . .		2	8	$\frac{140}{500}$
40 . .		5	4	$\frac{280}{500}$

Suite du droit de Consommation sur les Saumons, à raison de 3 l. 7 s. 3 d. par baril du poids de 500 liv.

Poids.	Livres.	Sous.	Deniers.	Fract.
50 livre. .		6	8	350/500
100 . .		13	5	200/500
200 . .	1	6	10	400/500
300 . .	2		4	100/500
400 . .	2	13	9	300/500
500 ou 1 baril.	3	7	3	
1000 ou 2 b. .	6	14	6	
1500 ou 3 b. .	10	1	9	
2000 ou 4 b. .	13	9		
3000 ou 6 b. .	20	3	6	
4000 ou 8 b. .	26	18		
5000 ou 10 b. .	33	12		
6000 ou 12 b. ou 1 l.	40	7		
12000 ou 24 b. ou 2 l.	80	14		
18000 ou 36 b. ou 3 l.	121	1		
24000 ou 48 b. ou 4 l.	161	8		
30000 ou 60 b. ou 5 l.	201	15		
36000 ou 72 b. ou 6 l.	242	2		
42000 ou 84 b. ou 7 l.	282	9		

TABLEAU des opérations de la Jauge pour la perception du Droit de Fret.

ON a vu aux Observations Préliminaires, à l'article du droit de *Fret*, page xxxiij, que la jauge des navires devoit être faite à morte charge, sans égard au poids des Marchandises. On observera ici que ; suivant l'arrêt du 15 juillet 1704, conforme à l'ordonnance de la Marine du mois d'août 1681, au titre 10 du livre 2, article 5, & à l'article 329 du bail de Domergue, cette jauge doit être faite à raison de quarante-deux pieds cubes par tonneau. Il reste à indiquer comment il faut procéder à cette jauge ou mesurage : elle peut être faite de plusieurs manieres ; on en donnera seulement deux exemples ; c'est à l'expérience des jaugeurs jurés de fixer la préférence sur la méthode qu'ils croiront la plus sûre.

Premier Exemple.

Commencez par vous assurer de la longueur du navire & de sa hauteur, tant dans les bouts que dans le milieu ; & supposez que vous ayiez trouvé les dimensions suivantes :

Longueur 60 pieds.

			Pieds.	Pouces
Largeur d'un bout.	15	pieds.		
De l'autre bout. .	14			
En tout . . .	29	dont la moitié est de	14	6
		Ajoutez pour la largeur du milieu.	20	
		le produit sera. .	34	6
		dont la moitié sera	17	3
Hauteur d'un bout	8	pieds.		
De l'autre bout. .	7			
Total. . . .	15	dont la moitié est de	7	6
		Ajoutez pour la hauteur du milieu.	6	
		le produit sera .	13	6
		& la moitié faisant la hauteur moyenne	6	9

Il résulte de ces opérations que la longueur est de . . . . . 60 pieds.

La largeur commune de . 17 3 pouces.

Et la hauteur commune de 6 9

Multipliez les .	60		pieds faisant la longueur,
par les	17		pieds 3 pouces de largeur,
	1020		
	15		
le produit sera de	1035		
qui multiplié par .	6	9	formant la hauteur,
	6210		
	517	6	
	258	9	
donneront . . .	6986	3	.

Divisez-les par 42 pieds cubes formant le tonneau, 166 tonneaux & 14 pieds faisant le $\frac{1}{3}$ du tonneau, seront le résultat & formeront la jauge du navire.

SECOND EXEMPLE.

Ce second exemple est plus compliqué que le premier : peut-être la méthode qu'il indique donne-t-elle aussi un résultat plus certain ; l'expérience seule peut résoudre ce doute.

La longueur supposée dans l'espece est aussi de 60 pieds.

Il faut fixer la largeur du navire dans trois parties

différentes, & l'on doit en uſer de même pour la hauteur ; ainſi ſuppoſons cette largeur,

1°. Pour le bout du vaiſſeau ſur le devant.

	Pieds.	Pouces.	Pieds.	Pouces.
Dans le haut de ce bout.	15		Total.	
Dans le milieu. . .	14		42	
Dans le bas. . . .	13			

2°. Pour le milieu.

Largeur dans le haut. .	14	6		
Dans le milieu. . .	15	3	43	9
Dans le bas. . . .	14			

3°. Pour l'autre bout.

Dans le haut. . . .	14	6		
Dans le milieu. . .	14		41	9
Dans le bas. . . .	13	3		
En tout. . .			127	6
dont il faut prendre le neuvieme qui eſt			14	2

La hauteur ſuppoſée ſera 1°. pour le bout du vaiſſeau, ſur le devant, dans le milieu de ce bout, en avant.

	Pieds.	Pouces.	Pieds.	Pouces.
en avant.	8	9	Total.	
Sur un côté. . . .	7	6	23	9
Sur l'autre côté. . .	7	6		

			Pieds.	Pouces.
Ci-contre. . Total .			23	9

2°. Pour le milieu.

			Pieds.	Pouces.
Dans le milieu du bâtiment.	6	9		
Sur un côté. . . .	6	3	19	3
Sur l'autre côté. . .	6	3		

3°. Pour l'autre bout.

			Pieds.	Pouces.
Dans le milieu de ce bout.	9	6		
Sur un côté. . . .	7	9	25	
Sur l'autre côté. . .	9	7		
En tout. . . .			68	
dont il faut également prendre le 9e. qui est			7	6 $\frac{2}{3}$.

	Pieds.	Pouces.	
Ces diminutions ainsi constatées, la longueur donnée qui est de . .	60		
doit être multipliée par	14	2	formant la largeur moyenne.
	840		
	10		
Le produit sera . . .	850		
qui multipliés par .	7	6 $\frac{2}{3}$	faisant la hauteur commune,
	5950		
	425		
	47	2 $\frac{2}{3}$	
donneront un total de	6422	2 $\frac{2}{3}$	
qu'il faut diviser par 42 pieds	222		
formant le tonneau .		$\frac{2}{3}$ restant.	

152 tonneaux & $\frac{19}{20}$ pour les 38 pieds reſtans, ſeront le réſultat de cette opération.

Nota. Il faudra dans cet exemple, comme dans le précédent, diminuer ce qu'on jugera convenable pour le membrement des mâts & des pompes qui ſont dans le navire.

Afin de faciliter la premiere opération, on donne ci-après une Table qui indiquera le port de chaque navire, ſuivant le nombre de pieds que compoſe la ſupputation des trois dimenſions, ſans faire aucune diviſion. Pour l'intelligence, il faut, après avoir trouvé le nombre de pieds meſurés, comme celui de 6986, chercher dans la Table le nombre qui approche le plus, qui eſt celui de 6972, on trouvera vis-à-vis qu'ils forment 166 tonneaux.

Pieds.	Tonneaux.	Pieds.	Tonneaux.
42	1	714	17
84	2	756	18
126	3	798	19
168	4	840	20
210	5	882	21
252	6	924	22
294	7	966	23
336	8	1008	24
378	9	1050	25
420	10	1092	26
462	11	1134	27
504	12	1176	28
546	13	1218	29
588	14	1260	30
630	15	1302	31
672	16	1344	32

Pieds.	Tonneaux.	Pieds.	Tonneaux.
1386	33	2730	65
1428	34	2772	66
1470	35	2814	67
1512	36	2856	68
1554	37	2898	69
1596	38	2940	70
1638	39	2982	71
1680	40	3024	72
1722	41	3066	73
1764	42	3108	74
1806	43	3150	75
1848	44	3192	76
1890	45	3234	77
1932	46	3276	78
1974	47	3318	79
2016	48	3360	80
2058	49	3402	81
2100	50	3444	82
2142	51	3486	83
2184	52	3528	84
2226	53	3570	85
2268	54	3612	86
2310	55	3654	87
2352	56	3696	88
2394	57	3738	89
2436	58	3780	90
2478	59	3822	91
2520	60	3864	92
2562	61	3906	93
2604	62	3948	94
2646	63	3990	95
2688	64	4032	96

Pieds.	Tonneaux.	Pieds.	Tonneaux.
4074	97	5418	129
4116	98	5460	130
4158	99	5502	131
4200	100	5544	132
4242	101	5586	133
4284	102	5628	134
4326	103	5670	135
4368	104	5712	136
4410	105	5754	137
4452	106	5796	138
4494	107	5838	139
4536	108	5880	140
4578	109	5922	141
4620	110	5964	142
4662	111	6006	143
4704	112	6048	144
4746	113	6090	145
4788	114	6132	146
4830	115	6174	147
4872	116	6216	148
4914	117	6258	149
4956	118	6300	150
4998	119	6342	151
5040	120	6384	152
5082	121	6426	153
5124	122	6468	154
5166	123	6510	155
5208	124	6552	156
5250	125	6594	157
5292	126	6636	158
5334	127	6678	159
5376	128	6720	160

Pieds.	Tonneaux.	Pieds.	Tonneaux.
6762	161	8106	193
6804	162	8148	194
6846	163	8190	195
6888	164	8232	196
6930	165	8274	197
6972	166	8316	198
7014	167	8358	199
7056	168	8400	200
7098	169	8442	201
7140	170	8484	202
7182	171	8526	203
7224	172	8568	204
7266	173	8610	205
7308	174	8652	206
7350	175	8694	207
7392	176	8736	208
7434	177	8778	209
7476	178	8820	210
7518	179	8862	211
7560	180	8904	212
7602	181	8946	213
7644	182	8988	214
7686	183	9030	215
7728	184	9072	216
7770	185	9114	217
7812	186	9156	218
7854	187	9198	219
7896	188	9240	220
7938	189	9282	221
7980	190	9324	222
8022	191	9366	223
8064	192	9408	224

Pieds.	Tonneaux.	Pieds.	Tonneaux.
9450	225	10752	256
9492	226	10794	257
9534	227	10836	258
9576	228	10878	259
9618	229	10920	260
9660	230	10962	261
9702	231	11004	262
9744	232	11046	263
9786	233	11088	264
9838	234	11130	265
9870	235	11172	266
9912	236	11214	267
9954	237	11256	268
9996	238	11298	269
10038	239	11340	270
10080	240	11382	271
10122	241	11424	272
10164	242	11466	273
10206	243	11508	274
10248	244	11550	275
10290	245	11592	276
10332	246	11634	277
10374	247	11676	278
10416	248	11718	279
10458	249	11760	280
10500	250	11802	281
10542	251	11844	282
10584	252	11886	283
10626	253	11928	284
10668	254	11970	285
10710	255	12012	286

Pieds.	Tonneaux.	Pieds.	Tonneaux.
12054	287	12516	298
12096	288	12558	299
12638	289	12600	300
12180	290	14700	350
12222	291	15750	375
12264	292	16800	400
12306	293	17850	425
12348	294	18900	450
12390	295	19950	475
12432	296	21000	500
12474	297		

TABLEAUX de calculs pour faciliter la perception du droit particulier des Huiles.

Sur celles de Graines, à 1 liv. 5 sous le cent pesant net, ou 1 liv. 10 den. le cent pesant brut, le sixieme déduit pour la tare.

A 1 liv. 5 sous le cent pesant net.				A 1 l. 10 d. le cent pesant brut, sixieme déduit sur le droit.		
Poids.	Livres.	Sous	Den.	Liv.	Sous	Den.
¼ . . .			¾			⅝
½ . . .			1 ½			1 ¼
¾ . . .			2 ¼			1 ⅞
1 livre. . .			3			2 ½
5 . . .		1	3		1	½
10 . . .		2	6		2	1
12 ½ . . .		3	1 ½		2	7 ¼
25 . . .		6	3		5	2 ½
37 ½ . . .		9	4 ½		7	9 ¾
50 . . .		12	6		10	5
62 ½ . . .		15	7 ½		13	¼
75 . . .		18	9		15	7 ½
87 ½ . . .	1	1	10 ½		18	2 ¾
100 . . .	1	5		1		10
200 . . .	2	10		2	1	8
300 . . .	3	15		3	2	6

Suite du Tarif des droits sur les Huiles de Graines, &c.

	A 1 livre 5 sous le cent pesant net.			A 1 livre 10 den. le cent pesant brut.		
Poids.	Liv.	Sous.	Den.	Liv.	Sous.	Den.
400 liv. . .	5			4	3	4
500 . .	6	5		5	4	2
600 . .	7	10		6	5	
700 . .	8	15		7	5	10
800 . .	10			8	6	8
900 . .	11	5		9	7	6
1000 . .	12	10		10	8	4
2000 . .	25			20	16	8
3000 . .	37	10		31	5	
4000 . .	50			41	13	4
5000 . .	62	10		52	1	8
10000 . .	125			104	3	4
50000 . .	625			520	16	8
100000 . .	250			1041	13	4

Sur celles qui doivent 2 liv. 10 sous par quintal net ; ou 2 liv. 1 sou 8 den. du cent pesant brut, sixieme déduit.

Poids.	Liv.	Sous	Den.	Poids.	Liv.	Sous	Den.
1/4 . .			1 1/4	100	2	1	8
1/2 . .			2 1/2	200	4	3	4
3/4 . .			3 3/4	300	6	5	
1 liv. .			5	400	8	6	8
2 . .			10	500	10	8	4
3 . .		1	3	600	12	10	
4 . .		1	8	700	14	11	8
5 . .		2	1	900	18	15	
6 . .		2	6	1000	20	16	8
7 . .		2	11	2000	41	13	4
8 . .		3	4	3000	62	10	
9 . .		3	9	4000	83	6	8
10 . .		4	2	5000	104	3	4
12 1/2 .		5	2 1/2	6000	125		
25 . .		10	5	7000	145	16	8
37 1/2 .		15	7 1/2	8000	166	13	4
50 . .	1		10	9000	187	10	
62 1/2 .	1	6	1/2	10000	208	6	8
75 . .	1	11	3	20000	416	13	4
87 1/2 .	1	16	5 1/2	30000	625		

Sur

Sur celles d'Aspic, de Laurier, de Pétrole & autres, qui doivent 5 liv. du cent pesant net, & 4 liv. 3 s. 4 den. le cent pesant brut, le sixieme déduit pour la tare.

Poids.	A 5 liv. du cent pesant net. Liv.	Sous	Den.	A 4 l. 3 f. 4 d. le cent pesant brut, sixieme déduit sur le droit pour la tare. Liv.	Sous	Den.
¼ . .			3			2 ½
½ . .			6			5
¾ . .			9			7 ½
1 liv. .		1				10
5 . .		5			4	2
12 ½ . .		12	6		10	5
25 . .	1	5		1		10
37 ½ . .	1	17	6	1	11	3
50 . .	2	10		2	1	8
62 ½ . .	3	2	6	2	12	1
75 . .	3	15		3	2	6
87 ½ . .	4	7	6	3	12	11
100 . .	5			4	3	4
500 . .	25			20	16	8
1000 . .	50			41	13	4
5000 . .	250			208	6	8
10000 . .	500			416	13	4
50000 . .	2500			2083	6	8
100000 . .	5000			4166	13	4

Sur les Savons à raison de 1 liv. 10 sous par quintal net, ou de 1 liv. 7 sous, le dixieme déduit pour la tare.

Nombre.	Livres.	Sous	Den.	Nombre.	Livres.	Sous	Den.
12 ½ . .		3	4 ½	300	4	1	
25 . .		6	9	400	5	8	
37 ½ .		10	1 ½	500	6	15	
50 . .		13	6	1000	13	10	
62 ½ .		16	10 ½	2000	27		
75 . .	1		3	3000	40	10	
87 ½ .	1	3	7 ½	4000	54		
100 . .	1	7		5000	67	10	
112 ½ .	1	10	4 ½	10000	135		
125 . .	1	13	9	11000	148	10	
137 ½ .	1	17	1 ½	12000	162		
150 . .	2		6	13000	175	10	
162 ½ .	2	3	10 ½	14000	189		
175 . .	2	7	3	15000	202	10	
187 ½ .	2	10	7 ½	16000	216		
200 . .	2	14		20000	270		

TABLEAUX de calcul des droits de Jauge & Courtage.

Sur l'Eau-de-vie, à raison de 2 liv. 5 sous le muid de 144 pots, mesure de Paris.

Entrée à 1 liv. 13 s. 4 den. le muid de 144 pots, mesure de Paris.				Subvention, à 5 l. 10 s.			Jauge & Courtage, à 2 l. 5 s.		
Mesures.	Liv.	Sous	Den.	Liv.	Sous	Den.	Liv.	Sous	Den.
1 pot.			2 7/9			9 1/6			3 3/4
2 . .			5 5/9		1	6 2/6			7 1/2
3 . .			8 3/9		2	3 3/6			11 1/4
4 . .			11 1/9		3	4/6		1	3
5 . .		1	1 8/9		3	9 5/6		1	6 3/4
6 . .		1	4 6/9		4	7		1	10 1/2
7 . .		1	7 4/9		5	4 1/6		2	2 1/4
8 . .		1	10 2/9		6	1 2/6		2	6
9 . .		2	1		6	10 3/6		2	9 3/4
10 . .		2	3 7/9		7	7 4/6		3	1 1/2
11 . .		2	6 5/9		8	4 5/6		3	5 1/4
12 . .		2	9 3/9		9	2		3	9
13 . .		3	1/9		9	11 1/6		4	3/4
14 . .		3	2 8/9		10	8 2/6		4	4 1/2
15 . .		3	5 6/9		11	5 3/6		4	8 1/4
16 . .		3	8 4/9		12	2 4/6		5	
17 . .		3	11 2/9		12	11 5/6		5	3 3/4
18 . .		4	2		13	9		5	7 1/2
19 . .		4	4 7/9		14	6 1/6		5	11 1/4
20 . .		4	7 5/9		15	3 2/[illegible]		6	3

Suite du Tarif sur les Eaux-de-vie.

	Entrée.			Subvention.			Jauge & Courtag.		
Mesures.	Liv.	Sous	Den.	Liv.	Sous	Den.	Liv.	Sous	Den.
21 pots.		4	10 $\frac{3}{9}$		16	$\frac{3}{6}$		6	6 $\frac{3}{4}$
22 . .		5	1 $\frac{1}{9}$		16	9 $\frac{4}{6}$		6	10 $\frac{1}{2}$
23 . .		5	3 $\frac{8}{9}$		17	6 $\frac{5}{6}$		7	2 $\frac{1}{4}$
24 . .		5	6 $\frac{6}{9}$		18	4		7	6
25 . .		5	9 $\frac{4}{9}$		19	1 $\frac{1}{6}$		7	9 $\frac{3}{4}$
26 . .		6	$\frac{2}{9}$		19	10 $\frac{2}{6}$		8	1 $\frac{1}{2}$
27 . .		6	3	1		7 $\frac{3}{6}$		8	5 $\frac{1}{4}$
28 . .		6	5 $\frac{7}{9}$	1	1	4 $\frac{4}{6}$		8	9
29 . .		6	8 $\frac{5}{9}$	1	2	1 $\frac{5}{6}$		9	$\frac{3}{4}$
30 . .		6	11 $\frac{3}{9}$	1	2	11		9	4 $\frac{1}{2}$
31 . .		7	2 $\frac{1}{9}$	1	3	8 $\frac{1}{6}$		9	8 $\frac{1}{4}$
32 . .		7	4 $\frac{8}{9}$	1	4	5 $\frac{2}{6}$		10	
33 . .		7	7 $\frac{6}{9}$	1	5	5 $\frac{3}{6}$		10	3 $\frac{3}{4}$
34 . .		7	10 $\frac{4}{9}$	1	5	11 $\frac{4}{6}$		10	7 $\frac{1}{2}$
35 . .		8	1 $\frac{2}{9}$	1	6	8 $\frac{5}{6}$		10	11 $\frac{1}{4}$
36 *ou* $\frac{1}{4}$.		8	4	1	7	6		11	3
72 *ou* $\frac{1}{2}$ m.		16	8	2	15		1	2	6
108 *ou* $\frac{3}{4}$.	1	5		4	2	6	1	13	9
144 *ou* m.	1	13	4	5	10		2	5	
2 m.	3	6	8	11			4	10	
3 . .	5			16	10		6	15	
4 . .	6	13	4	22			9		
5 . .	8	6	8	27	10		11	5	
10 . .	16	13	4	55			22	10	
20 . .	33	6	8	110			45		
30 . .	50			165			67	10	
40 . .	66	13	4	220			90		

Sur l'Esprit de Vin, à 6 liv 15 sous le muid.

	Subvention, à 16 liv. 10 sous le muid.			Entrée, à 5 liv.			Jauge & Courtag. à 6 liv. 15 s.		
Mesures.	Liv.	Sous	Den.	Liv.	Sous	Den.	Liv.	Sous	Den.
1 pot. .		2	3 3/6			8 3/9			11 1/4
2 . .		4	7		1	4 6/9		1	10 1/2
3 . .		6	10 3/6		2	1		2	9 3/4
4 . .		9	2		2	9 3/9		3	9
5 . .		11	5 3/6		3	5 6/9		4	8 1/4
6 . .		13	9		4	2		5	7 1/2
7 . .		16	3/6		4	10 3/9		6	6 3/4
8 . .		18	4		5	6 6/9		7	6
9 . .	1		7 3/6		6	3		8	5 1/4
10 . .	1	2	11		6	11 3/9		9	4 1/2
11 . .	1	5	2 3/4		7	7 6/9		10	3 3/4
12 . .	1	7	6		8	4		11	3
13 . .	1	9	9 3/6		9	3/9		12	2 1/4
14 . .	1	12	1		8	6 6/9		13	1 1/2
15 . .	1	14	4 3/6		10	5		14	3/4
20 . .	2	5	10		13	10 6/9		18	9
25 . .	2	17	3 3/6		17	4 3/9	1	3	5 1/4
30 . .	3	8	9	1		10	1	8	1 1/2
35 . .	4		2 3/6	1	4	3 6/9	1	12	9 3/4
36 *ou* 1/4 .	4	2	6	1	5		1	13	9
72 *ou* 1/2 m.	8	5		2	10		3	7	6
108 *ou* 3/4.	12	7	6	3	15		5	1	3
144 *ou* m.	16	10		5			6	15	
2 m. .	33			10			13	10	
3 . .	49	10		15			20	5	

Suite du Tarif des droits fur l'Efprit-de-Vin.

	Subvention.			Entrée.			Jauge & Courtag.		
Mefures.	Liv.	Sous	Den.	Liv.	Sous	Den.	Liv.	Sous	Den.
4 Muids.	66			20			27		
5 . .	82	10		25			33	15	
10 . .	165			50			67	10	
15 . .	247	10		75			101	5	
20 . .	230			100			135		

Sur le Vin, à 15 sous par muid.

Subvention, à 2 l. 14 f. le muid : Ordonnance de 1680.				Jauge & Courtage, à 15 sous par muid : Déclarations des 9 déc. 1687 & 10 octobre 1689. Jauge, 5 sous, Courtage 10 sous.			
Mesures.	Liv.	Sous	Den.	Nombre.	Liv.	Sous	Den.
1 pot. .			4 ½	1 pot. .			1 ¼
2 . .			9	2 . .			2 ½
3 . .		1	1 ½	3 . .			3 ¾
4 . .		1	6	4 . .			5
5 . .		1	10 ½	5 . .			6 ¼
6 . .		2	3	6 . .			7 ½
7 . .		2	7 ½	7 . .			8 ¾
8 . .		3		8 . .			10
9 . .		3	4 ½	9 . .			11 ¼
10 . .		3	9	10 . .		1	½
11 . .		4	1 ½	11 . .		1	1 ¾
12 . .		4	6	12 . .		1	3
13 . .		4	10 ½	13 . .		1	4 ¼
14 . .		5	3	14 . .		1	5 ½
15 . .		5	7 ½	15 . .		1	6 ¾
16 . .		6		16 . .		1	8
17 . .		6	4 ½	17 . .		1	9 ¼
18 . .		6	9	18 . .		1	10 ½
20 . .		7	6 ½	20 . .		2	1
30 . .		11	3	30 . .		3	1 ½
31 . .		11	7 ½	31 . .		3	2 ¾
32 . .		12		32 . .		3	4
33 . .		12	4 ½	33 . .		3	5 ¼
36 *ou* ¼ .		13	6	36 *ou* ¼ .		3	9

Suite du Tarif sur le Vin.

Subvention, à 2 liv. 14 sous.				Jauge & Courtage, à 15 liv. par muid.			
Mesures.	Liv.	Sous	Den.	Nombre.	Liv.	Sous	Den.
72 *ou* ½ m.	1	7		72 *ou* ½.		7	6
108 *ou* ¾.	2		6	108 *ou* ¾.		11	3
144 *ou* m.	2	14		144 *ou* m.		15	
2 m.	5	8		2 m.	1	10	
3	8	2		3	2	5	
4	10	16		4	3		
5	13	10		5	3	15	
6	16	4		6	4	10	
7	18	18		7	5	5	
8	21	12		8	6		
9	24	6		9	6	15	
10	27			10	7	10	
11	29	14		11	8	5	
12	32	8		12	9		
13	35	2		13	9	15	
14	37	16		14	10	10	
15	40	10		15	11	5	
20	54			20	15		
30	81			30	22	10	
40	108			40	30		
50	135			50	37	10	
100	270			100	75		
200	540			200	150		

TABLEAUX de calculs des droits de Subvention par doublement.

Sur la Biere, à raison de 1 liv. 7 ſ. le muid de 144 pots.

Meſures.	Liv.	Sous	Den.	Meſures.	Liv.	Sous	Den.
1 pot. . .			2 ¼	22 pots.		4	1 ½
2 . .			4 ½	23 . .		4	3 ¾
3 . .			6 ¾	24 . .		4	6
4 . .			9	25 . .		4	8 ¼
5 . .			11 ¼	30 . .		5	7 ½
6 . .		1	1 ½	36 *ou* ¼ .		6	9
7 . .		1	3 ¾	72 *ou* ½ m.		13	6
8 . .		1	6	108 *ou* ¾ .	1		3
9 . .		1	8 ¼	144 *ou* m.	1	7	
10 . .		1	10 ½	2 m.	2	14	
11 . .		2	¾	4 .	5	8	
12 . .		2	3	5 .	6	15	
13 . .		2	5 ¼	10 .	13	10	
14 . .		2	7 ½	20 .	27		
15 . .		2	9 ¾	30 .	40	10	
16 . .		3		40 .	54		
17 . .		3	2 ¼	50 .	67		
18 . .		3	4 ½	100 .	134		
19 . .		3	6 ¾	200 .	268		
20 . .		3	9	1000 .	1340		
21 . .		3	11 ¼				

Sur l'Eau-de-vie, à 5 liv. 10 sous le muid de 144 pots, mesure de Paris.

Subvention, à 5 liv. 10 sous.

Mesures.	Livres.	Sous.	Den.
1 pot.			9 $\frac{1}{6}$
2		1	6 $\frac{2}{6}$
3		2	3 $\frac{3}{6}$
4		3	$\frac{4}{6}$
5		3	9 $\frac{5}{6}$
6		4	7
7		5	4 $\frac{1}{6}$
8		6	1 $\frac{2}{6}$
9		6	10 $\frac{3}{6}$
10		7	7 $\frac{4}{6}$
11		8	4 $\frac{5}{6}$
12		9	2
13		9	11 $\frac{1}{6}$
14		10	8 $\frac{2}{6}$
15		11	5 $\frac{3}{6}$
16		12	2 $\frac{4}{6}$
17		12	11 $\frac{5}{6}$
18		13	9
19		14	6 $\frac{1}{6}$
20		15	3 $\frac{2}{6}$
21		16	$\frac{3}{6}$
22		16	9 $\frac{4}{6}$
23		17	6 $\frac{5}{6}$
24		18	4
25		19	1 $\frac{1}{6}$
26		19	10 $\frac{2}{6}$
27	1		7 $\frac{3}{6}$
28	1	1	4 $\frac{4}{6}$

Suite du Tarif sur l'Eau-de-vie.

Mesures.	Livres.	Sous.	Den.
29 pots.	1	2	1 5/6
30	1	2	11
31	1	3	8 1/6
32	1	4	5 2/6
33	1	5	5 3/6
34	1	5	11 4/6
35	1	6	8 1/6
36 *ou* ¼.	1	7	6
72 *ou* ½ muid.	2	15	
108 *ou* ¾.	4	2	6
144 *ou* muid.	5	10	
2 muids.	11		
3	16	10	
4	22		
5	27	10	
10	55		
20	110		
30	165		
40	220		

Sur l'Esprit de Vin, à raison de 16 l. 10 s. le muid.

Subvention, à 16 liv. 10 sous le muid.

Mesures.	Livres.	Sous.	Deniers.
1 pot. . .	.	2	3 ½
2	.	4	7
3	.	6	10 ½
4	.	9	2
5 . . .	.	11	5 ½
6	.	13	9
7	.	16	½
8	.	18	4
9 . . .	. 1		7 ½
10 . . .	. 1	2	11
11 . . .	. 1	5	2 ¾
12	. 1	7	6
13	. 1	9	9 ½
14	. 1	12	1
15	. 1	14	4 ½
20	. 2	5	10
25	. 2	17	3 ½
30	. 3	8	9
35	. 4	.	2 ½
36 *ou* ¼. . .	4	2	6
72 *ou* ½ muid. .	8	5	
108 *ou* ¾. . .	12	7	6
144 *ou* muid. .	16	10	
2 muids. . .	33		
3 . . .	49	10	
4 . . .	66		
5 . . .	82	10	
10 . . .	165		
15 . . .	247	10	
20 . . .	230		

Sur le Vin, à 2 liv. 14 sous le muid.

Subvention, à 2 liv. 14 sous le muid : Ordonnance de 1680.

Mesures.	Livres.	Sous.	Den.
1 pot. . . .			4 ½
2			9
3		1	1 ½
4		1	6
5		1	10 ½
6		2	3
7		2	7 ½
8		3	
9		3	4 ½
10		3	9
11		4	1 ½
12		4	6
13		4	10 ½
14		5	3
15		5	7 ½
16		6	
17		6	4 ½
18		6	9
20		7	6 ½
30		11	3
31		11	7 ½
32		12	
33		12	4 ½
36 *ou* ¼. . . .		13	6
72 *ou* ½ muid. . .	1	7	
108 *ou* ¾. . . .	2		6
144 *ou* muids. . .	2	14	

Suite du Tarif sur le Vin.

Nombre.	Livres.	Sous.	Deniers.
2 muids. . .	5	8	
3	8	2	
4	10	16	
5	13	10	
6	16	4	
7	18	18	
8	21	12	
9	24	6	
10	27		
11	29	14	
12	32	8	
13	35	2	
14	37	16	
15	40	10	
20	54		
30	81		
40	108		
50	135		
100	270		
200	540		

DROITS qui se payent sur les marchandises qui viennent d'une province du Royaume à Lyon.

CE qui vient de la Flandre, du Hainaut, du Cambresis, de l'Artois, de la Franche-Comté, de la Bretagne, de la Guienne, du Limousin & des autres provinces réputées étrangeres qui avoisinent les cinq grosses fermes, & qui passent par lesdites cinq grosses fermes, a à payer au premier bureau des cinq grosses fermes le quart des droits d'entrée du tarif de 1664, & à Lyon, la douane de Lyon pour tenir lieu du surplus.

Toute marchandise venant des cinq grosses fermes à Lyon, ne doit que la douane de Lyon.

Une marchandise tirée du Languedoc, de Provence & du Comtat pour Lyon par terre, paye la douane de Valence, & prend acquit à caution pour assurer le payement de la douane de Lyon à Lyon.

Du Dauphiné à Lyon, on paye la douane de Valence & celle de Lyon.

Du pays des franchises du Dauphiné qui consistent en vingt-huit paroisses, situées entre Lyon & différents bureaux du Dauphiné, on n'acquitte que la douane de Lyon, en justifiant par certificat du cru ou de la fabrique de ces marchandises dans ces paroisses.

Du Lyonnois à Lyon, on ne doit également que la douane de Lyon.

ARRÊT

ARRÊT

DU CONSEIL D'ÉTAT DU ROI,

Du 6 mars 1714,

Portant réglement pour les privileges des habitants de Mouzon.

VU au conseil d'état du Roi l'arrêt rendu en icelui le 25 janvier 1701, par lequel il est ordonné que les habitants de Mouzon continueront de jouir des privileges, dont ils avoient joui jusqu'alors, &c. LE ROI EN SON CONSEIL, ayant aucunement égard à la requête des habitants de Mouzon, a ordonné & ordonne par forme de réglement ce qui en suit :

I. Les habitants de la ville & châtellenie de Mouzon, continueront de jouir, comme ils ont fait par le passé, de l'exemption des droits de sortie des marchandises & denrées qu'ils tireront de France par les bureaux des cinq grosses fermes, comme aussi de l'exemption des droits d'entrée sur les vins, graisseries, laines, beurres, fromages, suifs, huiles de toutes sortes, savons, miel, harengs, poisson de mer frais, sec & salé, même des morues vertes & seches, le tout pour leur usage & consommation seulement, a la charge de les déclarer à leur arrivée au bureau établi à Mouzon, sans néanmoins que lesdites marchandiſes & denrées qui ſeront revenues de France, puiſſent ſortir de Mouzon & châtellenie pour l'étranger, qu'après avoir payé les droits de ſortie au bureau de Mouzon, à peine de confiſcation: pourront néanmoins renvoyer à l'étranger, ſans payer aucuns droits, celles qui en ſeront venues & qui n'auront pas été vendues, pourvu qu'elles n'y aient ſéjourné que pendant deux fois vingt-quatre heures, & ſans que leſdites marchandiſes venues de l'étranger puiſſent être portées dans l'étendue des cinq groſſes fermes, qu'en y payant les droits d'entrée au plus prochain bureau, ainſi qu'il eſt accoutumé, à peine de confiſcation.

II. Ils jouiront pareillement de l'exemption des droits d'entrée ſur les bœufs, vaches, brebis, moutons & porcs qu'ils pourront faire venir de l'étranger, à la charge auſſi de les déclarer à leur arrivée au bureau de Mouzon, & qu'en ſortant après y avoir ſéjourné deux fois vingt-quatre heures, ſoit pour retourner à l'étranger, ſoit pour entrer dans les cinq groſſes fermes, ils payeront au bureau de Mouzon les droits de ſortie & d'entrée des cinq groſſes fermes, ſuivant les tarifs: arrêts & réglements, à peine de confiſcation.

III. Ils jouiront pareillement de l'exemption des droits d'entrée ſur l'acier, les fers, l'étain & le cuivre non-ouvré, qu'ils pourront faire venir de l'étranger, en les déclarant au bureau de Mouzon, ſans que leſdites marchandiſes puiſſent retourner à l'étranger ou entrer dans les cinq groſſes fermes, qu'en payant au bureau de Mouzon les droits de ſortie & d'entrée; ſavoir, sur l'acier & les fers, suivant l'arrêt du conseil du 2 avril 1701. Pour l'étain, les droits du tarif de 1664, outre ceux de deux sous six deniers pour chaque livre pesant, suivant l'ordonnance de 1681. Et pour les cuivres, ceux du tarif de 1664, aussi à peine de confiscation, & sans qu'il puisse être établi aucune fonderie audit Mouzon & dépendances.

IV. Ils pourront pareillement faire venir de l'étranger les chevaux * pour leur usage seulement, sans qu'ils puissent les faire entrer dans l'étendue des cinq grosses fermes, que par les bureaux permis, en payant les droits tels qu'ils sont ordonnés par les tarifs, déclarations, arrêts & réglements, sans en abuser, à peine de déchéanche de leurs privileges.

V. Ils pourront faire venir de l'étranger les sucres, en les déclarant & payant au bureau de Mouzon les droits portés par l'arrêt du conseil du 25 avril 1690, mais ils ne pourront faire venir à Mouzon & dépendances aucunes drogueries & épiceries, par petites ou grosses parties, que par les bureaux des cinq grosses fermes, ainsi qu'ils ont fait par le passé, à peine de confiscation & des amendes portées par les ordonnances, déclarations & arrêts, & d'être déchus de leurs privileges.

---

* Par l'ordonnance de 1687, titre III, article III, les chevaux ne pouvoient entrer dans les cinq grosses fermes que par les bureaux y fixés ; mais il a été dérogé à cet article par les arrêts des 6 septembre 1701, 18 août 1722, & 10 mai 1723, qui en permettent l'entrée par tous les bureaux indistinctement.

VI. Ordonne Sa Majesté que toutes les marchandises venant de l'étranger, autres que celles ci-devant spécifiées, sujettes au droit des tarifs de 1667, arrêts postérieurs & au tarif de 1699 *, ne pourront entrer audit Mouzon & dépendances qu'en payant les droits qui sont ordonnés, à peine de confiscation & des amendes portées par lesdits arrêts & réglements.

VII. Fait Sa Majesté très-expresses inhibitions & défenses aux habitants de Mouzon & dépendances d'y faire entrer aucunes mousselines, toiles peintes, écorces d'arbres, étoffes des Indes, & de la Chine, de soie, or & argent, ni autres sortes de marchandises de quelque qualité qu'elles soient, dont l'entrée est prohibée dans le royaume, ni même celles dont l'entrée n'est permise que par certains ports & bureaux, à peine de confiscation, trois mille livres d'amende, & d'être déchus de leurs privileges.

VIII. Lesdits habitants de Mouzon & dépendances continueront de jouir du privilege de faire entrer en France par les bureaux des cinq grosses fermes, & sortir pour l'étranger, sans payer aucuns droits, les denrées & marchandises provenant de leur cru & concru, en remettant par le propriétaire habitant de Mouzon ou dépendances, un certificat signé de lui au receveur du bureau de Mouzon, ou autres bureaux établis dans ladite châtellenie, sur lequel lesdits receveurs donneront audit habitant un passavant sans frais

* L'arrêt du 31.

pour l'entrée dans les cinq grosses fermes, ou sortie pour l'étranger.

IX. Et quant aux droits dus pour les marchandises étrangeres entrées audit Mouzon depuis l'arrêt du 14 novembre 1713, Sa Majesté, par grace, en a déchargé & décharge lesdits habitants, faisant défenses audit Nerville de faire aucunes poursuites pour raison de ce contre les redevables. Enjoint Sa Majesté au sieur commissaire départi en la province de Champagne, de tenir la main à l'exécution du présent arrêt, qui sera lu, publié & affiché dans Mouzou, à ce qu'aucun n'en ignore. FAIT au conseil d'état du Roi, tenu à Versailles, le sixieme jour de mars mille sept cent quatorze.

Signé, GOUJON.

LETTRES-PATENTES DU ROI,

Concernant l'étendue & l'application des privileges des Ville & Principautés de Sédan, Raucourt & Saint-Manges.

Données à Marly, au mois de mai 1779.

Registrées en la Cour des Aides, le 9 juillet 1779.

LOUIS, par la grace de Dieu, Roi de France & de Navarre, à tous présents & à venir: SALUT. Nous avons ordonné, par nos lettres-patentes du mois de juillet 1777, que les droits & impôts qui se levoient dans les ville & principautés de Sédan, Raucourt & Saint-Manges avant la publication de celles du mois de décembre 1776, confirmatives des privileges desdites villes & principautés, continueroient à être perçus comme par le passé, & cependant nous nous sommes réservé de nous expliquer d'une maniere claire & positive sur l'étendue & l'application de ces privileges. Nous nous sommes fait rendre compte des demandes des habitants sur ces objets, ainsi que des titres sur lesquels ils se fondoient, & de l'avis de notre conseil, de notre certaine science, pleine puissance & autorité royale, nous avons ordonné & ordonnons ce qui suit :

ART. I. La subvention & les impositions extraordinaires, ainsi que tous autres droits, subsides & impôts ordinaires, continueront à être levés & perçus dans les ville & principautés de Sédan, Raucourt & Saint-Manges, en la forme & maniere accoutumée & comme par le passé : & la nourriture & l'entretien des Enfants-Trouvés continueront d'être pareillement à la charge des habitants dans l'étendue de la justice de Sédan.

II. Supprimons & éteignons le droit de quarantieme par ménage, & de vingt-quatrieme pour les veuves, sous le titre de corvées personnelles, perceptible au profit de la ville de Sédan sur tous les habitants. Et voulant assurer à ladite ville le remplacement du produit dudit droit, nous ordonnons que l'octroi de six livres par piece d'eau-de-vie, établi en 1754, pour servir de remboursement aux sommes par elles dues à l'hôpital-général, continuera, après ce remboursement effectué, de subsister pour toujours au profit de ladite ville ; notre intention étant même que les habitants jouiſſent, dès le moment actuel, des avantages d'une ſuppreſſion à laquelle nous ne nous portons que par des vues de bienfaiſance à leur égard ; ſans néanmoins qu'il en puiſſe réſulter aucune diminution ſur les revenus de ladite ville de Sédan ; nous ferons pourvoir, dès l'inſtant de ladite ſuppreſſion, des deniers de notre tréſor royal, au remplacement, juſqu'à concurrence dudit droit ſupprimé par ces préſentes.

III. Seront tenus les habitants deſdites ville & principautés de Sédan d'acquitter, comme par le paſſé, les droits d'inſpecteurs aux boiſſons & courtiers-jaugeurs, dans tous les cas où ils ſont dus, conformément aux réglements de 1705 & 1722 ; & les droits d'anciens & nouveaux cinq ſous, ceux de gros & autres droits y joints ; mais ſeulement ſur les boiſſons qui ſeront exportées de la ville & principauté de Sédan dans le royaume ou à l'étranger, ſoit qu'elles aient été recueillies, fabriquées ou façonnées dans leſdites villes & principautés, ou qu'elles aient été tirées de l'étranger ou du royaume.

IV. Seront également tenus leſdits habitants d'acquitter, comme par le paſſé, les droits de papiers & parchemin de formule, contrôle des exploits, contrôle des actes, inſinuation, centieme denier, ſcel & petit ſcel, recette & contrôle des épices ; les droits d'inſpecteurs aux boucheries, de marque des fers, de marque & contrôle des ouvrages d'or & d'argent ; du droit unique de la marque des cuirs, & de ceux ſur l'amidon, la poudre, & des papiers & cartons.

V. Ordonnons que la vente exclusive du tabac continuera d'avoir lieu dans lesdites ville & principautés, conformément aux réglements intervenus à ce sujet, & faisons les défenses les plus expresses aux habitants de troubler les fermiers dans leur exploitation, sous les peines portées par lesdits réglements. Permettons néanmoins que l'adjudicataire de nos fermes-unies tienne deux especes de tabacs, l'une de premiere qualité, au prix fixé par tout le royaume, l'autre de qualité inférieure, au prix réduit de quarante-deux sous la livre.

VI. Voulons que les droits de lods & ventes continuent d'être perçus à notre profit, dans l'étendue de la seigneurie de Sédan, à raison de douze deniers par livre, comme par le passé.

VII. Maintenons & gardons lesdits habitants dans le droit & possession d'exporter directement à l'étranger en exemption de droits de sortie, toutes les denrées, bestiaux, marchandises, & autres choses qui naissent, croissent, sont faites & fabriquées ou manufacturées dans l'étendue desdites ville & principautés.

VIII. Les maintenons pareillement dans le droit & possession de faire passer, en exemption de droits d'entrée, dans nos provinces des cinq grosses fermes, les denrées, bestiaux, marchandises & autres especes désignées au précédent article, en justifiant de leur origine par l'apposition des marques prescrites par l'édit du mois de janvier 1584, & autres réglements sur les marchandises susceptibles de marques, & quant à celles qui n'en sont pas susceptibles, à la charge de les faire accompagner d'un certificat, tel qu'il eſt ordonné par l'édit ſuſdaté, afin de conſtater qu'elles ſont crues, ou ont été faites & fabriquées, ou manufacturées dans leſdites principautés.

IX. Jouiront leſdits habitants des franchiſes accordées par les arrêts de notre conſeil & lettres-patentes des 13 octobre, 19 novembre & 22 décembre 1743, aux étoffes, tapiſſeries, bonneteries, toiles & chapeaux; ordonnons en conſéquence que les marchandiſes deſdites cinq eſpeces, fabriquées dans l'étendue deſdites principautés, & qui emprunteront le paſſage des cinq groſſes fermes, pour être exportées directement à l'étranger, ſeront exemptes de tous droits de traites, même locaux, à la charge d'être munis d'acquit à caution, formalité qui n'aura pas lieu cependant pour les draps provenants de la manufacture de Sédan, à l'égard deſquels il en ſera uſé comme par le paſſé; & quant aux marchandiſes & fabriques qui ne ſeroient pas des cinq eſpeces déſignées aux arrêts & lettres-patentes de 1743 & de 1744, ne pourront les habitants prétendre autre ni plus grande faveur que celle dont jouiſſent à la ſortie les marchandiſes de même nature du cru & fabrique des cinq groſſes fermes.

X. Voulons que, ſi les draps de la fabrique de Sédan ſont deſtinés pour le pays réputé étranger, & s'ils y paſſent, ſoit directement de la fabrique, ſoit après avoir été entrepoſés à la Halle, ou en magaſins à Paris, ils ſoient exempts des droits d'entrée & de ſortie des cinq groſſes fermes; à la charge toutefois d'être accompagnés, ou d'un paſſavant pris au bureau de Sédan, s'ils ſont conduits du lieu même de la fabrique dans le réputé étranger, ou d'un nouveau paſſavant qui leur ſera délivré par les commis du bureau de Paris, s'ils ſont chargés dans cette derniere ville pour le réputé étranger ; ſans néanmoins qu'audit cas de deſtination pour le réputé étranger, ladite exemption s'étende aux droits locaux qui y ſont perceptibles.

XI. Confirmons leſdits habitants dans l'exemption des droits pour l'entrée & la ſortie des marchandiſes, lorſque leſdits droits n'excéderont pas trente ſous pour la moitié qui appartient au fermier, & dans la même exemption, ſur un habit complet pour homme & pour femme avec ſes fournitures, & ſur le détail des choſes des manufactures & du cru de Sédan.

XII. Leſdits habitants continueront d'avoir le droit de tirer librement de l'étendue du royaume toutes ſortes de beſtiaux, denrées & marchandiſes non-prohibées, pour être débitées & conſommées dans l'étendue deſdites principautés, en payant ſeulement moitié des droits de ſortie, lorſqu'ils excéderont trente ſous, pour la moitié appartenante au fermier, & en payant pareillement deux livres ſept ſous trois deniers par chaque piece de vin, jauge de Champagne, & pour les autres vaiſſeaux à proportion ; à la charge toutefois que, dans le cas où leſdites denrées ne ſeroient pas conſommées dans leſdites principautés, mais ſeroient exportées au pays étranger ou ou réputé tel, la ſeconde moitié des droits ſera payée, à la ſortie, au bureau de ſupplément établi à Sédan.

XIII. Les maintenons dans le droit & possession de tirer, sans payer aucuns droits, toute espece de denrées, grains, bestiaux, vins & autres marchandises provenant des fermes, terres & héritages qu'ils possedent en France, dans la distance de huit lieues seulement desdites principautés, suivant les états que chaque propriétaire fournira desdits biens & terres, lesquels états seront arrêtés avec le directeur général du département.

XIV. Faisons défenses auxdits habitants de faire venir de l'étranger & d'introduire, soit dans lesdites principautés, soit dans le royaume, pour quelque cause & de quelque maniere que ce soit, les marchandises absolument prohibées, ou celles dont la vente exclusive nous est réservée ou à nos fermiers, sans préjudice de l'exemption du droit de gabelle dont ils jouissent, & sur lequel il sera statué ci-après.

XV. Ne pourront lesdits habitants faire venir les étoffes de laine étrangere, les toiles peintes & toiles de coton blanches ou imprimées, que par les ports & bureaux désignés par les réglements ; savoir, les draperies & étoffes de laine par Calais & Saint-Valery, & les toiles de coton blanches ou imprimées ; par mer, par les ports de Bayonne, Rouen, Nantes, Bordeaux ; & par terre, par les bureaux de Valenciennes, Saint-Dizier, Jougues, Pont-de-Beauvoisin, Septemes & la basse ville de Dunkerque, le tout à la charge d'acquitter les droits imposés par lesdits réglements.

XVI. Voulons que lesdits habitants ne puissent jouir d'aucun emprunt de territoire en exemption de droits que par les ſeuls finages & limites des principautés, tels que ces finages & limites sont exprimés dans les lettres-patentes de 1584, 1595 & 1641, & dans les arrêts de notre conſeil des 18 décembre 1696, & 10 novembre 1699; ordonnons néanmoins que le réglement de notre conſeil du 16 mai 1720 ſera exécuté, & en l'interprétant, en tant que de beſoin, que le gros d'Autruche, l'indigo, le ſummac, le bois d'Inde, la couperoſe & autres ingrédients propres à la teinture, venant à Sédan par le port de Saint-Valery, jouiront du bénéfice du *tranſit* en exemption de droits, ſoit que les ingrédients aient été tirés de Hollande ou de tout autre pays étranger.

XVII. Maintenons leſdits habitants dans l'exemption & franchiſe d'aides, gabelles, grenier à ſel, portés dans l'édit du mois de juin 1664, dans les arrêts de notre conſeil des 22 mars 1660, 18 mars 1711 & 11 juillet 1713, & conformément à iceux.

XVIII. Tous arrêts & jugements qui ſe trouveroient contraires aux diſpoſitions des préſentes ſeront & demeureront comme nuls & non avenus: déclarons que les inſtances pendantes en notre conſeil royal des finances, entre les adjudicataires de nos fermes-générales, les maires, échevins, ſyndics, habitants & négociants des ville & principautés de Sédan, Raucourt & Saint-Manges, tant ſur les demandes deſdits adjudicataires en caſſation de deux arrêts de notre cour des aides de Paris, des 26 août 1776 & 22 juillet 1777, que ſur les oppoſitions deſdits habitants aux arrêts de notre conseil des 21 septembre 1762, 8 septembre 1766 & 16 mai 1769, ainsi que toutes autres instances également portées au conseil, sur les mêmes questions indécises jusqu'à ce jour, demeureront éteintes & assoupies. SI DONNONS EN MANDEMENT à nos amés & féaux les gens tenant notre cour des aides à Paris, que ces présentes ils aient à faire lire, publier & enrégistrer, & le contenu en icelles garder, observer & exécuter selon leur forme & teneur, sans y contrevenir, ni souffrir qu'il y soit contrevenu en quelque sorte & maniere que ce puisse être : Et afin que ce soit chose ferme & stable à toujours, nous avons fait mettre notre scel à cesdites présentes. DONNÉ à Marly au mois de mai, l'an de grace mil sept cent soixante-dix-neuf, & de notre regne le sixieme. *Signé*, LOUIS. *Et plus bas*, par le Roi. Le prince DE MONTBAREY. *Visa*, HUE DE MIROMÉNIL. Et scellé du grand sceau de cire verte, en lacs de soie rouge & verte.

Registrées, ouï & ce réquérant le procureur-général du roi, pour être exécutées selon leur forme & teneur, sans approbation d'aucuns arrêts non revêtus de lettres-patentes duement registrées en la cour, à la charge que les contestations qui pourront survenir à l'occasion de la perception des droits y expliqués, seront portées en premiere instance pardevant les juges ressortissants en la cour établis sur les lieux, & par appel en la cour ; & que copies collationnées desdites lettres-patentes seront envoyées aux sieges du ressort de la cour établis ès villes de Sédan, Raucourt &

Saint-Manges, pour y être lues, publiées & registrées l'audience tenant; enjoint aux substituts du procureur-général du Roi esdits sieges, d'y tenir la main, & de certifier la cour de leurs diligences au mois. **FAIT** *à Paris en la premiere chambre de la cour des aides, le neuf juillet mil sept cent soixante-dix-neuf.* Collationné.

Signé, OUTREQUIN.

ÉDIT DU ROI.

Qui fixe les privileges des sujets des états du corps Helvétique dans le royaume.

Donné à Versailles au mois de décembre 1781.

Registré au parlement, le 8 janvier 1782.

LOUIS, par la grace de Dieu, Roi de France & de Navarre, à tous présents & à venir : SALUT. Après avoir examiné avec la plus scrupuleuse attention les privileges dont la nation Suisse a joui dans notre royaume, nous avons reconnu qu'il en est quelques-uns qui émanent principalement de la paix perpétuelle de l'année 1516, & d'autres de différentes concessions qui lui ont été faites & confirmées de temps en temps par les rois nos prédécesseurs. Tous ces privileges, fondés sur l'esprit & sur la lettre du traité de la paix perpétuelle de 1516, reposoient sur la base de la parfaite réciprocité qui y est stipulée ; mais le corps Helvétique n'ayant rempli, dans aucun temps, les conditions de cette réciprocité, qu'il repréſente comme incompatible avec la conſtitution des différentes républiques qui le compoſent, non-ſeulement les articles de la paix perpétuelle qui accordent des privileges aux Suiſſes, mais les conceſſions qui en ont été comme la ſuite, ſembleroient abrogées par le fait, & nous aurions pu être d'autant plus facilement portés à les regarder comme entiérement caduques, que le changement des circonſtances, la progreſſion étonnante du commerce des Suiſſes, & le tort conſidérable qu'il fait à nos ſujets & à nos finances, étoient pour nous un motif puiſſant & légitime de faire ceſſer des prérogatives auſſi préjudiciables. Néanmoins voulant donner à la nation Helvétique un témoignage éclatant de notre conſtante affection, nous avons préféré de chercher les moyens de concilier l'intérêt de nos peuples & de nos propres revenus avec les avantages dont nous pouvons faire jouir les Suiſſes dans notre royaume, ſans exiger d'eux une réciprocité que leurs conſtitutions ne comportent pas. Cette même affection pour nos fidelles alliés nous a ſur-tout guidés dans cet examen; & nous nous perſuadons que tous les états qui compoſent le louable corps Helvétique, regarderont comme une nouvelle preuve de notre bienveillance les conceſſions que nous nous déterminons à leur faire. A CES CAUSES & autres à ce nous mouvant, de l'avis de notre conſeil, & de notre certaine ſcience, pleine puiſſance & autorité royale, nous avons, par le présent édit, dit, statué & ordonné, disons, statuons & ordonnons, voulons & nous plaît ce qui suit :

ART. I. Les sujets des états qui composent le louable corps Helvétique, de quelque rang & qualité qu'ils soient, auront, comme par le passé, la liberté d'entrer dans notre royaume, d'y aller, venir, séjourner, sans trouble ni empêchement, en se conformant toutefois aux loix de l'état, auxquelles il n'est pas dérogé par le présent édit.

II. Nous voulons bien, par une faveur spéciale, & à l'exemple de plusieurs de nos prédécesseurs, accorder à tous les sujets des états du corps Helvétique, la permission de se domicilier dans notre royaume, d'y acquérir comme les nationaux, &, s'ils ont quelque commerce, profession, métier, ou industrie, de pouvoir l'exercer en toute liberté, pourvu qu'ils se soumettent aux loix, réglements & usages établis dans les lieux où ils feront leur demeure : ladite permission n'emportant pas la faculté de posséder des charges, offices ou bénéfices, auxquels nul étranger ne peut être promu en France.

III. Les Suisses qui seront domiciliés en France, mais qui n'y posséderont aucun bien fonds, & qui n'y exerceront ou n'y auront exercé aucun commerce, profession, métier ou industrie, seront exempts de la capitation & autres charges quelconques personnelles. Dans cette classe seront compris ceux qui séjourneront dans notre royaume pour vaquer à leurs études, de même que les marchands Suisses qui y viendront pour y suivre les

les affaires de leur commerce, mais ſans y établir un domicile, & qui n'y feront qu'un ſéjour paſſager.

IV. Les Suiſſes domiciliés qui poſſéderont des biens fonds dans notre royaume, comme ceux qui y exerceront ou y auront exercé quelque commerce, profeſſion, métier ou induſtrie, ſupporteront, comme nos propres ſujets, toutes les charges de l'état & celles attachées à la nature de leurs poſſeſſions, commerce, profeſſion, métier ou induſtrie. Ils feront ſeulement exempts de la milice, du guet & garde, & du logement des gens de guerre, ſauf, quant à cette derniere exemption, à être, en cas de foule, aſſujettis, comme tous autres exempts, audit logement des gens de guerre.

V. Les Suiſſes domiciliés en France, qui ſe ſeroient établis dans l'intérieur des campagnes ou autres lieux ſujets aux corvées uſitées pour les réparations & entretiens des chemins, y feront ſujets comme les nationaux; permettons néanmoins que, pour acquitter ces corvées, ils puiſſent ſe faire remplacer par des ouvriers mercenaires.

VI. Les Suiſſes ne paieront en France, pour *paréatis*, droits de greffe, droits de ſceau, & autres, que ce que les nationaux paient eux-mêmes.

VII. Les marchandiſes Suiſſes continueront de jouir de la franchiſe pendant les foires ds Lyon, & dix jours après, conformément au traité de 1516: &, voulant donner aux ſujets des républiques Helvétiques une nouvelle preuve de notre affection, nous voulons bien renouveler en leur faveur la teneur des lettres-patentes de Henri II; qui prorogent ce terme cinq jours au-delà.

VIII. Les marchandises entrant en France par la Suisse, seront distinguées en marchandises étrangeres & en marchandises de cru & fabrication Suisse. Les premieres paieront les mêmes droits que si elles étoient entrées dans notre royaume par toute autre frontiere; les autres, consistant en fromages, toiles & fils-de-fer, paieront désormais comme il suit :

IX. Les fromages de Suisse pourront entrer en France par le bureau de Longerai & par celui de Pontarlier, en exemption de tous droits d'entrée, mais à condition d'y être expédiés sous acquit à caution & sous plomb pour Lyon, où il sera justifié, par un certificat du magistrat du lieu d'où ils seront expédiés, de leur qualité de cru & fabrication Suisse; &, s'ils entrent par tout autre bureau, ils seront assujettis aux mêmes droits d'entrée que tous autres fromages étrangers. Ils seront traités au surplus, à la circulation ainsi qu'à la sortie, comme le font maintenant & le seront à l'avenir les fromages de cru & fabrication Françoise.

X. Les toiles de lin & de chanvre, unies ou ouvrées, écrues ou en blanc, y compris le linge de table de cru & fabrication Suisse, dont il sera justifié par des attestations en bonne & due forme, tant de propriété que de cru & fabrication Suisse, & munies des marques inscrites à la douane de Lyon, comme adoptées par les maisons Suisses établies dans cette ville, ne paieront aux entrées que la moitié seulement des droits dus

& perçus, ou qui se percevront sur toutes les autres toiles étrangeres ; bien entendu toutefois, notamment pour le linge de table, que ces toiles seront introduites en pieces, & que, s'il s'agit de linge fait, il devra en totalité les droits d'entrée ordinaire.

XI. Les toiles de fabrication Françoise pouvant circuler dans notre royaume, & en sortir librement, nous voulons bien étendre cette même faveur aux toiles Suisses qui auront reçu à Lyon un plomb & un bulletin. Entendons en conséquence, que les toiles de fabrication Suisse, après avoir payé la moitié seulement des droits dus aux entrées par les toiles étrangeres, puissent, ainsi que celles de fabrication Françoise, circuler & sortir librement, sans payer aucun droit de circulation ni de sortie ; à la charge toutefois que, si les toiles Françoises étoient à l'avenir imposées dans leur circulation ou sortie, dans ce cas les toiles Suisses supporteroient la même imposition.

XII. Quant au surplus des toiles de lin ou de coton fabriquées avec du fil teint, mousselines, toiles de coton blanches, & autres telles qu'elles soient, le tout restera soumis aux divers réglements que nous jugerons à propos de maintenir & d'établir sur tous ces articles.

XIII. Les fils-de-fer de cru & fabrication Suisse, dont il sera justifié par des attestations en bonne & due forme, paieront la moitié seulement des droits dus aux entrées par les fils-de-fer étrangers.

XIV. Les toiles & les fils-de-fer qui entreront

en France en exemption ou diminution de droits, conformément aux articles X & XIII ci-dessus, n'auront d'autre passage que par le bureau de Longerai ; ils y seront expédiés, sous plomb, par acquit à caution pour Lyon, où ils recevront la marque ou plomb & le bulletin qui seront désignés pour ces sortes de marchandises.

XV. Les Suisses pourront exporter dans leur pays les marchandises qu'ils acheteront dans notre royaume, & en paieront, pour cette exportation, d'autres droits que ceux que les François auroient à payer eux-mêmes.

XVI. Si un Suisse abuse des privileges ci-dessus, en prêtant son nom à tout autre négociant, quelconque, ou autrement, il ne sera plus réputé Suisse, & sera puni par les tribunaux de notre royaume, suivant l'exigence du cas.

XVII. Les marchands & négociants Suisses pourront transporter l'or & l'argent monnoyé qu'ils auront reçu pour le prix de leurs marchandises, pourvu qu'ils en fassent leurs déclarations, & qu'ils prennent les passe-ports nécessaires.

XVIII. Dans tous les cas sur lesquels il n'aura point été statué par le présent édit, les Suisses seront entiérement assimilés aux François, & ne pourront prétendre d'être traités plus favorablement que nos propres sujets.

XIX. Les privileges & concessions portés dans le présent édit commenceront au premier janvier 1782, & continueront d'avoir lieu jusqu'au 28 mai 1827, terme auquel doit expirer le traité d'alliance conclu entre nous & le louable corps

Helvétique en 1777. SI DONNONS EN MANDEMENT à nos amés & féaux conſeillers les gens tenant notre cour de parlement à Paris, que notre préſent édit ils aient à faire lire, publier & régiſtrer, & le contenu en icelui faire exécuter ſelon ſa forme & teneur; CAR tel eſt notre plaiſir; & afin que ce ſoit choſe ferme & ſtable, nous y avons fait mettre notre ſcel. DONNÉ à Verſailles, au mois de décembre mil ſept cent quatre-vingt-un, & de notre regne le huitieme. *Signé*, LOUIS. *Et plus bas*, par le Roi, AMELOT. *Viſa* HUE DE MIROMÉNIL. Vu au conſeil, JOLY DE FLEURY. Et ſcellé du grand ſceau de cire verte, en lacs de ſoie rouge & verte.

Regiſtré, ouï & ce requérant le procureur-général du Roi; pour être exécuté ſelon ſa forme & teneur; & copies collationnées dudit édit envoyés aux bailliages & ſénéchauſſées du reſſort, pour y être lu, publié & regiſtré: Enjoints aux ſubſtituts du procureur-général du Roi d'y tenir la main, & d'en certifier la cour au mois, ſuivant l'arrêt de ce jour. A Paris, en parlement, toutes les chambres aſſemblées, le huit janvier mil ſept cent quatre-vingt-deux.

Signé, LE BRET.

LETTRES-PATENTES DU ROI,

Portant confirmation & interprétation des privileges de la ville de Bayonne, & de ceux du pays de Labour, & réglement relatif à la franchise accordée au port de ladite ville.

Données à Versailles, le 4 juillet 1784.

Enrégistrées en conséquence de l'arrêt de la cour, du 6 septembre 1784.

LOUIS, par la grace de Dieu, Roi de France & de Navarre, à tous ceux qui ces présentes lettres verront : SALUT. Nous avons reçu favorablement les supplications que nous ont adressées nos très-fidelles & bien amés sujets, tant de notre ville de Bayonne, que de celle de Saint-Jean-de-Luz & de notre pays de Labour, sur le préjudice considérable qu'a porté à leur commerce & à leur population, la non-jouissance d'une partie des privileges qu'ils tenoient de la bienfaisance des rois nos prédécesseurs, & nous avons résolu non-seulement de confirmer ceux de leurs privileges dont ils n'ont pas cessé de jouir, mais d'y ajouter même de nouvelles faveurs, en donnant la plus grande étendue à leur commerce avec l'étranger, & leur accordant toutes les facilités que l'intérêt général des nations & l'avantage particulier de nos sujets Basques nous ont paru solliciter. Nous nous sommes en conſéquence déterminé à ſupprimer les prohibitions, gênes, formalités & perceptions qui s'étoient introduites au préjudice du commerce deſdites villes & dudit pays, même auſſi le droit de trente ſous par livre de tabac étranger, qui ſe percevoit à leur entrée. Nous avons en même temps jugé néceſſaire, pour empêcher les verſements frauduleux, de maintenir, dans la partie du pays de Labour, qui touche immédiatement à l'intérieur du royaume, une police pareille à celle qui s'exerce ſur toutes les frontieres des provinces traitées à l'inſtar de l'étranger; mais nous avons pris ſoin de la régler de maniere qu'elle laiſſât aux habitants toute facilité & ſureté pour leur conſommation perſonnelle.

Après avoir ainſi aſſuré à la ville de Bayonne tous les avantages qu'elle peut tirer du commerce extérieur, il ne nous reſtoit, pour donner à nos ſujets Baſques, les plus grandes marques de notre bienveillance, qu'à pourvoir à l'encouragement des différentes branches de leur induſtrie qui ont le plus beſoin d'appui; & c'eſt dans cette vue que nous nous ſommes portés à étendre les avantages des pêches nationales à celles des matelots Baſques, & à favoriſer l'introduction dans le royaume des cuirs & des fers fabriqués dans l'intérieur du pays de Labour. A CES CAUSES, & autres à ce nous mouvant de l'avis de notre conſeil, & de notre certaine ſcience, pleine puiſſance & autorité royale, nous avons ordonné, & par ces préſentes ſignées de notre main, ordonnons ce qui ſuit:

Confirmation des privileges de Bayonne, relatifs au commerce étranger.

Art. I. La ville de Bayonne, celle de Saint-Jean-de-Luz, & toute l'étendue du pays de Labour, seront à l'instar de l'étranger effectif, relativement à nos droits de traites, & continueront de jouir pour leur commerce, des privileges que leur ont assurés les lettres-patentes des mois de février quatorze cent quatre-vingt-trois, juillet quatorze cent quatre-vingt-dix-huit, juin quinze cent quarante-sept, vingt-cinq juillet quinze cent cinquante-sept, vingt-trois août quinze cent soixante-cinq, vingt-six avril quinze cent soixante-quatorze, dix-neuf novembre quinze cent quatre-vingt-deux, mai seize cent onze, octobre seize cent dix-sept, juin seize cent quarante-trois, & mars mil sept cent dix-sept, & les arrêts de notre conseil, des dix février mil six cent quatre-vingt huit, & seize septembre mil sept cent deux, qui seront exécutés selon leur forme & teneur, en toutes celles de leurs dispositions auxquelles il ne sera pas dérogé par les articles suivants.

Réglement pour la perception des droits uniformes, & la position des bureaux.

II. Pour la perception des droits uniformes de nos traites, le bureau fixé au bourg du Saint-Esprit, sera le premier bureau d'entrée, & le dernier bureau de sortie de notre royaume, par la grande route de Bayonne, & la perception des mêmes droits continuera d'être faite aux frontieres du pays de Labour sur l'Adour; & aux frontieres de la Basse-Navarre, si ce n'est à l'égard des cuirs tannés & ouvrages de cuir, aux fers ouvrés de toute espece, aux poissons secs ou salés, & huile de poisson de pêche étrangere, pour lesquels la perception desdits droits uniformes sera portée, à la sortie de Bayonne, par la porte de Mousserole, & sur la rive droite de la riviere de Nive, aux bureaux qui leur seront indiqués; avons supprimé & supprimons ladite perception sur l'Adour & aux frontieres de la Basse-Navarre, voulant que le poisson sec ou salé, les huiles de poisson & autres produits de pêche, les cuirs, ouvrages de cuir de toutes sortes, & les fers ouvrés de toute espece, passent librement de la partie du pays de Labour située entre l'Adour & la Nive, dans les provinces voisines, & entrent de cette partie du pays de Labour, dans le commerce des colonies dont les armements se feront au port du Saint-Esprit, sans payer aucuns autres ni plus forts droits que ceux auxquels les mêmes marchandises nationales seroient soumises, & que les cuirs verds & peaux non-apprêtées, passent des provinces voisines jusqu'à ladite riviere de Nive, sans acquitter les droits du tarif de 1667.

III. Les marchandises des cru & fabriques de notre royaume, destinées pour Bayonne, Saint-Jean-de-Luz, & le pays de Labour, jouiront des exemptions & modérations de droits accordées par les arrêts du treize & du quinze octobre, du dix-neuf novembre & du vingt décembre mil ſept cent quarante trois, du dix octobre mil ſept cent quarante - quatre, du quatre octobre mil ſept cent quarante - ſix, du vingt juillet mil ſept cent cinquante-un, & du quinze mai mil ſept cent ſoixante, à la ſortie pour l'étranger effectif.

EXEMPTIONS du privilege excluſif du tabac, & du droit de trente ſous par livre de tabac étranger.

IV. La ville de Bayonne, celle de Saint-Jean-de-Luz, & toute l'étendue du pays de Labour, continueront d'être exemptes de l'exercice du privilege excluſif de notre ferme du tabac; & pour leur donner une marque encore plus ſpéciale de notre bienveillance, nous les exemptons même du paiement du droit de trente ſous établi par la déclaration du quatre mai mil ſept cent quarante-neuf, ſur chacune livre de tabac étranger, à l'entrée des provinces où la vente excluſive n'a pas lieu, & des ſous pour livre y joints, nous réſervant d'indemniſer l'adjudicataire de nos fermes - générales pour la perte qu'il en pourra éprouver, ainſi que pour toutes autres pertes que les diſpoſitions de nos préſentes lettres pourroient lui cauſer dans les produits de la direction de Bayonne.

POLICE de frontiere dans la partie du pays de Labour, ſituée entre l'Adour & la Nive.

V. Et comme il eſt indiſpenſable que toute province dont la conſtitution la met à l'inſtar de l'étranger effectif, relativement aux prohibitions & aux droits de traite, & bien plus encore au tabac, ſoit ſur la frontiere la plus voiſine du royaume, ſoumiſe à une police qui empêche les magaſins propres à opérer des verſements frauduleux, nous ordonnons que ladite police de frontiere continuera d'avoir lieu dans toute la partie du pays de Labour ſituée entre l'Adour & la Nive, conformément à ce qui ſera preſcrit ci-après, & que pour la ſureté de cette police, il ſera établi pluſieurs bureaux de conſerve ; ſavoir, un à la porte de Mouſſerole, dans le lieu qui ſera par nous déterminé, & les autres ſur la rive droite de la riviere de Nive, aux lieux qui ſeront jugés les plus convenables.

BORNES de cette police.

VI. Défendons aux employés de nos fermes-générales ou de nos droits de traites, d'étendre cette police, ni de faire aucune perception plus loin que la rive droite de la riviere de Nive, depuis Bayonne juſque vis-à-vis l'embouchure du ruiſſeau de Latxia, & enſuite plus loin que la rive droite de ce ruiſſeau juſqu'à l'Eſpagne, à peine de tous dépens, dommages & intérêts contre l'adjudicataire de nos fermes.

RÈGLEMENT *pour la partie du pays de Labour où la police de frontiere aura lieu relativement aux marchandises dont l'entrée dans le royaume est prohibée.*

VII. Les entrepôts ou magasins des marchandises prohibées continueront d'être interdits, comme ils le sont aujourd'hui dans ladite partie du pays de Labour ; & seront censés prohibées toutes étoffes qui ne seront pas revêtues de marques de fabriques nationales, ou des plombs qui auront dû y être apposés par les préposés de la ferme-générale, à l'entrée du royaume, sauf l'exception portée aux articles VIII & LIII des présentes.

VIII. Les marchands d'Hasparren & ceux des autres lieux considérables, autorisés en la forme ordinaire à tenir boutique, pourront cependant tirer du fauxbourg du Saint-Esprit, & avoir chez eux en magasin, des étoffes nationales en pieces, revêtues de plombs de fabrique & autres marques nationales, ou des étoffes étrangeres, revêtues des plombs de la ferme, & ils pourront les vendre en détail aux habitants du pays & aux frontaliers de la Navarre, & autres pays intérieurs voisins, sans être tenus de justifier leur origine par la représentation des plombs & marques de fabriques, pourvu qu'ils ne les débitent qu'en coupons de trois aunes & demie & au-dessous.

RÉGLEMENT relatif au tabac, dans la partie du pays de Labour où s'exercera la police de frontiere.

IX. La culture du tabac continuera d'être interdite dans la partie du pays de Labour, située entre l'Adour & la Nive, ainsi que les entrepôts & magasins de la même marchandise, autre néanmoins que ceux permis par les articles ci-après.

X. Les abbé & jurats pourront seuls, dans cette partie du pays de Labour, avoir chez eux un dépôt de plus de deux livres & demie de tabac. Pour former ce dépôt qui devra être unique dans chaque communauté, & destiné à l'approvisionnement de tous les chefs de famille, auxquels il est défendu de se pourvoir de tabac étranger ailleurs que chez lesdits abbé & jurats, lesdits abbé & jurats seront tenus de représenter au commissaire départi, ou à son subdélégué, un état certifié d'eux & du greffier de leur communauté, contenant les noms & surnoms des chefs de famille de ladite communauté qui voudront consommer du tabac étranger, sur la représentation duquel état ladite communauté sera employée, sur un registre à ce destiné, pour une quantité de tabac qui ne pourra excéder celle de deux livres pour chaque chef de famille, ni être renouvelée plus d'une fois par mois; & la permission nécessaire pour faire sortir de Bayonne ledit approvisionnement, sera par ledit sieur intendant & commissaire départi, ou son subdélégué, délivrée auxdits abbé & jurats, par duplicata, pour l'une des expéditions rester au pouvoir desdits abbé & jurats tenus de la représenter aux employés des fermes, lors des visites du dépôt de tabac de leur communauté, & l'autre être remise au bureau des fermes, qui sera établi dans le lieu que nous aurons déterminé près la porte de Mousserolle, par laquelle seule pourra sortir ledit tabac d'approvisionnement, à l'effet d'en faire vérifier la quantité par les employés des fermes, & de faire ficeler & plomber par eux, les ballots qui le contiendront, le tout sans frais.

XI. Les abbé & jurats dépositaires de tabac, ne pourront, même au bout du mois, demander une nouvelle permission, s'il leur reste plus de dix livres de tabac provenant du dernier approvisionnement. Ils ne pourront ouvrir le ballot de nouvel approvisionnement, que lorsque l'ancien aura été totalement épuisé.

XII. Lesdits abbé & jurats seront autorisés à débiter aux consommateurs de leur communauté, par livres, demi-livres & onces ; & il sera établi, au profit des abbé & jurats, dépositaires du tabac de leur communauté, un droit par livre de tabac proportionné à la distance où leurs communautés respectives se trouvent de Bayonne, & aux quantités que les consommateurs préféreront pour leur approvisionnement, par livres, demi-livres, quarterons ou onces, pour dédommager celui des abbé ou jurats chez qui sera le dépôt, de ses frais de transport & de garde, & des peines que lui occasionnera la distribution.

XIII. Il ne pourra se faire aucun transport de tabac en plus grande quantité que celle de deux livres, à moins qu'il ne soit justifié par la permission & par la ficelle & les plombs de la ferme, sains & entiers, que ledit tabac est pour le compte des abbé & jurats d'une communauté, & qu'il ne soit dans la route naturelle de Bayonne à cette communauté.

Hors des cas susdits, les particuliers ne pourront porter, pour leur usage, plus d'une once de tabac en poudre, & d'une once à fumer, si ce n'est lorsque, revenant du dépôt de leurs abbé & jurats, ils rapporteront l'approvisionnement qu'ils y auront pris.

XIV. Les particuliers qui préféreront l'usage du tabac de la ferme-générale, ou qui voudront en avoir pour assortiment, pourront s'en pourvoir au Saint-Esprit, ou aux bureaux de vente volontaire, qu'il sera loisible à la ferme de tenir ouverts, dans Bayonne, ou dans le pays de Labour, pour le débit de ce tabac, à la charge par les habitants de se conformer, pour les quantités, à la regle prescrite par l'article X ci-dessus: & seront tenus les préposés au débit dudit tabac de notre ferme-générale, de délivrer auxdits acheteurs un certificat où la quantité & la date de leur approvisionnement, & leur nom & demeure, seront spécifiés, & qui servira de passavant pour les tabacs y mentionnés, qu'ils rapporteront chez eux, dans le délai de vingt-quatre heures.

FORME pour l'exécution des réglements relatifs aux marchandises prohibées & au tabac, dans la partie du pays de Labour où s'exercera la police de frontiere.

XV. Toute contravention aux articles précédents sera punie, tant par la saisie des objets, que par les amendes & autres peines portées aux réglements, lesquelles seront appliquées suivant la nature des cas.

XVI. Les employés des fermes seront autorisés, dans ladite partie du pays de Labour, située entre l'Adour & la Nive, à toutes visites & perquisitions nécessaires pour empêcher la culture du tabac, & faire exécuter les dispositions des articles précédents.

XVII. Ne pourront les employés des fermes entrer, pour l'exercice de leurs fonctions, dans l'intérieur d'une maison particuliere, ou clôture fermée de portes, sans être accompagnés d'un abbé ou jurat en charge, de la communauté dont cette maison dépend; & dans le cas d'absence ou maladie desdits abbé ou jurats en charge, ils le seront par un ancien abbé. Lesdits abbé ou jurats en charge, ou anciens, ne pourront refuser leur assistance aux employés, lorsqu'ils en seront requis.

XVIII. Tout chef de famille, dans cette partie du pays de Labour, sera tenu à la premiere réquisition des employés, assistés ainsi qu'il est dit à l'article précédent, de souffrir leurs visites, & de leur représenter les étoffes & le tabac qu'il aura dans sa maison.

XIX. Lorsqu'il s'agira de faire visite chez les abbé & jurats dépositaires du tabac de leur communauté, les employés n'auront besoin d'aucune assistance; & lesdits abbé & jurats seront tenus, à la premiere réquisition des employés, de représenter

ſenter leur derniere permiſſion d'approviſionnement, & le tabac qui ſera dans leur maiſon.

Franchise & liberté abſolues & complettes pour la ville de Bayonne, & la partie du pays de Labour, ſituée entre la riviere de Nive & la mer.

XX. La ville de Bayonne, celle de Saint-Jean-de-Luz, & toute la portion du pays de Labour, compriſe entre la riviere de Nive, le ruiſſeau de Latxia, l'Eſpagne, la mer & la rive gauche de l'Adour, depuis le foſſé extérieur de la porte de Mouſſerolle, ſeront franches ; & l'entrée ainſi que la ſortie des marchandiſes étrangeres par la mer, par l'Adour & par la frontiere d'Eſpagne, y ſeront libres & exemptes de toute eſpece de police, de formalités & de droits.

Abolition du droit de coutume de Bayonne.

XXI. En conſéquence, nous ſupprimons & abrogeons le droit de coutume de Bayonne, renonçant, pour nous & nos ſucceſſeurs, à la portion de ce droit qui nous appartient, & nous réſervant d'indemniſer la maiſon de Grammont de la portion du même droit dont elle jouit.

Transit pour la route de Saint-Jean-Pied-de-Port.

XXII. Le tranſit des marchandiſes prohibées, autres que le tabac, & celui des marchandiſes non-prohibées, qui devroient des droits à l'entrée des provinces voiſines, ſi elles étoient pour leur consommation, sera permis en ballots duement cordés par les employés de la ferme-générale, & par eux plombés, en sortant de Bayonne par la porte de Mousserolle, sous acquit à caution, & en suivant la route de Saint-Jean-Pied-de-Port, jusqu'au dernier bureau de cette route sur la frontiere d'Espagne, où les acquits à caution seront représentés & déchargés, après la visite faite des marchandises dans ce dernier bureau, conformément à l'ordonnance de mil six cent quatre-vingt-sept, & à l'arrêt de notre conseil du quatorze septembre mil sept cent quatre-vingt-deux.

XXIII. Les marchandises prohibées ou autres, le tabac excepté, venant d'Espagne à la destination de Bayonne, y pourront pareillement passer en transit par la route de Saint-Jean-Pied-de-Port, duement cordées & plombées au premier bureau de cette route du côté d'Espagne, & munis d'acquits à caution, qui seront déchargées à leur entrée dans Bayonne, au bureau de la porte de Mousserolle, après les visites requises, conformément à la même ordonnance de mil six cent quatre-vingt-sept, & au même arrêt de notre conseil, du quatorze septembre mil sept cent quatre vingt-deux.

NAVIGATION de la Nive, & police de cette navigation.

XXIV. La navigation de la riviere de Nive sera libre depuis Bayonne jusqu'à Laressore, tant en montant, qu'en descendant, mais seulement depuis le soleil levé, jusqu'au soleil couché, & à condition que les bateaux chargés de tabac ou de prohibé, ne pourront s'arrêter que sur la rive gauche de la riviere, excepté dans les cas prévus par l'article suivant ; & qu'au soleil couché, tout bachot, chalant ou nacelle, même non-destinés au commerce, seront solidement attachés au rivage, avec chaîne & cadenas : que les bateaux de toute espece seront numérotés, & les propriétaires responsables du mauvais usage qui en pourroit être fait.

XXV. Si les conducteurs des bateaux sur la Nive, se permettent de mettre à terre, sur la rive droite, tout ou partie d'un chargement de tabac ou de prohibé, lesdits tabacs & marchandises prohibées y seront saisissables de plein droit, & les conducteurs ou propriétaires condamnés aux amendes & autres peines prescrites par les réglements, à moins que ce ne soit dans le cas de naufrage, auquel cas il suffira d'appeler les employés, ou que les déchargements & rechargements que la situation de la riviere pourroit exiger, ne soient faits en présence des employés des fermes, duement requis, & dont il sera à cet effet établi des postes aux lieux qui seront par nous déterminés, jusqu'à ce qu'on ait pu exécuter les travaux nécessaires pour faciliter la navigation de la Nive.

PRIVILEGE pour la pêche Basque.

XXVI. Toutes les pêches Basques continueront d'être regardées comme nationales, en se conformant aux regles prescrites par les articles suivants.

XXVII. Lorsque le poisson de pêche Basque sera frais, comme lorsqu'il sera en vrac, ou au premier sel, il pourra passer dans le royaume, comme tout autre poisson de pêche nationale, & dans la partie du pays de Labour où s'exercera la police de frontiere, en exemption de tout droit & de toute formalité, & par toute espece de chemin.

XXVIII. Le poisson de pêche basque sec ou salé, ne pourra passer de la ville de Bayonne, ou de la partie du pays de Labour, située entre la Nive & la mer, dans l'autre partie du pays de Labour où la police de frontiere aura lieu, que par les bureaux de conserve de la porte de Mousserolle, & autres qui seront établis conformément à l'article V; & pour jouir des avantages que nous nous proposons d'assurer à la pêche des matelots Basques, il ne pourra passer par lesdits bureaux, en quantité moindre d'un quintal; mais passant en cette quantité, & avec les formalités prescrites dans l'article suivant, il sera permis aux marchands de Mousserolle & d'Hasparren d'en former & tenir magasin, pour le débiter en détail aux habitants du pays de Labour soumis à la police de frontiere.

FORME pour assurer aux pêches Basques la jouissance de leurs privileges.

XXIX. Pour que le poisson sec ou salé, tel que la merluche, la morue, les harengs, les maquereaux & la ſardine, ainſi que les peaux de requin & de rouſſette, les huiles de poiſſon, & tous les produits de la pêche de la baleine, jouiſſent de toutes les franchiſes & faveurs attachées aux pêches Françoiſes, lorſqu'ils auront été pêchés & apprêtés par les habitants de Bayonne, de Saint-Jean-de-Luz, ou de la côte du pays de Labour, les patrons de navire & de barques ſeront tenus de faire, avant leur départ, pardevant les maire & échevins de Bayonne ou de Saint-Jean-de-Luz, chacun en droit ſoi, déclaration de la pêche à laquelle ils ſe deſtinent, des noms, de la force & du port de leurs bâtiments, & de faire, en préſence deſdits maire & échevins, rouaner les bariques qu'ils deſtineront à ladite pêche, par un juré-marqueur, que leſdits officiers commettront à cet effet; de tout quoi leſdits maire & échevins leur délivreront un acte par duplicata, dont une expédition ſera dépoſée au bureau des fermes du Saint-Eſprit, pour tenir lieu des déclarations, & dont le receveur dudit bureau remettra au patron le duplicata viſé de lui, le tout gratuitement & ſans frais.

S'ils font enſuite leurs retours dans un port du royaume, même dans celui du Saint-Eſprit, la repréſentation de ce duplicata & de leurs papiers de mer, ſuffira pour que les produits de leur pêche ſoient regardés & traités comme étant de pêche nationale, à la charge qu'au moment de la reconnoiſſance des papiers & repréſentation des bariques remplies de poiſſon de pêche Baſque, les marques de rouane appoſées au départ, ſeront effacées ſur leſdites bariques.

Et s'ils préféroient de faire leurs retours à Bayonne, ou à Saint-Jean-de-Luz, ils seront tenus de se représenter au bureau du Saint-Esprit, où après la vérification faite par le receveur de l'acte de déclaration du départ, le directeur chargera deux commis de se transporter dans celle des deux villes où ils seront requis, & en présence des officiers municipaux, des armateurs, des capitaines ou patrons, & du juré-marqueur, d'y effacer les marques de rouane imprimées sur les bariques, lors du départ, & de dresser procès-verbal de la quantité & qualité des produits de la pêche Basque, qui leur seront représentés, d'après lequel procès-verbal il sera expédié aux armateurs une permission divisée en autant de coupons, s'ils le veulent, qu'il y aura de bariques ou de quintaux de produits de pêche, pour faire entrer dans notre royaume lesdits produits des pêches Basques, comme étant de pêche nationale.

RÉGLEMENT relatif à l'approvisionnement en sel nécessaire aux pêches Basques.

XXX. Il sera permis aux négocians & armateurs de Bayonne, d'envoyer prendre, dans les marais salans du royaume, la quantité de sel nécessaire à leur pêche, & ils y jouiront à l'enlévement, de toutes les exemptions dont jouissent les sels destinés aux pêches Françoises, à la charge d'emmagasiner ces sels au Saint-Esprit, & d'y remplir toutes les formalités auxquelles sont soumis, en pareil cas, les autres ports qui font la pêche nationale.

XXXI. Quant aux négociants & armateurs de Saint-Jean-de-Luz & Cibourre, auxquels il sera également permis de tirer des sels des marais salans, sous acquit à caution, ils ne seront tenus de payer les droits de premier enlevement, que pour les qualités qu'ils ne justifieront pas avoir été employées à la grande pêche.

XXXII. Il suffira, pour justifier cet emploi, qu'ils représentent les déclarations ci-dessus ordonnées par l'article XXIX, & l'expédition du procès-verbal de retour, faisant mention du nombre des bariques pleines de poisson, sur lesquelles les marques de rouane apposées au départ, auront été effacées, conformément audit article XXIX ; & l'exemption des droits de premier enlevement leur sera attribuée sur une quantité de sel proportionnée au nombre desdites bariques, d'après la fixation que nous nous sommes réservés d'en faire.

XXXIII. Nous nous réservons également d'expliquer incessamment nos intentions sur la quantité de sel que nous nous proposons d'accorder en exemption de droits de premier enlevement, aux armateurs de Saint-Jean-de-Luz, Cibourre & arrondissement, pour la consommation des pêches qui se font sur les côtes, ainsi que sur la forme dans laquelle se fera la répartition de cette quantité.

RÉGLEMENT *ſur la maniere dont les négociants de Bayonne pourront faire le commerce des Colonies au bourg du Saint-Eſprit.*

XXXIV. Le commerce des colonies ſera permis aux négociants de Bayonne, en faiſant leurs armements & leurs retours dans le port du Saint-Eſprit, à la rive droite de l'Adour, & ils y jouiront de toutes les faveurs accordées à ce commerce, à la charge de ſe conformer aux lettres-patentes du mois d'avril mil ſept cent dix-ſept. En conſéquence, les diſpoſitions de l'arrêt de notre conſeil, du dix-neuf février mil ſept cent cinquante-quatre n'auront plus lieu à l'avenir.

XXXV. Les armateurs qui voudront faire le commerce des colonies, ſeront tenus, avant de pouvoir charger aucune marchandiſe ſur leurs navires, d'en faire leur déclaration au bureau du Saint-Eſprit, & de faire placer leurs bâtiments ſur la rive droite de l'Adour, afin que les employés des fermes puiſſent veiller à ce qu'il n'y ſoit chargé aucunes denrées ni marchandiſes qui ne ſeroient pas accompagnées d'un congé du bureau du Saint-Eſprit.

XXXVI. Les marchandiſes étrangeres permiſes pour le commerce des colonies, ſeront admiſes en entrepôt au bourg & dans les magaſins du Saint-Eſprit, après que les formalités preſcrites par les lettres-patentes du dix avril mil ſept cent dix-ſept, & réglements ſubſéquents, auront été remplies, & que les droits d'entrée du royaume auront été acquittés.

Faiſons très-expreſſes inhibitions & déſenſes à tous négociants, armateurs & capitaines, de charger & faire charger furtivement aucunes marchandiſes étrangeres non-permiſes, à peine de confiſcation deſdites marchandiſes, de dix mille livres d'amende, & d'interdiction du commerce des colonies ; condamnons aux mêmes peines ceux qui chargeront des marchandiſes étrangeres permiſes pour le commerce des colonies, ſans avoir rempli les formalités preſcrites par les lettres-patentes du dix avril mil ſept cent dix-ſept.

XXXVII. Les marchandiſes nationales qui ſeront deſtinées au commerce des colonies, jouiront des exemptions & modérations des droits qui leur ſont attribuées par les lettres-patentes du dix avril mil ſept cent dix ſept, & autres réglements ſubſéquents, & pourront à cet effet être entrepoſées ſous la clef du régiſſeur des droits des traites, dans les magaſins du Saint-Eſprit ; elles pourront même l'être dans les magaſins de Mouſſerolle, ſitués ſur la rive gauche de l'Adour, où la police frontiere aura lieu, conformément aux articles V, VII & XVI ci-deſſus, lorſqu'elles deſcendront par l'Adour des provinces voiſines.

XXXVIII. Lorſque les navires ſeront de retour deſdites colonies, les maîtres ou capitaines ſeront pareillement tenus de les placer ſur la rive droite de l'Adour, & les marchandiſes qui en ſeront déchargées, après avoir rempli les formalités preſcrites par les réglements, jouiront de l'entrepôt aux frais des propriétaires, ſoit au bourg du Saint-Eſprit, ainſi qu'il en eſt uſé dans les autres ports faiſant le commerce des colonies, ſoit lorſque l'entrepôt ſera effectif dans les magaſins de Mouſſerolle, conformément à l'article précédent, & ſeront nos droits payés, s'il y a lieu, conformément aux lettres-patentes de 1717, à la ſortie dudit entrepôt.

XXXIX. Lorſque les denrées & marchandiſes venues des colonies, paſſeront deſdits magaſins d'entrepôt dans la ville de Bayonne, elles ſeront réputées paſſer à l'étranger, & comme telles exemptes de tous droits, à la réſerve de celui du domaine d'Occident, qui ſera perçu à leur arrivée dans le port, quand même elles ſeroient déclarées pour pays étranger.

XL. En conſéquence de l'article précédent, les denrées & marchandiſes de même nature que celles qui viennent deſdites iſles & colonies Françoiſes, & que les marchands de Bayonne voudroient introduire dans le royaume, ſeront réputées étrangeres.

RÉGLEMENT *pour les navires qui feront ſur l'Adour le commerce des deux ports.*

XLI. Les capitaines de navires venant de l'étranger, & dont les chargements ſeront compoſés de marchandiſes deſtinées les unes pour Bayonne, & les autres pour le bourg du Saint-Eſprit, ſeront tenus de commencer par décharger dans ladite ville les marchandiſes qui ſeront pour elle, enſuite de quoi ils feront au bureau des traites du Saint-Eſprit, leur déclaration, & y rempliront, avant & après leur débarquement, toutes les autres formalités preſcrites par les ordonnances, pour les marchandiſes qui arrivent dans un port du royaume.

XLII. Les capitaines des navires ſortis des ports & havres de notre royaume, & dont la cargaiſon ſera compoſée de marchandiſes deſtinées pour le bourg du Saint-Eſprit, & d'autres qui le ſeroient pour la ville de Bayonne, ſeront tenus, pour que leurs marchandiſes nationales ne puiſſent être ſuppoſées étrangeres, de repréſenter leur manifeſte au bureau du Saint-Eſprit, d'y faire leur déclaration des marchandiſes qu'ils auront à y décharger, de déclarer en même-temps qu'ils ont telles ou telles autres marchandiſes deſtinées pour la ville, & d'exécuter leur déchargement audit bourg du Saint-Eſprit, ſuivant les formes ordinaires; & ce ne ſera qu'après que ce premier déchargement ſera effectué, qu'ils pourront décharger dans la ville de Bayonne les marchandiſes deſtinées pour elle, à la charge que, ſi ce ſont des marchandiſes coloniales, leur arrivée & leur débarquement à Bayonne ſeront certifiés au bas de l'acquit à caution, par les maire & échevins de cette ville.

XLIII. Les capitaines de navires, qui voudront ſe charger à Bayonne & au Saint-Eſprit, de marchandiſes pour les porter dans les ports étrangers, ſeront tenus de commencer leur chargement par les marchandiſes qu'ils enleveront dudit bourg, en ſe conformant aux regles preſcrites dans les ports nationaux, après quoi il leur ſera loiſible de compléter leur chargement avec les marchandiſes de ladite ville.

XLIV. Les capitaines de navires, qui ſe deſtineront pour les ports de notre royaume, & qui voudront se charger de marchandises prises dans ladite ville de Bayonne & dans ledit bourg du Saint-Esprit, commenceront leur chargement par celles de ladite ville, & n'y pourront faire entrer que celles qui sont permises dans notre royaume, & finiront par celles qu'ils enleveront dudit bourg, en observant à l'égard de ces dernieres, les formalités prescrites par les réglements.

XLV. Les marchandises qui auront été chargées au bourg du Saint-Esprit, ne seront assujetties, à leur arrivée dans les ports de France, qu'aux droits ordinaires des tarifs, en justifiant de l'origine desdites marchandises & de leur enlévement du bourg du Saint-Esprit.

Celles qui auront été chargées dans l'étendue de la franchise, ou pour lesquelles il ne sera pas justifié de l'origine ou du lieu de l'enlévement, paieront à leur arrivée dans les autres ports de France, les droits auxquels sont assujetties les mêmes marchandises apportées de l'étranger.

PRIVILEGES pour l'approvisionnement de la ville de Bayonne & du pays de Labour.

XLVI. La ville de Bayonne & tout le pays de Labour, continueront de pouvoir tirer des provinces voisines de notre royaume les bestiaux nécessaires à leur usage & consommation, sans payer aucuns droits de sortie, conformément à l'arrêt de notre conseil du dix février mil six cent quatre vingt-huit.

XLVII. La ville de Bayonne & les deux parties

du pays de Labour, ne pourront user de la liberté dont elles jouissent, de tirer des autres provinces du royaume les bleds, froments, méteil, seigle, maïs, orge, avoine, ainsi que les farines de toute espece, les légumes, haricots, pois, feves, lentilles, menus grains & grenailles, les pommes de terre, châtaignes & autres objets de subsistance, que quand l'exportation sera permise, & en payant les droits de sortie du royaume, sauf pour les quantités nécessaires à la consommation des habitants & à celle de leurs bestiaux, suivant l'état qui en sera remis à l'intendant de la province, par les officiers municipaux ; & les quantités portées audit état, après qu'il aura été visé par ledit sieur intendant & commissaire départi dans la province, seront exemptes des droits de sortie, & pourront toujours entrer librement dans ladite ville de Bayonne, même dans le cas où l'exportation se trouveroit défendue.

XLVIII. Les armateurs de Bayonne & de Saint-Jean-de-Luz pourront continuer de tirer des provinces du royaume des bois de construction, des planches, du brai, du goudron, de la résine, des cordages & autres objets nécessaires à la construction des vaisseaux, sans payer aucuns autres droits que les droits locaux payés par nos autres sujets. Mais la quantité qu'ils en pourront tirer, sera limitée aux besoins de leur navigation, & leurs demandes seront accompagnées de certificats des maire & échevins de Bayonne & de Saint-Jean-de Luz, qui en assureront l'emploi dans les deux ports.

XLIX. Les mêmes armateurs pourront également & avec les mêmes certificats, tirer du royaume les armes, artillerie & munitions nécessaires pour l'équipement de leurs vaisseaux marchands en paix, & armés en course contre les ennemis de l'état en guerre.

L. Les habitants des deux villes & de toute l'étendue du pays de Labour, continueront de se pourvoir de sel de France pour leur consommation, comme par le passé, & sans innovation.

LI. Pour tous les autres objets, marchandises ou effets quelconques, que les habitants desdits pays voudront tirer de l'intérieur du royaume, ils seront assujettis à payer les droits qui se perçoivent sur iceux à la sortie du royaume, nous réservant d'en régler le tarif, & d'y apporter les exceptions & modérations que les besoins des habitants, ou autres considérations particulieres, nous feroient juger convenables.

PRÉCAUTION pour l'approvisionnement du pays de Labour, en sardines dans le cas de nécessité.

LII. Nous nous réservons de permettre, suivant les circonstances, l'introduction de la sardine de pêche étrangere dans la partie du pays de Labour soumise à la police de frontiere, pour autant que ses besoins pourront l'exiger.

PRIVILEGES pour la consommation réciproque entre les deux parties du pays de Labour.

LIII. La liberté du commerce des bestiaux,

du vin, du bled, des fruits & de tous les comestibles pour la nourriture & l'usage des habitants du pays de Labour, de celui des étoffes destinées pour leur consommation, en coupons de trois aunes & demie & au-dessous, particuliérement du commerce, même en pieces, des grosses étoffes, dites capas, coutas & maregues, qui se fabriquent dans le pays de Labour ou dans le Béarn, enfin celui des habits & marchandises nécessaires pour leurs personnes, continuera d'exister avec exemption de tous droits, entre la partie franche du pays de Labour & la partie du même pays soumise à la police de frontiere, conformément à l'arrêt de notre conseil du 10 février 1688.

PRIVILEGE *relatif au fer d'Espagne.*

LIV. les habitants du pays de Labour continueront de jouir de la liberté de tirer d'Espagne du fer en barres, & de le faire entrer dans les provinces voisines, en payant seulement les droits locaux.

CONFIRMATION *de tous les autres privileges subsistants de Bayonne.* **ABROGATION** *de ceux dont elle ne jouit plus, & qui ne sont pas mentionnés dans les présentes lettres :* **CONCESSION** *perpétuelle de ceux qui s'y trouvent énoncés.*

LV. La ville de Bayonne continuera de jouir du privilege de se garder, comme par le passé & sous la même forme, ainsi que de la police dans son intérieur, de la seigneurie sur le cours de l'Adour, depuis le Boucau jusqu'au lieu appelé Hourgave, & de tous les autres droits civils, militaires, utiles & honorifiques, dont elle & ses bourgeois & habitants ont été en paisible possession sous le feu roi.

LVI. En confirmant, comme nous confirmons par ces présentes, les privileges de ladite ville de Bayonne, ceux de la ville de Saint-Jean-de-Luz, & ceux du pays de Labour, nous voulons que lesdites villes & pays jouissent en outre à perpétuité, de tous ceux que nous y avons ajoutés & ajoutons par icelles; & aussi, que tous ceux qui n'y sont pas compris, demeurent éteints & abrogés, comme tombés en désuétude & contraires à l'intérêt général du commerce de notre royaume, dérogeant à tous édits, arrêts & réglements qui seroient contraires aux dispositions des présentes. SI DONNONS EN MANDEMENT à nos amés & féaux les gens tenant notre cour de parlement à Bordeaux, que ces présentes ils aient à faire lire, publier & registrer, & le contenu en icelles garder, observer & exécuter selon leur forme & teneur: car tel est notre plaisir; en témoin de quoi nous avons fait mettre notre scel à ces présentes. DONNÉ à Versailles, le quatrieme jour de juillet, l'an de grace mil sept cent quatre-vingt-quatre, & de notre regne le onzieme. *Signé*, LOUIS. *Et plus bas*: Par le Roi, GRAVIER DE VERGENNES. Vu au conseil, DE CALONNE.

ARRÊT

ARRÊT
DU CONSEIL D'ÉTAT DU ROI,

En interprétation des lettres-patentes, du 4 juillet 1784, concernant la franchise du port de Bayonne.

Du 25 septembre 1784.

Extrait des registres du conseil d'état.

SUR ce qui a été représenté au ROI, étant en son conseil, par les maire, échevins, conseil & chambre du commerce de la ville de Bayonne, & par le syndic général du pays de Labour, qu'il seroit digne des vues de bienfaisance qui ont dicté ses lettres-patentes du 4 juillet dernier, portant confirmation & interprétation des priviléges de la ville de Bayonne & de ceux du pays de Labour, de donner plus d'extension à quelques-unes de leurs dispositions, pour les rendre plus facilement applicables à la nature des lieux, & encore plus avantageuses au commerce desdites deux villes & dudit pays : Sa Majesté voulant traiter aussi favorablement qu'il soit possible, ses sujets basques ; vu l'avis du sieur le Camus de Néville, intendant & commissaire départi pour l'exécution de ses ordres, dans la généralité de Pau & Bayonne, & ouï le rapport du sieur de Calonne, conseiller ordinaire au conseil royal, contrôleur-général des finances ; le roi étant en son conseil, a ordonné & ordonne ce qui suit :

Art. I. La navigation de la Nive, qui étoit bornée à Larreſſore, par l'article XXIV desdites lettres-patentes, sera libre depuis Bayonne jusqu'à Cambo, tant en montant qu'en descendant, à la charge que les bateaux qui porteront du tabac ou des marchandises prohibées, ne pourront s'arrêter que sur la rive gauche de la riviere, excepté dans les cas prévus par l'article XXV desdites lettres-patentes ; que pendant la nuit tout bateau actuellement servant au commerce, devra porter un fanal allumé, & ne pourra naviguer depuis le coucher jusqu'au lever du soleil, sans avoir à bord un employé des fermes ; que pendant le même temps tous les bateaux servants au commerce, qui seroient en relâche, ainsi que tous les bateaux, bachots, chalans ou nacelles appartenants à des particuliers & non-employés au commerce, devront être solidement amarrés à la rive gauche, avec chaîne & cadenas ; & qu'il sera permis à l'adjudicataire des fermes d'avoir sur la même riviere des bateaux qui devront être amarrés le jour, sur la rive droite, & qui serviront aux employés à faire des rondes pendant la nuit.

II. Permet Sa Majesté que le dépôt du tabac étranger destiné pour chaque communauté de la partie du pays de Labour située entre l'Adour & la Nive, lequel devoit, aux termes de l'article X des lettres-patentes du 4 juillet, être établi chez l'un des abbé ou jurats de ladite communauté, soit placé chez celui des habitants qu'ils auront élu dans les formes usitées pour l'élection de leurs officiers municipaux ; lequel dépositaire remplira les fonctions attribuées auxdits abbé & jurats, tant par ledit article desdites lettres, que par les articles XI, XII, XIII & XIX, dont toutes les autres dispositions seront exécutées selon leur forme & teneur.

III. Sa Majesté dispense les armateurs & patrons de navires ou de barques de Bayonne & de Saint-Jean-de-Luz, destinés pour la pêche, de la formalité du rouanage des bariques, ordonnée par l'article XXIX desdites lettres-patentes, & seront seulement tenus lesdits armateurs ou patrons, lors du retour desdites barques ou navires, de requérir au bureau du Saint-Esprit l'envoi de deux employés des fermes, lesquels, en présence des officiers municipaux, des armateurs & des capitaines ou patrons, dresseront procès-verbal de la quantité & qualité des produits de la pêche Basque, d'après lequel procès-verbal seront expédiés les coupons de permissions d'entrée, conformément audit article XXIX desdites lettres-patentes.

IV. Permet Sa Majesté aux armateurs des bâtiments de pêche de Bayonne & Saint-Jean-de-Luz, actuellement en mer, de faire les déclarations prescrites par l'article XXIX desdites lettres-patentes, du 4 juillet, & en remplissant au retour celles que leur impose l'article précédent, de jouir de toutes les faveurs attachées auxdites pêches.

V. Jusqu'au retour desdits bâtiments Basques actuellement en mer pour la pêche, il sera permis de faire passer la morue seche & salée de Bayonne

& de Saint-Jean-de-Luz, dans la partie du pays de Labour, ſituée entre la Nive & l'Adour, ſans formalités & ſans payer aucuns droits ; ſe réſervant Sa Majeſté de permettre de nouveau cette même introduction, juſqu'à concurrence de la conſommation du pays, quand les beſoins des habitants pourront l'exiger, & d'après l'eſprit de l'article LII des lettres-patentes du 4 juillet.

VI. Interprétant favorablement l'article LI deſdites lettres-patentes, Sa Majeſté permet aux habitants de Bayonne de tirer des provinces du royaume le bois à brûler, le charbon, les matériaux à bâtir de toutes ſortes, ainſi que toute eſpece de comeſtibles non-compris dans les articles XLVI, XLVII & L deſdites lettres-patentes, même dans le cas où l'exportation en ſeroit défendue, à la charge de payer les droits, s'il en eſt dû.

VII. Il ſera permis aux directeurs des deux raffineries établies dans Bayonne, de tirer du Saint-Eſprit une quantité de ſucre brut, ou moſcouade, ſuffiſante pour la fabrication, & de faire rentrer au Saint-Eſprit, comme étant de fabrique nationale, une quantité de ſucre en pain, proportionnée à ce que la moſcouade qu'ils auront employée, doit produire de ſucre raffiné.

VIII. Les groſſes étoffes, dites capas, coutas & marregues, fabriquées dans la partie du pays de Labour, ſoumiſe à la police de frontiere, pourront entrer dans le royaume, ſans payer aucuns droits, à la charge qu'il ſera, par le ſyndic-général du pays de Labour, dépoſé dans chaque bureau d'entrée, un coupon de demi-aune desdites étoffes, pour servir d'échantillon, & que chaque piece, pour passer auxdits bureaux d'entrée du royaume, devra être revêtue d'un bulletin en parchemin cousu au chef de ladite piece, daté & signé par le maire-abbé de la communauté dans laquelle ladite piece aura été fabriquée, & portant attestation qu'elle est de la fabrique dudit lieu. Sera une portion desdits bulletins coupée par les employés des fermes, lors de l'introduction, & le surplus scellé en cire, sur le chef de ladite piece, par lesdits employés. FAIT au conseil d'état du roi, Sa Majesté y étant, tenu à Versailles le 25 septembre 1784.

GRAVIER DE VERGENNES.

FRANÇOIS-CLAUDE-MICHEL-BENOÎT LE CAMUS, chevalier, seigneur châtelain & patron de Néville, du port de Navarre, Bourg-Charente & autres lieux, conseiller du roi en tous ses conseils, maitre des requêtes ordinaire de son hôtel, intendant de justice, police & finances en Navarre, Béarn, & généralité de Pau & Bayonne.

VU l'arrêt du conseil d'état du roi ci-dessus : NOUS, intendant, ordonnons qu'il sera exécuté selon sa forme & teneur, & imprimé, publié & affiché par-tout où besoin sera, à ce que personne n'en ignore. FAIT à Bayonne, le 10 octobre 1784. NÉVILLE.

Par Monseigneur,

HENRIOT.

ARRÊT

DU CONSEIL D'ÉTAT DU ROI,

Qui accorde différentes faveurs au commerce du Nord.

Du 25 septembre 1784.

Extrait des registres du conseil d'état.

LE ROI voulant favoriser le commerce de ses sujets dans le Nord : Ouï le rapport du sieur de Calonne, conseiller ordinaire au conseil royal, contrôleur-général des finances ; SA MAJESTÉ ÉTANT EN SON CONSEIL, a ordonné & ordonne ce qui suit :

ART. I. Les approvisionnements de bouche nécessaires à l'armement des vaisseaux destinés au commerce du Nord seront exempts de tous droits de sortie, en prenant un acquit à caution qui sera déchargé par les consuls ou vice-consuls de France dans les ports du Nord où le roi entretient des consuls, & par les officiers municipaux desdits ports dans ceux où il n'y a point de consuls de France ; à la charge que, pour les vins & liqueurs, ladite exemption ne s'étendra qu'à la quantité d'une pinte de vin, ou de deux pintes de biere ou de cidre, & d'un quart de pinte d'eau-de-vie, mesure de Paris, par homme d'équipage, pour chacun jour que le voyage ſera cenſé devoir durer, ſelon l'eſtimation de la chambre du commerce dans le reſſort de laquelle ſera le port du départ, & que le ſurplus deſdits vins & liqueurs acquittera les droits de ſortie.

II. Les marchandiſes du Nord apportées par vaiſſeaux François dans les ports de France où la police de l'entrepôt eſt établie, y jouiront pendant ſix mois dudit entrepôt en juſtifiant de leur origine, & pourront dans ledit terme de ſix mois être réexportées par mer à l'étranger ſans payer aucuns droits.

III. Il ſera payé pendant quatre années des primes aux capitaines ou armateurs des navires François qui feront le commerce du Nord.

Ces primes ſeront durant la premiere année, à compter du jour de la publication du préſent arrêt, de dix livres par tonneau du port des navires, lorſque leſdits navires auront été adreſſés à une maiſon Françoiſe établie dans un port de la mer Baltique; & de cinq livres pareillement par tonneau, lorſqu'ils l'auront été à une maiſon Françoiſe établie dans un port de la mer d'Allemagne ou de la mer du Nord.

La ſeconde année, leſdites primes, dans ces mêmes cas, ſeront de ſix livres par tonneau pour le voyage de la mer Baltique, & de trois livres par tonneau pour celui de la mer d'Allemagne ou de la mer du Nord.

La troiſieme année, elles ſeront de quatre livres par tonneau pour la mer Baltique, & de deux livres par tonneau pour la mer d'Allemagne ou la mer du Nord.

La quatrieme année, elles ſeront de trois livres

par tonneau pour la mer Baltique, & d'une livre dix ſous pour la mer d'Allemagne ou pour la mer du Nord.

Leſdites primes ſeront payées au retour deſdits bâtiments par le receveur-général des fermes dans le port où leſdits navires effectueront leur retour, ſur le certificat du conſul de Sa Majeſté dans le diſtrict où la marchandiſe portée par un navire François aura été adreſſée à une maiſon Françoiſe.

IV. Dans le cas où leſdits navires ayant fait le commerce du Nord, n'auront pas été adreſſés à une maiſon Françoiſe, leſdites primes ſeront réduites à moitié.

FAIT au conſeil d'état du roi, Sa Majeſté y étant, tenu à Verſailles le vingt-cinq ſeptembre mil ſept cent quatre-vingt-quatre.

Signé, LE MARÉCHAL DE CASTRIES.

ARRÊT

DU CONSEIL D'ÉTAT DU ROI,

Qui, à compter du 10 novembre prochain, convertit en gratifications & primes l'exemption du demi-droit accordée aux denrées coloniales provenant de la traite des Noirs.

Du 26 octobre 1784.

Extrait des regiſtres du conſeil d'état.

SUR ce qui a été repréſenté au roi, étant en ſon conſeil, que l'un des principaux encouragement accordés au commerce de la traite des Negres, par les lettres-patentes du mois de janvier 1716, arrêts & réglements poſtérieurs, conſiſte dans l'exemption de la moitié des droits d'entrée & des droits locaux ſur les ſucres des iſles Françoiſes de l'Amérique provenant de la vente des Negres auxdites Iſles, & conſommés dans le royaume; mais que cette faveur qui préſentoit de grands encouragements dans un temps où la valeur des ſucres apportés dans le royaume pour y être conſommés, étoit égale au produit de la vente des Negres, devient nulle pour une grande partie des armements, depuis que la quantité des Negres tranſportés aux iſles Françoiſes de l'Amérique, qui ne s'élevoit en 1716 qu'à deux ou trois mille Negres, a été successivement portée au nombre de quinze mille, sans que l'importation des sucres consommés dans le royaume ait pu suivre la même progression : d'où il résulte que les armateurs étant obligés de vendre pour la destination de l'étranger sans jouir d'aucune faveur, une grande partie des sucres qu'ils reçoivent en retour de la vente des Negres, ils ne suivent pas le commerce de la traite avec autant d'activité que l'exigeroit l'intérêt des colonies Françoises de l'Amérique : Sa Majesté toujours portée à donner à ses colonies & aux armateurs de son royaume, des marques de sa protection, a bien voulu accorder de nouveaux encouragements à la traite des Negres, & fixer dans une proportion plus égale les faveurs qui seront à l'avenir attribuées à ce commerce. A quoi voulant pourvoir ; Vu les lettres-patentes du mois de janvier 1716, l'arrêt du 27 septembre 1720, l'arrêt & lettres-patentes du 7 septembre 1728, les arrêts des 17 mai 1734, 30 septembre 1741, 2 octobre 1742, 3 décembre 1748, 31 juillet 1767 & 28 juin 1783 ; Vu aussi le mémoire des fermiers-généraux, ensemble l'avis des députés au bureau du commerce : Ouï le rapport du sieur de Calonne, conseiller ordinaire au conseil royal, contrôleur-général des finances ; LE ROI ÉTANT EN SON CONSEIL, a ordonné & ordonne ce qui suit :

ART. I. Les armements pour la traite des Negres continueront d'avoir lieu dans les ports auxquels il a été permis de faire le commerce des colonies de l'Amérique, conformément aux dispositions de l'arrêt du 30 septembre 1741, & jouiront lesdits armements des droits, privileges & exemptions qui ont été accordés au commerce de Guinée par les lettres-patentes des mois de janvier 1716, par l'arrêt & lettres-patentes du 7 septembre 1728 & autres arrêts & réglements postérieurs.

II. A compter du 10 novembre prochain, il sera accordé aux armateurs pour chaque tonneau de continence des navires employés à la traite des Negres, une gratification de quarante livres qui tiendra lieu de l'exemption de la moitié des droits, qui avoit été accordée par l'article V des lettres-patentes du mois de janvier 1716, & qui sera payée à l'armateur toutes les fois que son navire sera expédié pour la traite, à condition qu'il transportera à l'une des colonies Françoises les Negres qui proviendront de ladite traite, & qu'il en justifiera dans la forme qui sera prescrite ci-après.

III. Indépendamment de la gratification mentionnée en l'article II, il sera accordé aux armateurs une prime additionnelle par tête de Negres qu'ils transporteront aux Isles-du-Vent & au sud de l'isle de Saint-Domingue, laquelle prime additionnelle, Sa Majesté a fixée à soixante livres argent de France pour les Negres qui seront transportés aux isles de la Guadeloupe & de la Martinique, & à cent livres pour ceux qui seront transportés dans les ports situés au sud de l'isle Saint-Domingue, depuis le cap Tiburon jusqu'à la pointe de la Béate, & dans les isles de Cayenne, Tabago & Sainte-Lucie.

IV. Supprime, Sa Majesté, le droit de dix

livres par tête de Negres dont la perception qui a été ordonnée & réglée par l'arrêt du 31 juillet 1767, cessera d'avoir lieu pour les navires qui partiront des ports de France pour la traite, à compter du 10 novembre prochain.

V. La gratification de quarante livres par tonneau de continence sera payée au départ du navire par le receveur des fermes du lieu de l'armement, & les primes de soixante liv. & de cent liv. par tête de Negres, seront payées par le receveur des fermes du lieu où les navires feront leur déchargement à leur retout de celle des colonies Françoises où lesdits navires auront porté le produit de leur traite.

VI. Pour recevoir la gratification de quarante livres par tonneau de continence au départ des navires, les négociants seront tenus de remettre au receveur des fermes une copie de l'attestation des jaugeurs sermentés, qui leur sera délivrée, à l'effet de constater le port des navires qui devront être employés à la traite, ensemble l'acte d'enrégistrement de ladite attestation au greffe de l'amirauté & au bureau des fermes; ils remettront en outre au receveur des fermes un état de leur chargement pour Guinée, & leur soumission de rapporter dans dix-huit mois le certificat du déchargement des Negres dans l'une des colonies Françoises, signé par les intendants ou commissaires ordonnateurs auxdites Isles, ou en leur absence & dans les ports où il n'y a point de commissaires ordonnateurs, par des subdélégués qui seront à cet effet commis par les sieurs intendants, & contiendra ledit certificat, le nom & le port du bâtiment, le jour de ſon arrivée, le nombre des Negres qu'il aura apportés dans ladite Iſle ; le tout conformément au modele annexé au préſent arrêt.

VII. Pour recevoir les primes de ſoixante livres & de cent livres accordées par l'article III du préſent arrêt, les armateurs ſeront tenus de rapporter au bureau des fermes un certificat des ſieurs intendants & commiſſaires ordonnateurs, ou de leurs ſubdélégués dans les iſles Françoiſes, dans la forme preſcrite par l'article VI ci-deſſus.

VIII. Les navires deſtinés à la traite des Negres ſeront jaugés par les gardes jurés ou jaugeurs ſermentés, leſquels prendront pour baſe de la jauge la largeur ou le bau du vaiſſeau, ſa longueur abſolue de l'étrave à l'étambord, de râblure à râblure, & le creux y compris l'entre-pont, & ſeront tenus leſdits jaugeurs ſermentés de donner leur atteſtation du port du bâtiment, laquelle ſera enrégiſtrée au greffe de l'amirauté, & copie de ladite atteſtation ſera remiſe au bureau des fermes.

IX. Dans le cas de ſuſpicion de fraude dans la jauge des navires, les prépoſés des fermes auront la faculté de les faire jauger de nouveau par d'autres gardes-jurés, dont ils conviendront avec les maîtres ou propriétaires des navires, & en cas qu'ils ne puiſſent s'accorder à l'amiable, les parties ſe pourvoiront pardevant les juges qui doivent connoître du droit de frêt, pour être la jauge & meſurage des vaiſſeaux, ordonnés par leſdits juges, & faits par les jaugeurs ou experts dont les parties conviendront, ſinon nommés d'office, le plutôt qu'il ſera poſſible, ſans cauſer de retardement au départ des vaiſſeaux.

X. Les frais de la jauge ou meſurage ſeront avancés par le fermier, ſauf à répéter leſdits frais, s'il y échet.

XI. Si par la jauge ou meſurage ainſi fait, la continence du vaiſſeau ne ſe trouve moindre que celle portée par la déclaration du maître que d'un vingtieme & au-deſſous, il ne pourra être condamné par leſdits juges qu'aux frais & dépens.

XII. Si la continence du vaiſſeau, ſuivant le rapport, eſt moindre que celle portée par la déclaration de plus d'un vingtieme, le premier jaugeur ſermenté qui aura donné ſon atteſtation pour une fauſſe continence, ſera deſtitué, & le maître du navire ſera condamné à payer une amende de cent cinquante livres par tonneau qui auroit été déclaré au delà de la véritable continence du navire, & ſera ladite amende répartie entre les employés qui auront requis le jaugeage.

XIII. Si par la jauge & meſurage, la continence du vaiſſeau n'excede pas celle portée par la déclaration du maître, le fermier ſera condamné en tous les frais & dépens.

XIV. En cas de fraude ou fauſſeté des certificats des commiſſaires ordonnateurs dans les Iſles, preſcrits par l'article VI du préſent arrêt, les capitaines ou autres qui ſeront atteints de faux, ſeront pourſuivis extraordinairement, ſuivant la rigueur des ordonnances, & l'armateur ſera condamné au paiement de la double ſomme à laquelle pourront s'élever les primes ou la gratification dont les certificats auroient procuré le paiement, & sera ladite amende répartie entre les employés du bureau des fermes qui auront reconnu le faux.

XV. Les denrées & marchandises nationales destinées pour la traite des Negres, continueront de jouir de l'exemption des droits de sortie & droits locaux, & du bénéfice de l'entrepôt, conformément aux dispositions des arrêts des 27 septembre 1720, 2 octobre 1742 & 3 décembre 1748.

XVI. Les denrées & marchandises étrangeres, à l'exception de celles mentionnées dans l'article XVII, continueront d'être admises à l'entrepôt de Guinée, en exemption de tous droits, conformément aux dispositions des arrêts du 2 octobre 1742 & 3 décembre 1748, & décision du 31 mars 1756; & à la charge de remplir les formalités prescrites par lesdits arrêts & décision.

XVII. Ne seront admises à l'entrepôt pour le commerce de Guinée aucunes toiles peintes ou blanches des Indes, autres que celles provenant du commerce François de l'Inde. Fait Sa Majesté très-expresses inhibitions & défenses à tous armateurs pour ledit commerce de Guinée, de faire venir de Hollande ou autres pays du Nord dans le royaume, même sous prétexte d'entrepôt, aucunes toiles des Indes appellées chittes, caladaris, ou étoffes de pure soie ou mêlées de soie, qui continueront d'être prohibées; conformément à l'article premier des lettres-patentes du mois de ſeptembre 1728, à peine de confiſcation deſdites marchandiſes & de trois mille livres d'amende.

XVIII. Veut Sa Majeſté que les armateurs qui ſeront partis avant le 10 novembre prochain pour faire la traite de Negres & les porter aux colonies Françoiſes d'Amérique, & qui n'auront pas joui du bénéfice des gratifications & primes mentionnées dans les articles II & III du préſent arrêt, continuent de jouir juſqu'au premier janvier 1787, de l'exemption qui a été accordée par l'article V des lettres-patentes du mois de janvier 1716, ſur les ſucres & autres marchandiſes des iſles Françoiſes, provenants de la vente des Negres; à la charge par les armateurs ou capitaines, de ſe conformer aux formalités preſcrites par l'ordonnance du 6 juillet 1734, pour les certificats de ladite traite. Déclare, Sa Majeſté, que leſdits certificats ne procureront aucune exemption aux ſucres ou autres denrées de l'Amérique apportés par des navires dont l'arrivée dans les ports de France ſera poſtérieure à ladite époque du premier janvier 1787.

XIX. Mande & ordonne, Sa Majeſté à monſ. le duc de Penthievre, amiral de France, aux intendants de la marine & des colonies, au commiſſaire départi pour l'obſervation des ordonnances dans les amirautés, aux commiſſaires généraux des ports & arſenaux, ordonnateurs, aux officiers des amirautés, aux juges des traites, maîtres des ports, & à tous autres qu'il appartiendra, de tenir chacun en droit ſoi, la main à l'exécution du préſent arrêt, lequel ſera enrégiſtré

giſtré au greffe des amirautés, lu, publié & affiché par-tout où beſoin ſera. FAIT au conſeil d'état du roi, Sa Majeſté y étant, tenu à Verſailles le vingt-ſixieme jour d'octobre mil ſept cent quatre-vingt-quatre.

Signé, LE MARÉCHAL DE CASTRIES.

LE DUC DE PENTHIEVRE, amiral de France, gouverneur & lieutenant-général pour le roi en ſa province de Bretagne.

VU l'arrêt du conſeil d'état du roi ci-deſſus, & des autres parts, à nous adreſſé : MANDONS à toux ceux ſur qui notre pouvoir s'étend, de l'exécuter & faire exécuter, chacun en droit ſoi, ſuivant ſa forme & teneur ; & ordonnons aux officiers des amirautés, de le faire enrégiſtrer aux greffes de leur ſiege, lire, publier & afficher par-tout où beſoin ſera. FAIT à Sceaux, le trente octobre mil ſept cent quatre-vingt-quatre. *Signé*, L. J. M. DE BOURBON. *Et plus bas :* Par ſon alteſſe ſéréniſſime. *Signé*, PERIER.

MODELE du certificat qui doit être expédié aux Iſles, en conformité de l'article VI de l'arrêt du conſeil du 26 octobre 1784.

NOUS

Certifions que le Navire .... Capitaine .... du port de......... tonneaux, y compris l'Entrepont, ſuivant l'atteſtation des Jaugeurs ſermentés de ......

parti de....... port de France, le....... pour la Traite des Negres, est arrivé en ce port le......... & y a apporté......... Negres, que le Capitaine a déclaré provenir de sa Traite, & qu'il a débarqués dans ce port: En foi de quoi nous avons délivré le présent certificat, & à icelui fait apposer le cachet de nos armes, & contre-signer par notre secrétaire, pour servir & valoir ce que de raison.

FAIT à....... le.........

FAIT & arrêté au conseil d'état du roi, Sa Majesté y étant, tenu à Versailles le vingt-six octobre mil sept cent quatre-vingt-quatre.

Signé, LE MARÉCHAL DE CASTRIES.

ARRÊT

DU CONSEIL D'ÉTAT DU ROI,

Concernant les armements de commerce pour les isles & colonies Françoises.

Du 31 octobre 1784.

Extrait des registres du conseil d'état.

SUR ce qui a été représenté au roi, étant en son conseil, par les négociants des différents ports de son royaume, que la faculté de faire le commerce des colonies Françoises de l'Amérique, dont ils sont privés, seroit une nouvelle source de richesses pour l'état, en ce qu'elle multiplieroit les moyens d'exporter les denrées & marchandises du cru de son royaume, & de rapporter en retour celles des colonies Françoises de l'Amérique; qu'en conséquence, il seroit de la justice de Sa Majesté, & de l'intérêt public, de leur accorder pour ce commerce les mêmes exemptions dont jouissent les négociants de différentes villes maritimes, en vertu des lettres-patentes du mois d'avril 1717, & arrêts postérieurs; Sa Majesté a résolu de faire participer à ce commerce & aux privileges qui y sont attachés tous les ports qui, par leur position, ont les moyens de faire des armements pour les colonies, & de recevoir les navires qui sont employés à cette navigation. A quoi voulant pourvoir: Ouï le rapport du sieur de Calonne, conseiller ordinaire au conseil royal, contrôleur-général des finances; LE ROI ÉTANT EN SON CONSEIL, a ordonné & ordonne ce qui suit:

ART. I. Les armements des navires destinés pour les isles & colonies Françoises, continueront d'être faits dans les ports actuellement ouverts à ce commerce, conformément aux lettres-patentes du mois d'avril 1717, & autres arrêts & réglements postérieurs.

II. Permet en outre Sa Majesté aux armateurs & négociants de son royaume, de faire les armements des navires destinés pour les isles & colonies Françoises, dans tous les ports qui pourront recevoir, à moyennes marées, des navires de la continence de cent cinquante tonneaux: Veut en conséquence

Sa Majeſté, qu'ils jouiſſent pour les armements qu'ils feront dans ces ports, du bénéfice de l'entrepôt, & des autres privileges & exemptions portés par les lettres-patentes du mois d'avril 1717, ainſi qu'en jouiſſent & doivent en jouir les négociants des ports admis à ce commerce, aux conditions de ſe conformer aux diſpoſitions deſdites lettres-patentes & autres réglements poſtérieurs ; & encore à la charge que les négociants des ports qui n'ont pas encore fait le commerce des colonies, & qui voudront profiter du bénéfice du préſent arrêt, ſeront tenus d'avertir trois mois d'avance, l'adjudicataire des fermes-générales, de l'intention où ils ſont de ſe prévaloir de la faculté qui leur eſt accordée.

III. Diſpenſe Sa Majeſté les armateurs & négociants de ſon royaume, de l'obligation qui leur a été impoſée par l'article II des lettres-patentes du mois d'avril 1717, de faire dans le port de leur armement, le retour des navires qu'ils auront expédiés aux iſles & colonies Françoiſes ; à la charge néanmoins que le retour deſdits navires ſera fait dans un des ports du royaume, ouverts au commerce deſdites colonies. Seront tenus à cet effet leſdits armateurs & négociants, de faire au greffe de l'amirauté, leur ſoumiſſion, par laquelle ils s'obligeront, ſous peine d'une amende de trois mille livres, qui ne pourra être modérée, de faire revenir directement leurs vaiſſeaux deſdites Iſles dans l'un des ports ouverts au commerce des colonies, hors dans le cas de relâche forcée, de naufrage, ou autre accident imprévu, qui ſera juſtifié par des procès-verbaux ; & les négociants fourniront au bureau des fermes du port de l'armement, une expédition de leurdite soumission, laquelle y sera retenue pour l'exécution du présent article, jusqu'au retour du vaisseau dans le même port, ou jusqu'à ce qu'on y rapporte le certificat des commis de l'un des autres ports dans lequel le navire aura fait son retour. Et seront sur le présent arrêt, qui sera imprimé, lu, publié & affiché par-tout où besoin sera, toutes lettres nécessaires expédiées. FAIT au conseil d'état du roi, Sa Majesté y étant, tenu à Versailles le trente-un octobre mil sept cent quatre-vingt-quatre.

Signé, LE MARÉCHAL DE CASTRIES.

ARRÊT

DU CONSEIL D'ÉTAT DU ROI,

Concernant la balance du Commerce.

Du 29 mars 1785.

Extrait des registres du conseil d'état.

LE ROI voulant perfectionner les vues qui ont déterminé le feu roi son auguste aïeul, à établir un bureau destiné particuliérement à former les états de la balance du commerce de son royaume ; & ayant reconnu nécessaire pour rendre cet établiſſement plus utile qu'il n'a été jusqu'à préſent, de réunir avec plus de ſoin & d'une maniere plus complette les moyens qui peuvent procurer une connoiſſance exacte de la ſituation du commerce, tant extérieur qu'intérieur, afin d'appercevoir par là combinaiſon de ſes différents rapports, ce qu'il convient de faire pour ſon accroiſſement, Sa Majeſté a jugé à propos de charger deux perſonnes dont elle connoît la capacité & l'intelligence, de raſſembler & mettre en ordre tous les matériaux & renſeignements qui peuvent à cet égard éclairer l'adminiſtration. A quoi voulant pourvoir : Ouï le rapport du ſieur de Calonne, conſeiller ordinaire au conſeil royal, contrôleur-général des finances, SA MAJESTÉ ÉTANT EN SON CONSEIL, a fait choix des ſieurs Boyetet, ci-devant chargé des affaires de la marine & du commerce de France en Eſpagne, & Dupont, inſpecteur-général du commerce, chargé de la collection & du dépôt des tarifs & des loix commerciales des nations étrangeres, qu'elle a commis & commet pour faire chaque année un tableau raiſonné & circonſtancié de la balance du commerce, tant extérieur qu'intérieur ; raſſembler à cet effet les réſumés des états d'exportation & d'importation qui leur ſeront fournis par le bureau déjà chargé de leur rédaction ; entretenir toutes les correſpondances & relations néceſſaires pour acquérir une connoiſſance exacte de la ſituation du commerce du royaume ; faire leurs obſervations ſur les gênes qu'il éprouve, & ſur les accroiſſements dont il eſt ſuſceptible ; rédiger ſur les différentes branches d'exportations actuelles ou possibles, des mémoires qui puissent servir à indiquer les objets sur lesquels l'administration intérieure du commerce devra porter son activité, & répandre des encouragements ; en rendre compte au contrôleur-général des finances ; & remettre aussi, tant au ministre des affaires étrangeres qu'à celui de la marine, les états & tableaux de la balance du commerce, & généralement tous les éclaircissements qui pourroient concerner leurs départements : Et sera tous les ans fait rapport de leur travail à Sa Majesté, en son conseil royal du commerce, par le contrôleur-général des finances, pour être par elle réglé & ordonné ce qu'elle jugera convenable pour l'avantage du commeree de son royaume. FAIT au conseil d'état du roi, Sa Majesté y étant, tenu à Versailles le vingt-neuf mars mil sept cent quatre-vingt-cinq.

Signé, LE MARÉCHAL DE CASTRIES.

ON ne rapporte ici cet arrêt, que pour avoir occasion de faire connoître au commerce que si le gouvernement s'occupe de tous les moyens propres à faire fleurir nos manufactures, il doit répondre à ses vues en procurant aux préposés de la ferme toutes les indications qui lui sont demandées sur les états pour lesquels sont destinées les marchandises qu'il expédie en franchise.

Il seroit, en effet, fâcheux que le gouvernement fût dans l'impossibilité d'établir le compte du commerce national avec chaque puissance étrangere, par l'obstination de quelques négociants ou commissionnaires à céler l'état étranger où ils expédient leurs marchandises, & à se restraindre, par exemple, s'il s'agit de l'Italie, à ne porter sur leurs déclarations que Chambéry, Turin, ou Marseille; & d'observer, pour donner une déclaration aussi vague, qu'ils ne sont tenus que de faire sortir leurs marchandises du royaume, & d'en justifier par la décharge de l'acquit à caution dans l'un des derniers bureaux de sortie.

Pour détruire leurs prétentions, il suffiroit de citer les réglements de 1743 & 1744, qui, en prescrivant les formalités à observer pour effectuer la sortie à l'étranger des marchandises du royaume, ont établi par des dispositions particulieres les formes à suivre dans les déclarations. Mais les intentions de Sa Majesté, sont encore mieux manifestées dans l'arrêt du conseil du 25 octobre 1784. On y voit que S. M. informée que quelques négociants ont considéré comme tombées en désuétude les dispositions de l'article IV des lettres-patentes de 1744, qui déterminent la forme dans laquelle doivent être faites les déclarations des marchandises nationales destinées pour les pays étrangers, elle a jugé nécessaire de faire connoître ses intentions.

En les expliquant, elle veut que les étoffes & autres objets provenant du cru ou des manufactures du royaume, qui jouissent de l'exemption des droits à la destination de l'étranger, ne soient admises au bénéfice de cette exemption, qu'à la charge de faire au premier bureau de la route, la déclaration des marchandises par quantités & qualités, & de désigner le *pays étranger* pour lequel elles seront destinées, &c.

Il est aisé de sentir que ces différentes dispositions ont été rendues pour faire cesser les fausses prétentions des négocians qui se refusoient à des déclarations précises, puisque S. M. dans le préambule, annonce qu'elle en est informée ; & que pour les ramener à l'exécution littérale de la loi, elle prescrit entre autres formalités la déclaration du *pays étranger* pour lequel les marchandises sont destinées. S. M. a donc eu en vue de connoître les quantités d'une même espece expédiées pour chaque puissance. Un négociant ou commissionnaire qui donneroit des déclarations inexactes en rapportant à la ville de Chambéry, de Turin, ou de Marseille toutes les marchandises destinées pour l'Italie, tromperoit l'administration ; & de pareilles manœuvres sont indignes de négocians éclairés. Ils sentent qu'ils seroient d'autant plus répréhensibles de chercher à abuser de la confiance que l'on prend dans leurs déclarations, qu'il s'agit d'un établissement qui intéresse directement le progrès des manufactures nationales par les moyens qu'il donnera au gouvernement, d'après des connoissances positives, d'en favoriser les différentes branches.

Les difficultés que les négocians ou commissionnaires feroient de se conformer à ces dispositions ne pourroient être attribuées qu'à une mauvaise volonté gratuite. Il ne peut être question de pénétrer dans le ſecret de leurs opérations de commerce, le gouverment n'exigeant pas dans les déclarations le nom de la ville étrangere avec laquelle ils ſont en relation : par exemple, chacune des ſix ſouverainetés de l'Italie ayant un nombre plus ou moins conſidérable de villes commerçantes, un négociant ne montre pas ſes rélations directes, que de dire qu'il expédie ſes marchandiſes pour les états du roi de Sardaigne, la république de Gênes, celle de Veniſe, le Milanois, Toſcane & Luques, l'Etat Eccléſiaſtique, & enfin Naples, Sicile & Parme. Son oppoſition ne ſeroit fondée qu'autant qu'on exigeroit de connoître préciſément quels articles vont à Chambéry, Turin, Nice; quels ſont ceux qui paſſent à Naples, Parme, Reggio, Meſſine, Capoue; ou enfin quelles eſpeces on envoie à Milan, Pavie, Livourne, Rome, Florence & autres villes de commerce de ces puiſſances.

EXTRAIT DE L'ARRÊT

DU CONSEIL D'ÉTAT DU ROI,

Du 14 avril 1785,

Portant établiſſement d'une nouvelle compagnie des Indes.

LE ROI s'étant fait repréſenter l'arrêt rendu en ſon conſeil le 13 août 1769, qui avoit ſuſpendu l'exercice du privilege de la compagnie des Indes, & avoit permis à tous ſes ſujets d'y commercer librement juſqu'à ce qu'il en fût autrement ordonné, Sa Majeſté, par le compte qu'elle s'eſt fait rendre du réſultat des exportations de ſon royaume, & des retours d'Aſie depuis cette ſuſpenſion, a reconnu que la concurrence, utile pour d'autres branches de commerce, ne pouvoit qu'être nuiſible dans celle-ci ; qu'en effet l'expérience avoit fait voir que les cargaiſons d'Europe n'étant pas combinées entre elles, ni proportionnées aux beſoins des lieux de leur deſtination, s'y vendoîent à bas prix, tandis que le concours des ſujets de Sa Majeſté, dans les marchés de l'Inde, y ſurhauſſoit le prix des achats ; que d'un autre côté les importations en retours, compoſées de marchandiſes de mêmes eſpeces, ſans meſure ni aſſortiments, avec excès dans quelques articles, & manque total ſur d'autres, étoient aussi désavantageuses aux négociants, qu'insuffisantes pour l'approvisionnement du royaume. En considérant qu'à ces inconvénients résultants du défaut d'ensemble, se joint l'impossibilité que des particuliers aient des moyens assez étendus pour soutenir les hasards d'un commerce aussi éloigné, & les longues avances qu'il exige, Sa Majesté s'est convaincue qu'il n'y avoit qu'une compagnie privilégiée qui, par ses ressources, son crédit, & l'appui d'une protection particuliere, pût faire utilement le commerce des Indes & de la Chine ; elle a en conséquence accepté la proposition qui lui a été faite par une association de négociants & de capitalistes dont les facultés, le zele & l'intelligence lui sont connus, d'exploiter seule, pendant un temps limité, le commerce de l'Asie, suivant les stipulations du dernier traité de paix, qui l'ont maintenu libre, sûr & indépendant. Les soins politiques, les frais de souveraineté, & les gênes d'une administration trop compliquée, ayant été les principales causes des pertes que l'ancienne compagnie a souffertes, il a paru convenable que la nouvelle en fût entiérement dégagée, que rien ne pût distraire ni son attention ni ses fonds, de l'objet de son commerce, & qu'elle fût régie librement par ses propres intéressés : Sa Majesté s'est occupée en même temps des moyens de conserver aux isles de France & de Bourbon, tous les avantages compatibles avec l'exercice du privilege qui fonde l'existence d'une compagnie ; elle leur a permis le commerce d'Inde en Inde, la traite des Noirs, le libre échange de leurs productions avec celles de l'Europe, & tout ce qui a paru nécessaire pour assurer l'approvisionnement & le soutien de cette colonie intéressante. A quoi voulant pourvour : Ouï le rapport du sieur de Calonne, conseiller ordinaire au conseil royal, contrôleur-général des finances ; LE ROI ÉTANT EN SON CONSEIL, a ordonné & ordonne ce qui suit :

ART. I. Le privilege de la compagie des Indes & de la Chine, qui a été suspendu par arrêt du conseil d'état du roi, du 13 août 1769, continuera de demeurer sans effet à l'égard de ladite compagnie, voulant Sa Majesté que la nouvelle association qui s'est formée avec son agrément pour le commerce de l'Asie, soit & demeure subrogée pendant l'espace de sept années de paix, à l'exercice dudit privilege, & qu'elle en jouisse sous la même dénomination.

III. Il sera permis à tous les sujets de Sa Majesté, de tel rang & qualité qu'ils soient, même aux étrangers, de s'intéresser en commandite, ainsi qu'il sera expliqué ci après, dans la nouvelle compagnie des Indes, laquelle jouira du privilege de commercer seule, à l'exclusion de tous autres sujets du roi, soit par mer, soit par terre, par caravanes ou autrement, depuis le Cap de Bonne-Espérance, jusque dans toutes les mers des isles orientales, côtes orientales d'Afrique, Madagascar, isles Maldives, mer Rouge, Mogol, Siam, la Chine, Cochinchine & le Japon, ainsi & de la même maniere que la précédente compagnie en a joui.

IV. Le privilege exclusif accordé à ladite compagnie, aura lieu pendant sept années de paix, à compter du départ de ſa premiere expédition pour l'Inde ; toutes les expéditions de ladite compagnie qui ſe feront d'Europe ou des lieux de ſa conceſſion avant l'expiration des ſept années, & qui arriveront à l'Orient après cette époque, jouiront du privilege, ainſi que tous les retours qui proviendront de ſa liquidation après l'expiration de ſon privilege. Si la guerre ſurvenoit avant la révolution deſdites ſept années, les années de guerre ne ſeroient pas comptées ; & à la paix, le privilege excluſif ſeroit prorogé pour le nombre d'années pendant leſquelles la guerre auroit duré.

V. Les iſles de France & de Bourbon ne ſeront point compriſes dans le privilege excluſif ci-deſſus accordé ; il ſera permis à nos ſujets d'approviſionner directement, des divers ports de notre royaume, leſdites iſles, & d'importer en retour dans le port ſeul de l'Orient, les productions de leur ſol ; les marchandiſes qui y ſeront portées de nos ports d'Europe pour leur conſommation, ne pourront être exportées pour les parties de l'Inde compriſes dans le privilege ; & les marchandiſes ou productions qui y ſeront portées de l'Inde pour leur conſommation, ne pourront être chargées ni admiſes dans les ports de notre royaume, ni dans nos colonies de l'Amérique, ni aux côtes occidentales d'Afrique.

X. Les expéditions d'Europe, du commerce particulier, deſtinées pour les iſles de France & de Bourbon, ainſi que celles qui pourroient avoir lieu auxdites iſles, en retour pour le port de l'Orient, ſeront permiſes ; à la charge de ſe pourvoir également de passeports de la compagnie des Indes, lesquels seront délivrés *gratis* à la premiere réquisition, & sans aucune formalité, comme il est prescrit par l'article premier de l'arrêt du 6 septembre 1769 : & les capitaines desdits navires seront tenus de représenter lesdits passeports aux commandants des isles de France & de Bourbon, & des différents comptoirs où ils relâcheront, ainsi qu'aux préposés de la compagnie.

XI. Tout navire particulier qui aura été expédié des ports du royaume pour les isles de France & de Bourbon, sera obligé, lorsqu'il reviendra en Europe, chargé en totalité ou en partie, de faire son retour & déchargement dans le port de l'Orient exclusivement : mais dans le cas où il reviendroit desdites isles sur son lest & sans y avoir chargé aucunes marchandises quelconques, il pourra aller chercher un fret pour les ports de France dans les colonies de l'Amérique, ou faire son retour direct dans son port d'armement. Ceux qui seront armés & expédiés dans lesdites isles pour l'Europe, ne pourront également être destinés que pour ledit port de l'Orient, où ils seront tenus de faire leur déchargement, ainsi qu'il a toujours été observé pour le commerce particulier ; & aucun navire François, autre que ceux appartenants aux sujets du roi, résidants & domiciliés dans les isles de France & de Bourbon, ne pourra sous aucun prétexte, au retour desdites isles, faire la traite des Negres sur les côtes d'Afrique, soit en-deçà, soit au-delà du Cap de Bonne-Espérance.

XII. Tous les armements particuliers, commencés, complétés ou en route pour les mers des Indes, sur des permissions particulieres, auront, à compter du jour du départ de leur port d'armement, vingt-quatre mois de délai pour faire leur commerce & retour dans le port seul de l'Orient, & la vente de leurs chargements se fera à la suite de celle de la compagnie, s'ils se trouvent en concurrence avec elle; & à dater de ce jour, il ne sera plus accordé de permission pendant la durée, ou prorogation du privile: mais dans le cas de pertes de navires particuliers, ou autres accidents de force majeure qui seront constatés, la compagnie accordera les prolongations qu'elle reconnoîtra nécessaires, & alors elle recevra à fret sur ses vaisseaux les effets des particuliers qui auront éprouvé des retards, aux mêmes prix & conditions des navires qu'elle aura fretés pour son service, pour l'allée & retour des Indes.

XIII. Les marchandises qui seront apportées de l'Inde ou de l'Orient, par les navires nationaux, pour compte étranger, seront mises en entrepôt réel, & ne pourront être vendues qu'à la charge d'être exportées à l'étranger; les consignataires de ces marchandises, seront tenus d'en faire déclaration à leur arrivée, aux préposés de la compagnie & aux receveurs des fermes, à peine de payer le quadruple des droits.

XXXVIII. Les ventes des retours des Indes & de la Chine de ladite compagnie, se feront publiquement au seul port de l'Orient & à l'hôtel des ventes, à des époques qui seront annoncées d'avance; & comme le privilege exclusif accordé à ladite compagnie, doit assurer une masse de

retours

retours suffisante pour l'approvisionnement du royaume, & même un excédant pour l'étranger, son administration s'occupera des moyens de bien apprécier la consommation intérieure, & d'étendre son commerce par de nouveaux débouchés, autant que la prudence le permettra.

XLV. Le droit d'indult, établi sur toutes marchandises provenant du commerce de l'Inde & de la Chine, sur le pied de cinq pour cent, & à trois pour cent sur celle du cru des isles de France & de Bourbon, demeurera supprimé, & ne pourra désormais être perçu que sur le retour des navires expédiés sur des permissions particulieres de date antérieure à celle du 14 avril 1785.

XLVI. Ladite compagnie jouira de tous les privileges, avantages, franchises & exemptions de droits quelconques, dont l'ancienne compagnie des Indes jouissoit à l'époque de la suspension de son privilege en 1769, même de l'exemption de ceux qui ont été établis depuis cette époque; il en sera dressé un état détaillé qui sera arrêté au conseil royal des finances; & Sa Majesté se réserve de faire connoître alors ses intentions sur les articles qui auroient besoin d'être réglés ou interprétés, comme aussi de modérer, en faveur de ladite compagnie, les droits imposés par le tarif de 1664, sur les marchandises de l'Inde & de la Chine à leur entrée dans les provinces des cinq grosses fermes; même d'affranchir totalement desdits droits, les toiles destinées pour l'impression, & autres marchandises qui ne pourroient y être assujetties sans désavantage pour les manufactures & le commerce du royaume.

XLVII. Les plombs & bulletins prescrits par l'article VI de l'arrêt du conseil du 6 septembre 1769, continueront d'être apposés aux marchandises mentionnées en l'article V de l'arrêt du 29 novembre 1770, par les employés de la compagnie des Indes, concurremment avec les deux gardes-magasins des fermes, qui tiendront respectivement avec les préposés de la compagnie, un registre en compte ouvert pour le plombage; à l'effet de quoi, les plombs, matrices & empreintes, servant à former lesdits plombs & bulletins, seront immédiatement remis dans les magasins de la nouvelle compagnie à sa disposition; & il lui sera libre d'adopter tel autre nouveau plomb ou empreintes qu'elle jugera nécessaires pour prévenir l'introduction en fraude dans le royaume, des marchandises de même espece que celles provenant de son commerce.

XLVIII. Il en sera usé avec la ferme-générale pour toutes les marchandises des Indes & de la Chine, tant au poids qu'à la piece, qui seront saisies provenant du commerce étranger, ainsi que pour les mousselines, toiles de coton, mouchoirs & toiles peintes étrangeres, de la même maniere que cela se pratiquoit avec l'ancienne compagnie des Indes.

XLIX. Ladite compagnie jouira du *transit* par terre, pour toutes les marchandises provenant de son commerce, & propres pour la traite des Noirs sur les côtes d'Afrique, en remplissant à cet égard les formalités qui seront prescrites ; & ces marchandises seront désignées par un état qui sera arrêté contradictoirement avec la ferme générale.

L. Ladite compagnie aura la liberté d'exporter annuellement du royaume, les matieres d'or & d'argent qui lui seront nécessaires pour son commerce, & ce nonobstant les défenses faites par les ordonnances contre tous transports d'or & d'argent en pays étrangers, dont nous la relevons ; mais ses administrateurs seront tenus de faire connoître au contrôleur-général des finances la valeur de leur exportation annuelle ; & Sa Majesté voulant la traiter favorablement, la dispense du tarif accordé au fermier - général des messageries, par son arrêt du 30 septembre 1783, concernant les transports des especes d'or & d'argent, & lui permet de faire avec ledit fermier-général, tels marchés & conventions à cet égard, dont ils conviendront ensemble, lesquels auront leur exécution.

LI. Les marchandises au poids & à la piece, de la même espece que celles de la compagnie, dont l'entrée est admise dans le royaume, ne pourront à l'avenir y être introduites, que lorsqu'elles seront accompagnées d'une permission de la compagnie des Indes, à l'exception des toiles de coton blanches qui restent soumises, quant à présent, au régime des lettres-patentes de 1759.

LII. Toutes les marchandises au poids & à la piece, de la même espece que celles du commerce de la compagnie, qui arriveront dans le port franc de l'Orient, seront sujettes à être déclarées à leur entrée dans ledit port, ainsi qu'il en est usé pour le tabac fabriqué ; elles seront mises en entrepôt sous clef, dans des magasins employés uniquement à les recevoir, & seront sujettes aux recensements & autres formalités prescrites par les réglements pour les entrepôts réels, afin d'en prévenir l'introduction dans le royaume ; sans qu'à l'égard des marchandises étrangeres, ni de celles qui proviendroient du commerce de la compagnie, la ville de l'Orient puisse être regardée comme destination à l'étranger ; & l'exemption des droits, accordée à cette destination, n'aura pas lieu pour celles desdites marchandises qui seront introduites dans ladite ville, mais seulement pour ce qui sera embarqué pour aller à l'étranger effectif, & déclaré comme y étant destiné.

Na. Il est dit aux observations préliminaires, p. lxxiij, lig. 20, qu'une marchandise du commerce de la compagnie des Indes déclarée *pour Lyon*, ne doit pas le quart du droit d'entrée du tarif de 1664, indépendamment de la douane de Lyon ; c'est une erreur : on a voulu dire *pour le Lyonnois* ou pour aller dans *le Dauphiné, la Provence ou le Languedoc, en passant par Lyon.* Celles destinées pour la ville de Lyon, acquittent au bureau de l'Orient, par anticipation, le quart du droit d'entrée du tarif de 1664 ; & elles sont expédiées sous plomb & par acquit de payement en transit, conformément aux dispositions de l'arrêt du 15 janvier 1715, qui les assujettit en outre aux droits de la douane de Lyon à leur arrivée dans cette ville.

ARRÊT DU CONSEIL,

Du 11 novembre 1785,

Qui admet les vins de la Loire au privilege du commerce des Colonies, dont ils avoient été privés par les lettres-patentes du 22 mai 1723.

CET arrêt va ranimer l'agriculture & ramener la prospérité dans les provinces arrosées par la Loire. Il procurera un débouché à ses vins qui en avoient été privés sous le seul prétexte de la possibilité qui existoit à les laisser en fraude des droits de sortie du tarif de 1664 en Bretagne, & de faire embarquer à leur place ceux de cette province.

ARRÊT DU CONSEIL,

Du 13 novembre 1785,

Qui fixe les droits qui seront perçus sur les voitures étrangeres à leur entrée dans le royaume.

LE ROI étant informé que les réglements qui ont pour but d'empêcher la vente des voitures étrangeres dans le royaume, & ceux qui ont assujetti à de forts droits d'entrée les voitures que des particuliers auroient permission de faire venir d'Angleterre, sont continuellement éludés, soit qu'on masque leur véritable origine, en les faisant arriver par la frontiere de Flandre, soit qu'on les introduise à la faveur de fausses déclarations de propriété, données par de prétendus voyageurs qui ne sont que les prête-noms de ceux à qui elles sont destinées, soit enfin que le payement du droit de trente pour cent de leur valeur, & dix sous pour livre en sus, soit rendu sans effet par des évaluations dérisoires qui le réduisent presque à rien; Sa Majesté a jugé nécessaire de prendre, contre ces différents moyens de fraude, des mesures capables d'en arrêter le cours. A quoi voulant pourvoir : Oui le rapport du sieur de Calonne, conseiller ordinaire au conseil royal, contrôleur général des finances; LE ROI ÉTANT EN SON CONSEIL, a ordonné & ordonne : Qu'il sera perçu, à toutes les entrées du royaume, sur toutes les voitures à quatre roues qui y arriveront, un droit uniforme de huit cents livres, & les dix sous pour livre en sus. Veut Sa Majesté que les voyageurs étrangers qui entreront dans le royaume avec leurs voitures, ne payent ledit droit que par forme de consignation, & qu'il leur soit remboursé lorsqu'ils sortiront du royaume avec les mêmes voitures; à l'effet de quoi il leur sera remis au premier bureau d'entrée du royaume, une reconnoissance du payement du droit consigné, pour leur être remboursé à leur sortie, par les receveurs des bureaux de Bayonne, Perpignan, Marseille, Antibes, Pont-de-Beauvoisin,

Longerai, Strasbourg, Metz, Sédan, Valenciennes, Givet, Lille, Calais, Boulogne, Dieppe, le Havre, Rouen, Saint-Malo & Bordeaux. Il ne ſera perçu aucuns droits ſur les voitures à la ſortie du royaume; & les voyageurs, tant François qu'étrangers, qui auront intention d'y rentrer avec les mêmes voitures, n'en payeront aucuns à leur rentrée, pourvu qu'à leur ſortie ils aient fait une déclaration aux bureaux ci-deſſus déſignés, ſur laquelle il leur ſera expédié un certificat contenant une deſcription ſommaire, avec évaluation deſdites voitures, lequel certificat ils ſeront tenus de repréſenter en rentrant dans le royaume. Les chariots, charrettes ou haquets à l'uſage du commerce, ne ſeront compris dans les diſpoſitions du préſent arrêt, qui ſera imprimé, publié & affiché par-tout où beſoin ſera. FAIT au conſeil d'état du Roi, Sa Majeſté y étant, tenu à Fontainebleau le treizieme jour du mois de novembre mil ſept cent quatre-vingt-cinq.

Signé, LE BARON DE BRETEUIL.

DÉCISION DU CONSEIL,

Du 6 décembre 1785,

Qui admet dans le royaume les verroteries venant de l'étranger.

L'ARTICLE III de l'arrêt du 17 juillet 1785, a défendu l'entrée dans le royaume de tous cryſtaux & verres venant de l'étranger. Des négocians de Bordeaux & de Marſeille, ont demandé au conſeil la permiſſion d'introduire quelques parties de verroteries ou grains de verre colorés qu'ils ont fait venir de Veniſe, ſoit par forme de tranſit, ſoit pour être employés au commerce de Guinée. Il eſt intervenu ſur leurs repréſentations le 6 décembre 1785, une déciſion conçue en ces termes : « Admettre les verroteries conſiſtant en grains de verre colorés, jusqu'à ce qu'il en ſoit autrement ordonné. »

DÉCISION DU CONSEIL,

Du 14 décembre 1785,

Sur les cuirs ſecs en poil, & ceux en verd.

IL s'eſt élevé à Rouen des conteſtations relativement à des cuirs ſecs en poil, & à des cuirs verds venus de l'étranger ſans certificats juſtificatifs d'une origine autre que celle du Levant ou de l'Inde : elles ont été terminées par une déciſion du conſeil du 14 du mois de décembre 1785, conçue en ces termes : « Vu l'avis des » députés du commerce & celui particulier du » député de Rouen, exempter des certificats » d'origine les cuirs ſecs en poil & ceux en » verd du droit de vingt pour cent & du droit » d'indult. »

D'après cette déciſion, les cuirs de l'eſpece dont il s'agit qui viendront de l'étranger dans le royaume, ſont diſpenſés de juſtifier de leur origine pour ne pas acquitter le droit de vingt pour cent & celui d'indult.

DÉCISION DU CONSEIL,

Du 14 décembre 1785,

Portant « Faire jouir la cendre gravelée du bénéfice » de l'arrêt du 15 mai 1760. »

Na. Au mot cendres gravelées, nous avons annoncé cette matiere comme jouissant de la modération à moitié accordée par l'arrêt du 15 mai 1760, à la potasse qui sert aux mêmes usages. Cette modération n'étant cependant pas prononcée formellement, la ferme-générale a jugé convenable de demander les intentions du conseil, qui a rendu la décision ci-dessus.

ADDITION

Au Tome troisieme.

Page 228, ligne derniere, *ajoutez* : il y a été dérogé par l'arrêt du 11 novembre 1785, dont on donne l'extrait, page 405 de ce volume.

TABLE

DES MATIERES

DU TROISIEME VOLUME,

A la ſuite du Recueil des Droits, &c.

Fin de la Table & du Tome troisieme.

www.ingramcontent.com/pod-product-compliance
Lightning Source LLC
LaVergne TN
LVHW050832060726
842527LV00001BA/192
9782329304786